SAMBRE

www.editions-jclattes.fr

Alice Géraud

SAMBRE

Radioscopie d'un fait divers

JC Lattès

L'auteure remercie le Centre National du livre pour la bourse d'écriture qui lui a permis d'écrire ce livre.

ISBN : 978-2-7096-6630-5

Maquette de couverture : Le Petit Atelier.
Sur une idée de Sébastien Bergerat.

Première édition janvier 2023.

À Colette,
à ta génération,
celle qui s'est levée.

Avertissement

Des prénoms et détails permettant d'identifier certaines victimes ont été modifiés.

Toutes les citations sont extraites des entretiens que j'ai menés au cours de ces quatre années d'enquête, de déclarations faites au procès de Dino Scala devant la cour d'assises de Douai du 10 juin au 1er juillet 2022 ou d'extraits de procès-verbaux.

14 juin 2022

Une vieille dame s'avance à la barre. Une toute petite brindille, frêle et noueuse, progressant seule au milieu de ce théâtre gigantesque. Elle marche avec difficulté, une canne serrée dans sa main, le dos voûté. La salle est comble. Et son corps tremble. Il menace de ployer sous le poids des regards.

Mais qui sont-ils toutes et tous, assis de part et d'autre de la travée encadrant sa marche incertaine ? Elle avance encore. À droite, une volée d'oiseaux dans leurs amples robes noires d'avocats. Et puis un peu en hauteur dans son box, encadré d'hommes épais en uniformes de l'administration pénitentiaire : lui. Il est le seul à ne pas la regarder à cet instant. Son immobilité est parfaite, sa tête baissée, comme un pantin au repos.

La vieille dame aux cheveux blancs est maintenant devant un pupitre trop haut pour elle. Mais elle peut y poser sa main droite pour trouver appui. Elle lève la tête vers la cour : des hommes et des femmes en robes rouges et noires, neuf autres en civil, perchés sur l'estrade face à elle. Elle est maintenant minuscule. L'homme au centre de l'estrade, qui porte une robe rouge et une fourrure en hermine blanche posée sur les épaules, lui dit quelque chose qu'elle ne comprend pas. Elle est âgée, elle entend mal. Elle s'en excuse. Il répète mais elle ne comprend toujours pas. Elle interroge d'un regard désespéré la jeune femme blonde en robe noire qui se tient maintenant debout à côté d'elle. L'avocate l'encourage. Elle pose une main sur son épaule. Les yeux de l'homme en hermine esquissent un sourire derrière ses petites lunettes. Il attend. « Nous vous écoutons madame. » Il n'y a plus un bruit dans la salle. Alors la vieille dame raconte. Un filet de voix que parvient à peine à attraper le micro trop haut pour elle.

Elle raconte ce matin d'octobre 1991, peu avant 6 heures du matin. Elle avait 45 ans, elle était agent d'entretien dans une école de Maubeuge et se rendait à son travail, comme chaque jour, lorsqu'un homme, terré dans des buissons, a surgi et lui a enserré le cou avec son bras. Elle mime le geste de la main qui la prend à la gorge. Il est arrivé par derrière et elle ne l'a pas vu. Elle se souvient avoir hurlé. « Au secours, ne me tuez pas, j'ai des enfants. » À la barre, elle répète cette phrase soudainement jaillie de sa mémoire. Elle est ici et en 1991. Elle voudrait encore crier dans cette salle mais sa voix s'éraille et s'éteint. Elle parle maintenant de l'homme qui la tire dans un local à poubelles. Son visage « claqué » contre le mur. Les mains de l'homme sur son corps qui glissent dans son pantalon pour tenter de le défaire. Elle égrène les minutes de terreur. Des gouttes d'eau glaciales tombent à chaque phrase sur la salle d'audience.

Trente années ont passé. Trente années de silence qu'elle brise en public à cet instant. Durant ces trente années, elle n'en a parlé ni à son mari, ni à ses enfants. Elle se retourne vers les bancs du public. « Mon fils, qui est ici, ne savait pas. » Après ce matin d'octobre, dit-elle encore, rien n'a plus été pareil. La vie s'est brisée à cet instant, dans ce local à poubelles. La vieille dame raconte l'existence d'après : la peur, le repli sur elle-même, l'enfermement. Le refus de l'amour charnel. Le sommeil perdu. De sa toute petite voix, elle dit : « Cet homme a gâché ma vie. Il a tout bousillé. » Sa voix tremble avec son corps. Un silence.

Le président de la cour lit maintenant quelque chose en fixant un petit écran devant lui. Des dépositions. Ses dépositions, devant différents services de police. Elle ne le sait pas. Le président continue sa lecture, les yeux vissés à son écran, il ne voit pas la détresse de la vieille dame. Il finit par relever son visage vers elle et lui dit d'une voix douce : « Vos versions ont varié entre 1991 et 2018. Pouvez-vous nous l'expliquer ? » Elle ne comprend pas la question. Ou peut-être ne l'entend-elle pas. Il insiste, et la douceur de sa voix disparaît sous le souffle aigre du doute. « Madame, vous n'aviez pas dit cela à l'époque. Alors quelle est la bonne version ? Celle que vous livrez aux policiers juste après les faits, ou bien celle que vous donnez trente ans plus tard ? » La dame s'agrippe à sa canne d'une main et s'enfouit le visage dans l'autre. Elle pleure. Le président semble ne pas s'en apercevoir. « Mettez-vous à ma place », supplie-t-elle. Elle se retourne encore vers la salle, cherche quelqu'un du regard. « Je veux mon fils. » L'avocate générale se lève et intervient, elle essaie de rassurer la dame. Mais le président pose d'autres questions car des détails le chiffonnent.

La vieille dame est perdue, elle lève le visage vers son avocate et chuchote, incrédule : « Mais… c'est moi l'accusée ? »

Derrière elle, la tension immobile de la salle se lézarde. Les victimes se tordent sur leurs bancs, elles échangent des regards dans un mélange de malaise et de colère. Une voix d'homme, le mari d'une autre victime, fend le silence : « Arrêtez ça ! » Leurs avocats s'agitent. « Stop », enjoint l'une. Mais l'audience se poursuit, imperturbable au désordre qui vient. L'avocate de l'accusé s'approche de la vieille dame. Elle s'apprête à lui poser une question. « Madame, il n'est pas question de dire ici que vous êtes une menteuse… » La vieille dame s'accroche à sa canne pour ne pas s'effondrer. Et quitte la salle de la cour d'assises de Douai.

Elle remonte la travée, et sa marche difficile ressemble désormais à une fuite. Son visage ridé est raviné par les larmes. « Je ne suis pas une menteuse », répète la vieille dame. Derrière elle, sur la scène du théâtre des assises, les hommes et les femmes en robes noires s'invectivent. L'avocate de l'accusé : « Donc la défense ne peut pas poser ses questions ? » Protestations et agitations dans les rangs des avocats des victimes. Le président suspend l'audience.

Cette femme de 75 ans est la première des 56 victimes à avoir été entendue au procès de Dino Scala, dit le violeur de la Sambre, qui s'est tenu du 10 juin au 1er juillet 2022 devant la cour d'assises de Douai.

Il y a une tache sur mon cahier de notes à la page où j'ai consigné cette scène. Je me souviens de l'effroi qui m'avait saisie à cet instant. Je n'avais pas senti ma larme tomber et venir s'écraser sur ce récit.

À l'origine

La vague #MeToo vient de déferler sur une partie de la société française. Elle s'est infiltrée par les réseaux sociaux et les médias. Elle n'a pas terminé son ruissellement. Mais déjà, des digues s'effritent.

Je me rends dans la Sambre pour la première fois au mois de juin 2018. Dino Scala est alors en prison depuis plusieurs mois et l'attention médiatique s'est évanouie. J'étais passée à côté de cette affaire au moment de son arrestation fin février. Mais je tourne autour depuis qu'un collègue[1] a attiré mon attention sur cette histoire. Sans savoir qu'en faire. Je vois là un fait divers. Un homme a été arrêté, il est accusé d'avoir agressé sexuellement et violé des dizaines de femmes durant trente ans le matin entre son domicile et son travail, le long d'une route de 27 kilomètres. Cet homme que l'on dit sans histoires, ouvrier, père de famille et président du club de foot de son village, a reconnu en partie

1. En 2018, je suis journaliste au média *Les Jours*, un site qui raconte l'actualité sous forme de séries et que j'ai co-fondé avec d'anciens collègues du quotidien *Libération*. J'ai conservé de mes années passées à *Libération* un intérêt particulier pour le fait divers. Mon collègue pense que celui-ci devrait m'intéresser. Il a raison.

les faits. Il a été surnommé « le violeur de la Sambre », du nom de la rivière qui longe sa route criminelle. Il est l'un des plus importants violeurs en série jamais arrêté en France. Voilà donc le fait divers.

Un fait inclassable qui se situe quelque part « entre l'intelligible et l'insondable », selon une des définitions qu'en propose Roland Barthes[1], un fait « immanent », qui semble avoir une existence autonome, une dimension exceptionnelle et une causalité incertaine. Sauf qu'il y a dans le résumé sommaire de cette affaire quelque chose qui ne va pas, une discordance, qui fragilise son caractère immanent. Ce fait divers n'est à l'évidence pas un huis-clos. Il a des causalités externes qui le font déborder de lui-même, qui le relient à notre monde.

Comment cet homme a-t-il pu agresser et violer autant de femmes et de jeunes filles, durant d'aussi longues années, sur un si petit périmètre sans être jamais inquiété ou même soupçonné ? C'est par cette question sans réponse que débute mon enquête.

Pour une raison encore mal définie, je décide d'envisager l'étude de ce fait divers par son envers. Laisser de côté le criminel pour m'intéresser à ses victimes. Mes premières rencontres avec ces femmes, mes recherches dans les archives de la presse locale, la lecture les unes après les autres des plaintes des agressions sexuelles et des viols qui sont attribués à ce violeur, ces pelures de procès-verbaux noircis par le temps, sont le début d'une lente descente dans les anfractuosités de notre société. Celles où se loge le sort réservé aux femmes victimes de violences sexuelles. Combien de plaintes ai-je parcouru ? Peut-être une centaine. Certains

1. Roland Barthes, *Essais critiques*, Seuil, 1964.

cas seront imputés à Dino Scala, d'autres seront écartés, d'autres encore sont rouverts après son procès. Une centaine de dépôts de plaintes prises dans une poignée de commissariats et quelques gendarmeries contigus, cela ne vaut pas statistique mais cela raconte beaucoup du traitement des victimes d'agressions sexuelles et de viols ces trente dernières années. Le sort réservé à ces femmes sera l'objet de ce livre.

La Saint-Éloi
Hiver 1986

Vendredi 28 novembre 1986, soir de la Saint-Éloi. Dino Scala rentre de la maternité. Il a 25 ans. Sa femme Isabelle a accouché la veille de leur deuxième enfant, un fils cette fois-ci. Isabelle va rester encore plusieurs jours à l'hôpital de Maubeuge, elle rentrera la semaine prochaine. En attendant son retour, l'aînée, âgée de 3 ans, est gardée par la grand-mère maternelle à Vieux-Mesnil. Un village de quatre cents habitants, posé au milieu des champs, et coupé en deux par la route qui mène à Maubeuge. La maison de la grand-mère est l'épicentre de la vie familiale. Les enfants sont maintenant adultes, mais vivent quasiment tous dans les villages environnants. Dino et Isabelle habitent à côté, dans un lotissement de la rue de Boussières. Ce vendredi soir, Delphine, 23 ans, une des jeunes sœurs d'Isabelle, a décidé de passer la soirée avec sa mère et de rester dormir là. Son mari va rentrer tard.

Le mari de Delphine est avec les collègues de l'usine. Dans ce Val de Sambre encore industrieux, ce bout de Nord enclavé et coincé contre la frontière belge, la fête du saint patron des métallurgistes demeure une tradition. Les grands banquets rassemblant cadres et ouvriers financés par les employeurs ont fait long feu, mais ils offrent encore un jour chômé à la Saint-Éloi, une obligation toujours inscrite dans la convention collective des métallos du Nord. L'on continue à cette occasion à se retrouver entre collègues, c'est-à-dire entre hommes, généralement au restaurant. Et l'on oublie ce soir au moins que depuis vingt ans les usines ferment ici les unes après les autres le long de la Sambre. Qu'autour de ces grandes tablées du dernier week-end de novembre, il n'y a plus que les derniers survivants d'un monde qui s'éteint avec les cheminées des hauts-fourneaux. Delphine dépose son mari en début de soirée dans un restaurant où l'on trinquera tard à la santé passée de l'acier, pour qu'il n'ait pas à prendre la voiture. Elle rentre ensuite directement chez sa mère dans la maison du Vieux-Mesnil. Elle gare la voiture dans l'allée, juste devant la porte d'entrée. Une Renault 5 surmontée de galeries à vélos qui dépassent de part et d'autre du toit.

Dino passe chez sa belle-mère dans la soirée, comme il en a l'habitude. Peut-être dîne-t-il avec elles. Il sait qu'elles sont entre femmes le soir de la Saint-Éloi. La mère d'Isabelle adule son gendre. Depuis la mort du père, au Vieux-Mesnil, Dino est peu à peu devenu l'homme de la maison. Il est ouvrier, comme tout le monde. Sa famille est de Boussières-sur-Sambre. Des Italiens, enfin du côté du père, un type pas commode, à la réputation de coureur. Dino, lui, c'est tout l'inverse. Pas dragueur, pas buveur, toujours là à rendre service.

Pourtant Delphine s'en méfie. Sa petite sœur Béatrice raconte des choses sur lui. Au début où il était avec leur sœur Isabelle, elle avait dit qu'il l'observait parfois depuis l'extérieur par la fenêtre de sa chambre. La maison est de plain-pied et, en la contournant, on accède facilement aux fenêtres. Elle l'avait vu se tenir là, comme ça, sans rien dire, à la regarder. Béatrice avait alors à peine 17 ans. L'adolescente avait aussi parfois cru que son beau-frère rentrait la nuit dans sa chambre. Elle sentait une présence. Elle est même persuadée qu'à plusieurs reprises, Dino l'avait droguée pour abuser d'elle ensuite. C'était toujours le même scénario : il insistait pour qu'elle mange un yaourt qu'il lui présentait déjà ouvert. Et, à chaque fois, après le yaourt, elle passait une nuit bizarre, elle avait du mal à se réveiller le lendemain, groggy. Et puis un matin, elle s'était retrouvée comme posée sur son lit, à moitié nue, elle n'avait plus de pantalon, ni de sous-vêtements. Elle avait remarqué une sorte de liquide sur la descente de lit. Pour elle, c'était évident. Dino était venu. Il lui avait fait quelque chose. Béatrice l'avait dit à sa mère, mais celle-ci ne l'avait pas crue. Elle l'avait même traitée de folle. Comment pouvait-elle accuser Dino ?

La peur n'a plus quitté Béatrice. Son enfer a duré trois ans. Le soir, elle se barricadait dans sa chambre en coinçant une bêche de jardin derrière sa porte. Elle essayait de l'éviter. Mais un soir, Béatrice et son petit copain se sont trouvés tous deux pris de violents malaises après avoir dîné ensemble, au point de devoir être emmenés aux urgences à Lille. Béatrice se souvient très bien que Dino était passé dans la cuisine ce soir-là alors qu'elle préparait le repas. Béatrice avait accusé Dino. Mais, encore une fois, personne ne l'avait crue. Ni sa mère, ni les médecins. Elle avait 17 ans, elle avait dû se droguer avec son copain, comme des adolescents. Personne ne l'avait crue sauf Delphine, sa petite sœur. Et une copine à elles, Claire, qui elle aussi savait que Dino n'était pas celui qu'il prétendait être. À peu près à la même période, Dino avait essayé d'abuser de Claire un après-midi. Il l'avait amenée chez lui puis, au prétexte de lui faire visiter sa chambre, l'avait violemment plaquée sur le lit, lui maintenant les bras pour qu'elle ne puisse s'échapper. Cela avait duré quelques minutes, une éternité. Puis, il avait fini par la relâcher avec ces mots : « Si j'avais voulu… » L'adolescente n'avait rien dit, elle avait honte, peur aussi qu'on lui dise qu'elle exagère. Et Béatrice a longtemps été la seule à essayer d'alerter sur le comportement de Dino. En vain.

Dans la famille, on a reproché à Béatrice de faire des histoires. La mère avait choisi son camp. Sa grande sœur Isabelle, la femme de Dino, menaçait de ne plus lui confier les petits-enfants si Béatrice continuait à raconter ses salades. Un jour, Béatrice a refusé de dire bonjour à Dino, il l'a giflée. Elle lui a jeté en retour son bol de chocolat à la figure. Mais ce jour-là, c'est Béatrice qui a été mise à la porte. Petit à petit, elle a pris ses distances avec la famille, pour ne plus avoir à croiser Dino. Elle est partie faire ses études à Roubaix. Elle s'est elle-même effacée de la photo de famille. Et les soupçons sur Dino se sont envolés avec elle. Après son départ, plus personne n'a reparlé de tout ça. Des histoires, voilà tout. Dino a conservé les faveurs intactes de la mère. Il était toujours le bienvenu à la maison familiale du Vieux-Mesnil. À tel point, d'ailleurs, qu'il en avait les clés.

Ce soir de la Saint-Éloi 1986, il ne s'attarde pas. Après son départ, Delphine et sa mère regardent encore un peu la télé. Puis, après avoir vérifié comme chaque soir que la porte d'entrée est bien fermée, elles vont se coucher.

Plus tard, dans la nuit, Delphine entend du bruit et sent une présence dans sa chambre. Quelqu'un soulève les draps et se glisse dans son lit. Elle pense à son mari qui rentre de la Saint-Éloi. Pourtant, elle a un doute. Elle appelle son mari à voix haute par son prénom. La présence dans le lit s'enfuit soudainement. Elle entend courir dans le couloir.

Delphine crie, elle réveille sa mère. Les deux femmes se sentent vaseuses, elles titubent. Elles se dirigent comme elles peuvent vers la porte d'entrée mais remarquent alors qu'elle n'est plus fermée à clé. Sur le paillasson du perron, il y a une paire de baskets, rangées bien parallèles. Celles de Dino.

Le lendemain, le mari de Delphine fonce chez Dino rue de Boussières. Dino lui ouvre, il porte une blessure au visage. Les deux beaux-frères sont seuls, face à face. Ils se connaissent depuis longtemps, ils font du cyclisme ensemble le week-end. Dino ne voit pas de quoi son beau-frère veut parler. Il n'est jamais rentré dans la chambre de Delphine. Sa blessure ? Il s'est fait agresser. Les baskets sur le paillasson ? On les lui a volées lors de cette fameuse agression. Rien ne tient dans la version de Dino. Le mari de Delphine formule donc une autre hypothèse, celle qu'il soit effectivement rentré dans la maison et la chambre de Delphine alors que celle-ci dormait, puis qu'il se soit enfui précipitamment, oubliant ses baskets sur le paillasson et se cognant au passage sur la galerie de la Renault 5 garée juste devant l'entrée. Dont les fourches à vélos dépassaient précisément à hauteur d'une tête d'homme. Dino jure qu'il ne ferait jamais pareille chose. Depuis la maternité, sa femme Isabelle a vent de l'histoire. Elle signe une décharge pour pouvoir sortir plus tôt de l'hôpital et rentre à la maison.

Le dimanche, chez Dino et Isabelle, se tient une sorte de conseil de famille. Il y a là Delphine et son mari, la mère de Delphine, mais aussi les parents de Dino et une de ses sœurs, venus de Boussières-sur-Sambre. Les deux familles se connaissent depuis longtemps. Personne ne croit aux dénégations farfelues de Dino. La mère de Dino, une femme dure, marmonne une phrase que personne ne comprend vraiment à ce moment-là, quelque chose comme « ça ne va pas recommencer ». Dino est solidement enfermé dans son déni. Le lendemain, il offre un bouquet de roses à Isabelle. Il lui en avait déjà offert un quand il y avait eu les histoires avec Béatrice.

Une fois encore, on en reste là, il n'y a pas de dépôt de plainte. Pas de suites. Ni de mots posés sur ce qu'il vient de se passer. L'événement n'est pas nommé. La seule trace de cette nuit de la Saint-Éloi est le verrou intérieur installé depuis sur la porte d'entrée de la maison du Vieux-Mesnil.

Jusque-là, Isabelle n'avait jamais voulu croire aux histoires sur son mari. Et pourtant, après la Saint-Éloi, quelque chose se rompt avec Dino. Dans l'année qui suit, le couple se tord, se distend, puis finit par se séparer. Dino dira que c'est la faute de sa femme, il l'accuse de le tromper. Et de lui faire des dettes. Elle dit la même chose de lui. Le divorce se passe mal. À propos des enfants. De l'argent. Le divorce de Dino est par ailleurs mal vu par le clan Scala. Ils sont catholiques très pratiquants. Dans la famille, on ne divorce pas.

C'est à cette époque que Dino rencontre Sandrine. Elle a 21 ans, lui 28. Elle est de Berlaimont, le village où il joue au foot, à quelques kilomètres de là. Un dimanche du mois de mai 1988, elle promène son chien à côté du terrain de foot de Berlaimont. Et remarque le footballeur au regard sombre.

Le 15 septembre 1988, le divorce entre Dino et Isabelle est prononcé. Fin septembre, Dino emménage avec Sandrine dans le centre d'Aulnoye-Aymeries. Un gros bourg en amont de Maubeuge. Au nord de la ville, là où sinue la Sambre, s'étirent les longs bâtiments de l'usine de tubes Vallourec, un des principaux employeurs de la région.

Au sud, un entrelacs de voies ferrées, des hangars et une cité SNCF pour loger les centaines de cheminots de cet important nœud ferroviaire vers le nord de l'Europe. Dino et Sandrine habitent au milieu, un petit immeuble en briques rouges de logements mitoyens, tout près du centre-ville. Sandrine a un contrat aidé, un TUC, à la mairie d'Aulnoye-Aymeries.

Dino Scala travaille déjà à Jeumont sur le site de la grande usine Jeumont-Schneider, pour le compte d'un sous-traitant. Il est mécanicien, il fait de la maintenance dans les ateliers. Chaque matin, il emprunte la route qui court le long du Val de Sambre jusqu'à la frontière belge. Il parcourt environ 27 kilomètres. Il embauche tôt le matin.

« Toute ma vie, j'ai vécu dans un rayon de 30 kilomètres, je travaille tout le temps, je ne pars jamais en vacances. Je suis bien là. »

Les oubliées

La date précise, elle ne saurait dire. Il faisait froid. D'après les feuilles de sécurité sociale attestant de son arrêt de travail, ce devait être au mois de mars 1988. Ce qui est certain, c'est qu'il faisait nuit.

Danielle a 36 ans, elle est aide-soignante. Elle prend son service à 6 heures du matin, à la clinique du Chapitre, dans le centre de Maubeuge. Elle se met généralement en route vers 5 h 20, 5 h 30. Le temps de descendre à pied depuis le quartier d'Épinette, des HLM perchées tout en haut de la ville. Elle emprunte ce chemin tous les jours depuis quatre ans. De larges artères redessinées après que la Seconde Guerre mondiale eut quasiment rasé la ville. Il lui arrive souvent de croiser quelques ombres qui, comme elle, travaillent avant le jour, un facteur, des éboueurs… Mais ce matin-là, peut-être à cause du froid, les rues de Maubeuge lui semblent désertes. Elle est au bas des remparts Vauban, presque arrivée à la clinique lorsqu'elle sent son corps soudain soulevé. Danielle mesure 1 mètre 50 et pèse à peine 45 kilos, l'homme derrière elle la traîne sans peine à l'écart de la rue, derrière le préfabriqué de la MJC. L'homme n'a pas de visage, il est cagoulé. Il a une voix rauque, une voix d'homme. Il dégage comme une odeur de cuir. Il lui tord le cou. Il veut la tuer, pense-t-elle. Elle parle. Il faut lui parler. Elle supplie, explique qu'elle vit seule avec sa fille. Il lui enfonce un tissu rouge dans la bouche pour qu'elle se taise. Elle doit se mettre à genoux. Il a de grosses chaussures. Elle pense qu'elle va mourir. Puis, soudain, l'homme dit qu'il s'est trompé. Il s'excuse, lui met quelque chose dans la main et s'enfuit. Danielle termine son trajet jusqu'à la clinique le poing serré, le corps noué. Elle raconte ce qu'il vient de se passer aux collègues. Ce n'est qu'à ce moment-là qu'elle ose ouvrir la main. À l'intérieur, il y a un papier gris froissé, un billet de 50 francs. Des médecins de la clinique l'accompagnent ensuite au commissariat de Maubeuge, situé quelques rues au-dessus, pour qu'elle dépose plainte. Elle donne le billet de 50 francs aux policiers. Et puis rien. Rien pendant 30 ans.

Samedi 24 septembre 1988. 6 h 35. Nadine, une enseignante de 26 ans, descend à pied à la gare de Maubeuge. Elle doit prendre la Micheline pour Aulnoye-Aymeries, où elle travaille comme prof de français au collège. L'enseignante habite rue des Ramoneurs, un quartier résidentiel sur les hauts de Maubeuge, au-dessus de l'hôpital. Pour descendre à la gare, elle emprunte le boulevard de l'Europe, une voie rapide qui serpente jusqu'à la Sambre au bas de la ville. Il fait encore nuit. La rue est vide. Elle chantonne un air entendu le matin à la radio. Elle marche depuis cinq minutes à peine, elle peut voir le garage Esso en contrebas lorsqu'elle se sent violemment attrapée par le cou. Un bras lui enserre la gorge. Une voix d'homme derrière elle lui intime de se taire. « Tais-toi. » Il serre. Elle étouffe. « Tais-toi » encore. Il la traîne vers des buissons à l'écart du boulevard. Elle est précipitée au sol. Il est sur elle. Elle ne le voit pas. Elle ne perçoit que l'éclairage de la station Esso face à elle. Elle essaie de se débattre, elle appelle au secours. Mais il serre trop fort et elle perd connaissance. L'étreinte se relâche. Lorsqu'elle reprend ses esprits, Nadine n'a plus ni ses chaussures, ni son sac ni son cartable. Elle pleure. Sa lèvre saigne. Elle hurle, comme elle n'a jamais hurlé. « Un cri de bête. » Depuis son balcon, un homme réveillé par le bruit l'aperçoit, il s'habille en vitesse et descend. Un chauffeur de bus s'arrête aussi. Les deux hommes l'accompagnent à la brigade de gendarmerie, un vieux bâtiment de briques rouge foncé, situé dans la petite rue juste derrière le boulevard de l'Europe.

Elle est toujours pieds nus lorsqu'elle arrive à la gendarmerie. Avant de prendre sa plainte, les gendarmes la conduisent à l'hôpital, quelques rues plus haut pour panser ses blessures et la faire examiner. Le médecin de garde, une femme, constate des traces de strangulations, quelques égratignures à la jambe et des ecchymoses à la lèvre inférieure. Elle l'exempte de travail pour la journée. L'enseignante est ensuite raccompagnée à la gendarmerie. Il est 8 heures du matin.

C'est le maréchal des logis chef Bernard C., officier de police judiciaire, qui prend sa plainte. La déposition dure une heure. L'enseignante décrit les faits mais ne peut rien dire sur son agresseur. Si ce n'est qu'il portait un pull laineux sombre et qu'il n'avait pas d'accent. Le gendarme ne pense pas qu'il s'agisse d'une tentative d'agression sexuelle car son sac à main a disparu. Elle s'accroche à cette idée, il devait en vouloir à son argent. Elle porte donc plainte pour vol avec violences. Mais deux heures plus tard, en retournant sur les lieux de l'agression, les gendarmes finissent par retrouver le sac à main. Il ne manque rien, son porte-monnaie et son porte-clés avec ses scoubidous qui pendouillent sont là. Le sac ne semble même pas avoir été fouillé. Nadine est perturbée par ce détail. D'autant que lui revient en mémoire un hasard troublant. Quinze jours plus tôt, elle a reçu le coup de téléphone anonyme d'un homme lui assénant des obscénités. C'était un mercredi matin vers 8 h 30. Elle ne sait pas si cela peut avoir un lien. Mais en fait part au gendarme. Le maréchal des logis lui indique qu'un « dingue », c'est comme cela qu'il dit, attaque des femmes en ce moment à Maubeuge, qu'il s'assoit sur elles et se masturbe. Aucune trace de plaintes concernant ces agressions n'a été retrouvée dans les archives de police et de gendarmerie. J'ai également recherché cette histoire d'exhibitionniste dans la presse locale de l'époque, en vain.

Nadine se demande si son agresseur n'en voulait pas « à sa personne ». C'est ainsi qu'elle formule son trouble sur le procès-verbal de gendarmerie. En réalité, elle a toujours su, à la manière dont l'homme l'a attrapée, ce qu'il cherchait. En sortant du commissariat, elle a acheté une bombe lacrymogène.

Deux semaines plus tard, lundi 10 octobre, à 6 heures, Éliane, 41 ans, infirmière de nuit à l'hôpital de Maubeuge, termine son service. C'est une femme brune, aux cheveux courts, assez élégante. Elle rentre à pied chez elle comme tous les matins, elle emprunte le boulevard Pasteur, puis la rue Henri Sculfort. C'est là, à hauteur de l'ancienne école d'infirmières psy, qu'un homme, caché derrière une porte, surgit dans son dos. L'homme lui enserre le cou, et l'entraîne dans la cour intérieure à l'écart de la rue. Il lui dit : « Ne crie pas. » Elle crie. Il lui répète de se taire. Elle chute sur le sol caillouteux. Assis sur elle, il essaie de relever sa jupe. Elle n'arrive pas à distinguer son visage, il est éclairé en contre-jour par un des réverbères du boulevard Pasteur, derrière le mur. Elle voit juste que l'homme porte comme un bonnet. Un vêtement sombre. Elle pense qu'il est assez jeune, 20 ou 30 ans, car il semble assez musclé. Elle pense alors qu'elle va mourir, mais ses cris alertent rapidement un boucher dont l'entrepôt est situé de l'autre côté de la cour. Lorsque le boucher surgit, armé d'un fusil, l'agresseur a déjà disparu. Il s'est enfui en sautant par-dessus le mur du fond de la cour. Avant de partir, il a frappé la tête de sa victime contre le sol. Éliane est sonnée.

Au commissariat de Maubeuge, situé à deux rues de la gendarmerie, de l'autre côté du boulevard de l'Europe, l'inspecteur qui prend la plainte qualifie l'agression de « violences légères ». Le récit tel qu'il est formulé sur procès-verbal est expurgé de toute dimension sexuelle. Il n'est plus question de la jupe relevée. La question du mobile n'est pas posée par le policier. Elle l'est indirectement par Éliane, qui s'étonne que rien ne lui ait été dérobé, alors qu'elle portait des bijoux d'une visible valeur aux doigts et aux oreilles, que l'homme n'ait pas non plus touché à son sac à main. Lorsqu'elle est examinée plus tard à l'hôpital par le médecin des urgences, le même médecin qui avait aussi examiné Nadine, quinze jours plus tôt, il ne s'intéresse qu'aux traces de violences physiques : diverses égratignures sur le cuir chevelu, et un traumatisme crânien. Il lui prescrit une ITT de 3 jours. À l'hôpital, comme au commissariat, le caractère sexuel de l'agression disparaît. Il est effacé de l'histoire.

Jeudi 3 novembre, 5 h 55. Une jeune femme brune aux cheveux bouclés marche rue de la Liberté. Elle porte des bottes et un long manteau. Marianne, 27 ans, agent hospitalier, se dirige vers l'hôpital de Maubeuge où elle prend son service à 6 heures. Elle a les mains enfoncées dans les poches de son long manteau, lorsqu'un homme, caché dans les haies, surgit par derrière et la ceinture. Avec ses mains coincées dans ses poches, elle est enserrée, et ne peut esquisser le moindre mouvement. « Tu as de beaux seins toi. » Il lui touche la poitrine. Marianne hurle « Lâchez-moi ». L'homme se sauve aussitôt en courant. C'est le seul instant où elle aperçoit son agresseur, de dos. Il mesure dans les 1 m 75, il est de corpulence assez forte, il porte un blouson vert, un jean bleu. Elle a l'impression qu'il est jeune. Il porte quelque chose sur la tête. L'homme n'a pas touché à son sac à main. Il n'a rien essayé de lui dérober. Marianne se réfugie à l'hôpital, d'où elle appelle son mari. Elle va ensuite porter plainte au commissariat de Maubeuge.

L'inspecteur de police tape sur sa machine à écrire : « un individu lui a peloté les seins ». Le procès-verbal est succinct, il ne fait que quelques lignes. Le policier qui prend la plainte de Marianne lui indique qu'elle ne sera prévenue des suites de l'enquête que si celle-ci est positive. Elle signe son procès-verbal et quitte le commissariat.

L'agression a été qualifiée d'« attentat à la pudeur », une qualification de l'ancien code pénal ainsi défini depuis sa publication en 1810 (article 333) : *acte physique recouvrant contraire aux bonnes mœurs exercé volontairement sur le corps d'une personne déterminée de l'un ou l'autre sexe.* Si la victime est majeure, l'acte doit être commis avec violence, contrainte ou surprise. C'est alors un délit, puni de 3 à 5 ans d'emprisonnement, et 6 000 francs à 60 000 francs d'amende. La notion d'agression sexuelle n'existe pas encore dans le droit français. Le droit se place alors sur le terrain de la morale, il est le garant du respect des bonnes mœurs, en l'occurrence celles de la victime, sa pudeur, c'est-à-dire le sentiment de gêne ou de honte qu'elle est susceptible de ressentir vis-à-vis de gestes sexuels qui lui sont imposés. Longtemps après cet « attentat à la pudeur », alors que la jeune fille sera devenue sexagénaire, l'experte psychologue qui l'examinera soulignera, parmi ses nombreux traumatismes, un sentiment dominant et persistant de honte lié à cette agression.

Dix jours après elle, le même inspecteur de police prend la plainte d'une autre jeune femme, qui travaille elle aussi à l'hôpital de Maubeuge. Véronique a 23 ans, elle est élève infirmière, en stage au service chirurgie. Lorsqu'elle arrive au commissariat, la jeune femme porte une griffure sur la joue. Elle raconte qu'elle s'est faite attaquée vers 6 h 15 boulevard de l'Europe, au niveau de la station Esso. À l'endroit précis où Nadine a été agressée fin septembre. Elle a entendu parler de cette agression à l'hôpital. D'ailleurs, elle se méfiait un peu depuis. Mais cela n'a pas suffi. L'homme l'a attrapée par derrière, l'a étranglée en lui plaquant une main sur la bouche. Il l'a ensuite poussée vers le bas-côté, elle est tombée sur un sol terreux, contre un buisson. Puis un véhicule rouge s'est approché d'eux, et l'homme s'est aussitôt enfui. La jeune femme explique à l'inspecteur qu'elle n'a vu son agresseur que de dos. Il mesurait 1 m 70, peut-être 1 m 75, pas plus. Il était brun avec des cheveux courts. Il portait un blouson sombre. Elle lui précise qu'il lui a touché la poitrine. Mais ce n'est pas évoqué dans le procès-verbal, il est même stipulé l'inverse : « Il ne m'a fait aucun attouchement. » L'inspecteur inscrit « violences » en haut de la plainte. Véronique se souvient qu'elle voulait que sa plainte serve à prévenir d'autres femmes. Cet homme, pense-t-elle alors, sait précisément ce qu'il fait. Comme si ce n'était pas la première fois.

Véronique l'ignore mais, ce même jour, dans un bureau voisin du commissariat, une autre jeune femme porte également plainte. Pour une agression qui a eu lieu à quelques centaines de mètres, et une quinzaine de minutes après la sienne. Martine, 21 ans, une autre étudiante, est surveillante au collège du quartier de l'Épinette. L'histoire qu'elle raconte au policier est la même que celle qui est en train d'être consignée dans le bureau d'à côté. Un homme surgi par derrière, la projette sur le sol, l'entraîne sur le bas-côté et lui touche la poitrine en lui disant qu'elle a de « beaux seins ». D'une plainte à l'autre, les phrases se répètent à l'identique sur les procès-verbaux. Et, là encore, l'homme s'est enfui lorsqu'une voiture s'est arrêtée au feu rouge à une vingtaine de mètres d'eux. La jeune femme décrit un homme brun d'environ 1 m 75. Avec une voix grave.

Quinze jours plus tard, mercredi 30 novembre, 7 h 40. Une lycéenne de 17 ans entend quelqu'un courir derrière elle dans le centre de Maubeuge. Elle pense d'abord à un copain de lycée qui lui ferait une blague, puis sent un bras s'enrouler autour de son cou et serrer. L'homme derrière elle essaie de l'entraîner dans un endroit isolé vers les remparts. Mais, avec le poids de son sac à dos, elle tombe et crie. L'homme s'enfuit. Lorsqu'elle dépose plainte au commissariat de Maubeuge, les policiers lui présentent un portrait-robot. Elle dit que oui, cela pourrait bien être son agresseur. Ce portrait-robot a disparu. On ne sait pas à quoi il ressemblait. Ni comment et sur la base de quels témoignages il a été réalisé.

Le 10 décembre, encore une lycéenne agressée, toujours vers les remparts de Maubeuge. Elle a 16 ans. Il lui touche les seins. « Ne bouge pas », « Ne crie pas ». Il essaie de la faire taire en lui plaquant un tissu sur le visage, imbibé d'éther pense-t-elle. L'homme a environ 25 ans, les cheveux ondulés, un blouson foncé. Après les faits, les policiers emmènent l'adolescente à bord d'une voiture de patrouille pour essayer de le retrouver. Ils tournent dans le quartier.

Cette fois-ci, un télégramme de signalement est envoyé à toutes les forces de police de la zone.

De cet automne 1988, je ne retrouve pas un mot dans les archives de la presse locale sur cette série d'agressions sexuelles. Les faits divers occupent pourtant une large partie des pages locales de *La Voix du Nord* et de l'hebdomadaire *La Sambre*. Y sont relatés accidents graves et incidents minuscules. Des accidents de la route, des accidents domestiques, des tentatives de cambriolages, des bagarres, des conflits de voisinage, une cocotte-minute qui a explosé… Mais la chronique médiatique de la délinquance et de l'insécurité est expurgée des crimes et délits d'ordre sexuel. Pas de viols, d'attentats à la pudeur, d'incestes… Rien de ce qui occupe pourtant une part non négligeable du quotidien de la police et de la justice. L'agresseur sexuel du matin qui a fait l'objet d'une dizaine de plaintes est absent du récit public. Il n'existe pas.

Ou plutôt il existe de manière souterraine. C'est un bruit qui court. Des histoires qui circulent et qu'on se raconte. Les lycéennes agressées disent aux policiers avoir entendu parler d'une rumeur sur une série d'agressions. Un pervers rôde le matin dans les rues de Maubeuge. À l'hôpital, le récit est concret, les victimes ont des noms et des visages. Des infirmières, aides-soignantes, agents d'entretien ont été agressées. Certaines se sont parlé entre elles. Des femmes qui ne travaillaient pas à l'hôpital sont venues ici faire constater leurs blessures. L'agresseur sexuel du petit matin est devenu un sujet de conversation. D'inquiétudes pour certaines. Une psychose informelle.

À la gendarmerie, ce bruit qui court parvient aux oreilles du maréchal des logis qui poursuit son enquête sur l'agression de Nadine. Le gendarme a appris que d'autres agressions, similaires à celle de cette enseignante, ont été signalées et enregistrées par les collègues du commissariat de police ces dernières semaines. Deux mois après l'agression de Nadine, il contacte donc la maison d'en face, cet imposant bâtiment rose dont l'architecture ne paraît pas encore datée. Un commissaire divisionnaire lui confirme être effectivement chargé de plusieurs cas très ressemblants. Mais… le policier refuse de partager ses informations avec la gendarmerie. L'enquête est toujours en cours, pas question de communiquer, lui répond le commissaire, qui consent tout de même à lui donner le signalement de l'auteur : front haut, cheveux courts, parka verte ou blouson beige. Point.

Le ton du rapport de gendarmerie donne la mesure de la rivalité entre policiers et gendarmes. À cette époque, Maubeuge compte une gendarmerie et un commissariat de police. Les deux bâtiments sont situés à quelques centaines de mètres l'un de l'autre, séparés par le boulevard de l'Europe où ont eu lieu une partie des agressions. La gendarmerie est censée, déjà, plutôt s'occuper de ce qu'il se passe en dehors de l'agglomération, hors la ville. Mais comme elle est installée en plein cœur de Maubeuge, il arrive que des victimes, ignorant les subtilités administratives de partage de compétences entre forces de l'ordre, atterrissent par hasard à la gendarmerie. Qui conservera les suites des investigations. Les policiers appellent cela du « braconnage ».

À la gendarmerie, le maréchal des logis poursuit son enquête avec le maigre d'informations dont il dispose. Le 5 décembre 1988, il convoque un marginal qu'il sait connu pour des faits « de mœurs ». L'homme vit dans le quartier et a l'habitude de se promener seul tôt le matin. C'est un bon client, il reconnaît d'ailleurs avoir déjà eu « des problèmes », mais en ce moment, il est « irréprochable » assure-t-il au gendarme. Il est relâché.

L'enquête préliminaire de la gendarmerie sur l'agression de Nadine est close et transmise au parquet d'Avesnes-sur-Helpe au retour des fêtes de Noël, deux mois et demi après les faits. Elle restera une plainte contre X.

On ne sait pas ce que sont devenues les sept autres plaintes gérées par le commissariat de police, ni même si elles ont été transmises au Parquet. S'il y a eu des surveillances mises en place. Des actes d'enquêtes. Ne subsistent de ces agressions sexuelles trois décennies plus tard que quelques rares procès-verbaux retrouvés dans les archives séparées de la police et de la gendarmerie. La justice n'en a conservé aucune trace.

Le 5 septembre 1989, naît à l'hôpital de Maubeuge le premier enfant de Sandrine et Dino Scala, une fille. Le couple déménage peu de temps après la naissance. Ils s'installent à la résidence Matisse, un ensemble de petits immeubles à un seul étage, à deux pas de la gare SNCF d'Aulnoye-Aymeries.

Christelle

Jeudi 30 novembre 1989. Le père de Christelle la dépose sous la bretelle de la voie rapide à la sortie du village de Marpent et reprend aussitôt la quatre voies dans l'autre sens. De là, il faut encore qu'elle aille à pied jusqu'au bourg suivant, pour arriver jusqu'à son collège, en suivant la D959, cette route départementale qui longe le Val de Sambre jusqu'à la frontière belge. Christelle a 13 ans. Elle a un peu de retard à l'école et une vie familiale compliquée. Un tuteur suit l'adolescente pour essayer de colmater les carences de l'existence. En ce moment, elle est en 5^{e}4 au collège de Jeumont.

Christelle marche sur la D959. À la sortie du village, les maisons disparaissent, la rue redevient une route et s'enfonce dans la brume vers la Sambre. Un homme en veste kaki court derrière Christelle. Elle se retourne et s'écarte pour le laisser passer, mais l'homme se jette sur elle, l'attrape par le cou et la traîne vers un talus. « Tais-toi, il ne t'arrivera rien. » Il lui enfonce des chiffons blancs dans la bouche, lui lie les mains dans le dos et lui bande les yeux.

Puis il lui soulève ses vêtements et son soutien-gorge. Il lui demande si elle a déjà fait l'amour. Il lui dit qu'il ne la violera pas. Mais il la viole. Elle a mal, elle le supplie d'arrêter. À la fin, elle sent un liquide chaud, qu'il essuie lui-même. Puis il la rhabille, la détache, lui enlève son bandeau et lui demande de partir sans se retourner, sans le regarder. Il insiste sur ce point, lui expliquant qu'il va lui arriver des bricoles si jamais elle ne lui obéit pas. Arrivée sur la route, Christelle se met à courir vers Jeumont en longeant la Sambre. Elle se retourne quand même, et aperçoit l'homme, de dos, qui s'enfuit dans l'autre sens, du côté de Marpent.

Christelle, devant son collège, pleure. Une surveillante s'occupe de la faire rentrer à l'intérieur et appelle la police.

Au commissariat de Jeumont, la collégienne est d'abord entendue par un inspecteur, prénommé Camille. On ignore si c'est un homme ou une femme. Les questions n'apparaissent pas sur le procès-verbal, mais les réponses de Christelle ne laissent pas supposer qu'elles aient été suspicieuses. Cela ne va pas durer.

Un second policier la réentend dans la matinée, peu après cette première déposition. Le ton change. Le procès-verbal commence par cette déclaration de Christelle : « Ce que je vous ai dit ce matin est la pure vérité, j'ai bien été agressée ce matin. » Le dépôt de plainte s'est transformé en interrogatoire. La victime est devenue suspecte. Première question : « Ta mère nous a dit que tu n'avais pas été réglée depuis deux mois et demi, qu'en penses-tu ? » « C'est pas vrai, j'ai été réglée normalement. » « Tu marques tes règles sur un calendrier, comment expliques-tu qu'il n'y ait rien de marqué en octobre et novembre ? » « J'ai oublié de le faire. » Puis il l'interroge pour savoir si elle a déjà eu des relations sexuelles. Elle répond que non. C'était visiblement une question piège, puisqu'il enchaîne, à propos de confidences qu'elle aurait faites à son éducateur, un certain « Monsieur Fabrice », à qui elle aurait avoué avoir eu des relations sexuelles. Christelle doit se justifier. Elle tente d'expliquer que l'éducateur a dû mal comprendre. Elle a eu juste un flirt qui avait été « un peu plus loin ». Mais le policier veut connaître les détails. Alors l'adolescente s'exécute, elle lui raconte que son petit copain lui a caressé les mains et l'a pénétrée avec des doigts. Sans transition, le policier revient sur les faits. Il demande à l'adolescente de raconter les détails de son viol. Dans la suite du procès-verbal, les questions n'apparaissent plus, mais certaines précisions données par la victime les laissent imaginer. Ainsi, la jeune adolescente doit-elle préciser à propos du viol qu'elle vient de subir : « Je n'ai pris aucun plaisir. »

La mère de Christelle non plus n'a pas l'air de la croire à propos du viol. C'est en tout cas ce que disent les policiers à l'adolescente. Ils la soupçonnent d'inventer cette histoire pour cacher des relations sexuelles, peut-être même une grossesse.

Christelle est envoyée chez le médecin pour un examen médical qui ne figure pas dans sa procédure. Mais un policier va en faire largement état dans l'interrogatoire suivant. À défaut de grossesse, cet examen démontrerait selon ce policier qu'elle n'était plus vierge au moment des faits. Et même plus vierge « depuis quelque temps » déjà. L'adolescente est sommée de se justifier. Une fois encore, Christelle raconte avoir eu des caresses poussées avec un jeune homme durant l'été. La jeune fille précise qu'elle a déjà essayé de s'expliquer sur ces caresses avec l'autre policier. Elle redit qu'elle n'a jamais prétendu être vierge. Le policier revient sur le viol. Il s'étonne que ses vêtements n'étaient pas plus en désordre et ne soient pas « souillés ».

La procédure pour le viol de Christelle, 13 ans, se résume à ces trois procès-verbaux, dont les photocopies noircies sont désormais à peine lisibles. Le certificat médical auquel les policiers font référence a disparu. Pas de PV attestant qu'ils se soient rendus sur les lieux, pas de scellés ni d'analyses, alors que la victime évoque une éjaculation. Il n'y a pas d'analyse ADN en 1989. Mais on peut détecter des traces de sperme. On ne sait pas si la plainte a été transmise au Parquet. Au début des années 90, deux jeunes filles seront violées exactement au même endroit, avec le même mode opératoire.

À aucun moment, Christelle n'a été traitée autrement qu'en suspecte. Elle est décédée en 2007 à l'âge de 30 ans.

« Mes victimes n'ont pas de visage. Je ne sais rien d'elles. Je les oublie. Elles sont comme des fantômes. »

Le commissariat

La maison, haute d'un étage, est posée à l'angle de la rue Jean-Jacques Rousseau et de la rue Blanqui, dans un quartier résidentiel un peu à l'écart du centre-ville d'Aulnoye-Aymeries. C'est une modeste bâtisse début de siècle. Elle a conservé en ornement ses briques rouge orangé apparentes sur le bas des murs et le pourtour de ses fenêtres. Le haut est crépi de blanc. Du côté Rousseau, la maison est flanquée d'un jardinet modiquement égayé par quelques plants fleuris. Depuis la rue, un petit portillon métallique vert ouvre sur les trois marches d'un perron, recouvert d'un auvent de ciment. À droite de la porte, une sonnette. Si ce n'est quelques détails, comme ce drapeau tricolore épuisé flottant au-dessus de l'entrée, les barreaux qui strient les fenêtres du rez-de-chaussée et un discret panneau POLICE suspendu à la façade, rien ne distingue le commissariat d'Aulnoye-Aymeries des autres maisons du quartier.

L'intérieur est plus baroque, résultat d'une vaine tentative de caser dans les murs exigus d'un habitat domestique des fonctionnalités d'un commissariat de police. Des dossiers sont posés sur d'anciennes cheminées condamnées. L'accueil est un couloir étroit sous l'escalier en bois, où a été simplement posé un ancien banc d'école. Les bureaux sont exigus, les archives entreposées n'importe comment dans un autre couloir et dans le grenier. Les vestiaires ressemblent à ceux d'une piscine municipale. L'identité judiciaire est installée dans une salle de bains défraîchie. Les murs sont décrépis, le carrelage jaunasse. Après l'effondrement d'une partie du parquet du premier étage, il faudra faire avec des étais plantés au milieu des bureaux. En ce début de décennie 90, la presse locale écrit déjà à propos du commissariat d'Aulnoye-Aymeries qu'il est vétuste et mal commode. Un ministre de l'intérieur en visite dans la Sambre promet d'ailleurs la construction d'un nouveau. Comme beaucoup d'autres après lui. En attendant, la cinquantaine de fonctionnaires qui s'y serre travaille avec les moyens du bord. Ou plutôt sans d'ailleurs. Le chauffage fonctionne mal. L'hiver, de la glace se forme à l'intérieur des fenêtres, et l'on prend les plaintes avec des gants aux mains. Il y règne une ambiance singulière. Un policier arrivé à cette époque au commissariat se souvient d'aller régulièrement à la mairie faire des photocopies faute de papier. Il se rappelle des soirées arrosées le soir après la fermeture où l'on restait parfois dormir sur place. Un des chefs de l'époque travaillait parfois en charentaises dans le commissariat.

Le jeudi 8 janvier 1990, une adolescente de 15 ans est assise dans un des bureaux du commissariat face à un policier, son père se tient à ses côtés. Rachelle porte une mini-jupe ballon rose fuchsia, d'immenses chaussettes et des chaussures à talons. C'est elle qui a entièrement conçu et cousu sa tenue. Elle est en formation couture au lycée d'Erquelinnes, de l'autre côté de la frontière belge et ce matin, ce devait être le défilé de mode où chacune présente ses créations. Rachelle s'était soigneusement maquillée. Mais il n'en reste sur son visage que de vagues traces, brouillées par les larmes et l'hématome qui gonfle et commence à lui déformer le visage. Rachelle est venue porter plainte pour agression sexuelle.

Quelques heures plus tôt, alors qu'elle traversait Aulnoye en direction de la gare SNCF pour prendre son train, un homme l'a attrapée par derrière, l'a trainée dans un endroit isolé, il l'a menacée de mort si elle venait à bouger. Il a commencé par lui toucher la poitrine puis lui a tapé la tête au sol, plusieurs fois. Après, elle ne se souvient plus. Mais son collant, raconte-t-elle, avait été baissé. En face d'elle, le policier semble davantage intrigué par la tenue voyante et les reliquats de maquillage de Rachelle que par les traces de coups sur son visage et les mots qu'elles prononce. Il s'interroge sur la pertinence de porter des talons à son âge. L'adolescente a l'impression qu'il se moque d'elle. Elle pense que c'est à cause de son strabisme. À cette époque, parfois, des gens se moquaient d'elle à cause de ça. Le policier soupçonne aussi qu'elle ait inventé cette histoire pour ne pas aller au lycée. La plainte est tout de même prise. Ce sera la première d'une très longue série au commissariat d'Aulnoye-Aymeries.

Le lendemain matin, un des frères de Rachelle, cheminot, meurt brutalement, happé par un train. L'agression de Rachelle se dissout aussitôt dans le drame. On n'en reparlera plus. Cette année-là, elle arrête l'école et l'année suivante, accouche de son premier enfant, à 16 ans. Une semaine après son agression, et sept kilomètres plus loin le long de la D959, une collégienne de 14 ans est agressée de la même manière, elle porte plainte au petit poste de police d'Hautmont. Deux semaines encore plus tard, une autre lycéenne, cette fois-ci au commissariat de Maubeuge. Ces trois agressions sexuelles ont toutes eu lieu des jeudi de janvier, à la même heure, à quelques kilomètres de distance, avec le même mode opératoire. Mais, éparpillées dans trois commissariats, elles n'ont fait l'objet d'aucun rapprochement.

Il n'est pas certain que les policiers d'Aulnoye-Aymeries aient eu connaissance de ces deux autres agressions lorsque, un an plus tard, le 7 janvier 1991, une jeune fille de 19 ans et sa grand-mère poussent le portillon métallique du commissariat. Élodie, 19 ans, a été agressée par un homme le matin même, peu après 6 heures, en allant prendre son train pour aller au lycée. Les faits se sont déroulés à deux rues du commissariat, à côté du magasin Monsieur Bricolage. Un homme surgi par derrière l'a attrapée par le cou, étranglée et entraînée vers une voie de garage à l'écart de la rue. L'homme avait une voix grave et un accent local. Il lui a découvert et touché la poitrine. A procédé à des attouchements plus bas au travers ses vêtements. L'agression a peut-être duré cinq minutes, elle ne sait pas. Avant de prendre la fuite en courant, il l'a menacée : si elle porte plainte, il la retrouvera. Dans les minutes qui suivent, Élodie se réfugie dans une sorte de déni, il faut oublier, passer à autre chose. Elle a un examen ce matin, elle doit aller le passer, elle doit avancer dans la vie. Alors elle reprend son chemin jusqu'à la gare, prend son train et va au lycée. La journée est déjà avancée lorsqu'elle se rend à une cabine téléphonique et appelle sa grand-mère pour lui raconter ce qu'il s'est passé. Élodie vit avec elle depuis qu'elle a perdu sa mère l'année précédente. Elle n'a jamais mis les pieds dans ce curieux commissariat qui ressemble à une maison, elle ne sait pas comment se passe un dépôt de plainte. Mais elle n'imaginait pas que cela soit aussi rapide. Elle doit suivre un policier dans un des bureaux du rez-de-chaussée, elle raconte brièvement l'agression, il ne lui pose pas la moindre question. Élodie est mal à l'aise. Elle a l'impression que son histoire n'intéresse pas le policier, que cela n'a aucune importance. Le procès-verbal de plainte ne fait d'ailleurs que quelques lignes. Les faits sont qualifiés d'attentat à la pudeur avec violences. Il n'y a pas d'enquête, personne ne se rend sur les lieux, la plainte n'est pas transmise au Parquet. Elle reste là, oubliée quelque part dans les archives.

Puisque la police ne fait rien, le grand frère d'Élodie, militaire de carrière, profite d'une permanence pour partir à la recherche de l'agresseur de sa sœur. Il tourne avant l'aube dans le centre d'Aulnoye et finit par mettre la main sur un homme qui, apprendra-t-il quelques décennies plus tard, n'était pas le bon… Élodie a des accès de violence, dans sa chambre, elle casse des portes d'armoires avec ses poings. Elle perd le sommeil et l'appétit, elle pèse 45 kilos lorsqu'elle quitte définitivement le Nord un an plus tard.

Le samedi 9 novembre 1991, il est 6 h 30, une fille brune aux cheveux courts remonte la rue Émile Brasselet qui rejoint l'arrière de la gare d'Aulnoye-Aymeries depuis le centre de Leval, un village limitrophe d'Aulnoye. C'est la rue dans laquelle elle habite et qu'elle emprunte quotidiennement. Sarah est une enfant placée par l'assistance publique. Elle a eu une enfance chaotique, mais depuis qu'elle vit dans cette famille d'accueil à Leval, elle s'est reconstruite. Et elle restée chez eux après sa majorité. Elle travaille désormais. Vendeuse dans une boulangerie dans une commune à trente minutes de train. Ce matin, elle porte une jupe écossaise, des chaussures à talons, un chemisier blanc et une veste rouge. Elle soigne sa tenue, c'est important dans le commerce.

À la sortie du village, la rue Émile Brasselet devient une route départementale à double sens de circulation, à l'urbanisation plus ou moins lâche. Des grands champs de maïs s'étendent côté gauche de la route. Sarah marche sur le côté droit, celui bordé de maisons. La semaine précédente, Sarah a remarqué plusieurs matins de suite une grosse berline blanche qui, en passant près d'elle, lui semblait ralentir. Il y avait à bord un homme seul. Mais la voiture blanche n'est pas là ce samedi. En revanche, elle entend des pas derrière elle, elle se retourne, aperçoit un homme, sans se sentir pour autant en danger. Puis soudain, à hauteur du numéro 96 de la rue, la silhouette à peine aperçue dans l'obscurité est là, contre elle, et lui enserre le cou avec un bras. Une voix d'homme dans son cou : « Fais pas la con. » Elle demande s'il veut de l'argent, elle précise qu'elle n'a rien. Il serre fort son cou, l'empêchant de crier. Il l'entraîne dans une maison en ruine sur le bas-côté, juste à leur hauteur, comme si l'instant précis où il lui a sauté dessus avait été précisément déterminé par la présence de cette maison abandonnée et sans porte.

Sarah connaît cette maison, elle y allait au catéchisme enfant. Des briques et des pierres jonchent désormais le sol. Elle cherche à s'échapper mais l'homme lui coupe la respiration en appuyant précisément, d'un doigt, sur sa glotte. Elle entend un bruit sec, celui de la lame de couteau dépliée sous sa gorge et qu'elle ne voit pas. L'homme la relève. Elle l'interroge, par deux fois : va-t-il la violer ? Il lui répond que non. Elle lui demande alors, plusieurs fois, s'il compte la tuer. Il finit par répondre également « non ». Mais aussi : « ferme-la ». Il a un accent du coin, elle le remarque. Il la pousse dans l'angle d'un mur, la maintenant par ses vêtements. Il essaie de lui mettre son foulard sur les yeux mais n'y parvient pas. Une fois encore, elle l'interroge : que va-t-il lui faire ? Il lui répond qu'il va toucher ses seins. Elle demande pourquoi. Il s'agace, les autres, habituellement, ne disent rien. À plusieurs reprises, il fait allusion à de précédentes agressions, à de précédentes victimes. Il dit « d'habitude ». Il lui ouvre sa veste, son chemisier, dégrafe son soutien-gorge et touche sa poitrine en la menaçant : elle ne doit pas parler, sinon il la tuera. Puis il la tire par les cheveux dans une autre pièce de la maison, la fait mettre à genoux et la force à lui faire une fellation. Elle tente de se relever, il la remet à genoux, se masturbe devant elle et éjacule dans sa bouche. Elle crache le sperme au sol. C'est seulement à ce moment qu'il retire le couteau placé sous sa gorge. La retourne contre le mur, lui demande de ne pas bouger, sort une lampe de poche et s'enfuit par l'arrière de la maison, d'où part un chemin à travers champ, qu'il semble donc connaître. Elle remarque qu'il porte un blouson vert foncé avec un col en moumoute et des grosses chaussures.

Sarah est au milieu de la route, le chemisier encore ouvert et arrête une voiture. Le conducteur la dépose chez une copine qui habite à côté. Puis la copine la raccompagne chez elle. Sarah a des souvenirs flous de ces moments juste après. Une fois chez elle, où tout le monde dort encore, elle se met à hurler. Elle raconte ce qui lui est arrivé à sa mère, qui appelle la police. Deux hommes en uniforme arrivent du commissariat d'Aulnoye. La première chose qu'elle leur dit est qu'elle a perdu dans la maison en ruine le tube de Lisopaïne dans lequel elle met ses bagues quand elle porte ses gants. Et aussi son parapluie. Elle leur a aussi parlé de la voiture blanche qu'elle avait remarquée sur la route un peu avant, peut-être une Mercedes, elle ne s'y connaît pas vraiment en voitures. Elle leur a donné tous les détails du viol. Et aussi les curieuses allusions de son violeur à d'autres victimes.

Ils sont deux policiers chez elle. Plus tard, elle dira « un gentil et un méchant ». L'un des deux est l'inspecteur qui avait pris la plainte d'Élodie un an plus tôt. Sarah explique aux policiers que son violeur avait une curieuse odeur, il sentait comme le renfermé. Elle ne saurait pas le reconnaître si on le lui présentait, elle l'a à peine vu. En revanche, elle pourrait reconnaître sa voix. Sans aucun doute. Mais le plus âgé des deux policiers est sceptique. Peut-être n'avait-elle tout simplement pas envie d'aller travailler ce samedi matin ? La remarque la hantera longtemps. Sarah veut porter plainte pour viol et menaces de mort.

Mais le policier, qui n'enregistre sa plainte que dix jours plus tard, en décide finalement autrement. Faisant fi du code pénal qui considère la fellation comme un viol, il prend sur lui de requalifier les faits. Sur le procès-verbal tapé à la machine à écrire, une première qualification est biffée par une rangée serrée d'une rangée de « XXXXXX ». On devine encore sous la rangée noircie les quatre lettres barrées : V-I-O-L. À la place, il a inscrit : « attentat à la pudeur avec violences ».

Entre-temps, la jeune femme est vue par un médecin généraliste d'Aulnoye, qui lui prescrit des calmants. Le lendemain du viol, c'est dimanche, elle ne va pas travailler à la boulangerie. Mais elle y retourne le lundi. À la maison, elle passe son temps à cracher par terre. Sa mère ne comprend pas. Sarah finit par aller consulter une psychologue à Maubeuge. Mais elle a le sentiment qu'elle lui reproche de ne pas s'être suffisamment débattue, elle se sent responsable de son viol. Alors elle avale tous les cachets qu'elle lui a prescrits. Ce sera son premier lavage d'estomac. Il y en aura d'autres, beaucoup d'autres.

Quelques semaines plus tard, l'inspecteur rappelle Sarah pour savoir si elle n'a pas recroisé son agresseur depuis. La question n'a guère de sens, Sarah n'ayant jamais vu le visage de son violeur. Puis il clôt son enquête. Il note que le signalement de l'auteur ne correspond pas à ceux des hommes fichés chez eux pour ce type de faits. Et transmet la procédure au parquet d'Avesnes-sur-Helpe. Si la qualification de viol avait été retenue, un juge d'instruction aurait automatiquement été saisi, comme c'est la règle pour les crimes. Ce qui n'est pas le cas pour un attentat à la pudeur, considéré comme un simple délit.

Sarah n'a plus eu de nouvelles de sa plainte. Elle s'est mise à vivre avec la hantise de croiser son violeur. Elle n'a pas vu son visage, peut-être est-ce quelqu'un qui la connaît ? Quelqu'un qui l'observe ? Qui la surveille ? Il va falloir vivre avec cette terreur. Ce sera compliqué. Elle sera sous médicaments toute sa vie. Assez rapidement, elle part s'installer en Belgique. Elle ne reviendra en France qu'en 2018, après l'arrestation de Dino Scala.

Dino et Sandrine Scala attendent leur deuxième enfant. Une petite fille naît au mois de juin.

L'étrangleur à la corde raide

Le titre barre tout le haut de la page Faits Divers de l'édition locale de *La Voix du Nord* du mardi 26 janvier 1993 : « Encore une femme agressée à la cordelette ». L'article commence ainsi : *L'œuvre d'un maniaque ? Deux semaines après les violences dont a été victime la concierge de l'hôtel de ville de Maubeuge un samedi matin très tôt, une nouvelle agression à la cordelette a été signalée samedi matin, toujours avant l'aube, cette fois-ci rue d'Erquelinnes, à Jeumont. Même jour, même heure et surtout même comportement, l'agresseur enserrant le cou de sa victime avant de disparaître sans demander son reste.*

En remontant le fil des éditions locales de *La Voix du Nord*, je retrouve un court entrefilet à la rubrique faits divers du 10 janvier à propos de ce précédent. La concierge de la mairie de Maubeuge, âgée de 56 ans, se rendait à son travail lorsqu'un homme a surgi par derrière en l'étranglant avec une cordelette. Elle s'est évanouie. Lorsqu'elle s'est réveillée, son sac à main était à côté d'elle, intact. On apprend qu'elle a porté plainte au commissariat de Maubeuge. Point. Le second article est plus détaillé sur l'agression à Jeumont d'une jeune fille « d'environ 18 ans », aux abords de l'usine Schneider, entre les magasins d'entrepôts et les voies ferrées. Un endroit « sinistre », est-il précisé. Une photo, effectivement sinistre, sur trois colonnes montre les rails qui longent les entrepôts de l'usine. Selon le récit de *La Voix du Nord*, la victime partait prendre son bus lorsqu'un individu arrivé par derrière lui aurait passé une corde au cou pour l'entraîner vers les magasins de l'usine. L'homme lui aurait indiqué d'emblée qu'il ne comptait pas la violer. La jeune fille s'en serait sortie en « simulant des difficultés respiratoires » et en parvenant à attraper avec ses mains la cordelette qui enserrait son cou, ce qui aurait provoqué la fuite de son agresseur. L'auteur de l'article insiste : aucune « autre violence » n'a été commise. Il précise : « Ni vol, ni atteinte sexuelle. »

Le père de Christelle a découpé l'article de *La Voix du Nord*. Trois jours plus tôt, il avait accompagné sa fille de 17 ans porter plainte au commissariat de Jeumont. Un cube de béton délavé et de verre triste, arrimé au bâtiment de la mairie de cette petite ville industrielle. Le récit qu'elle fait alors de son agression est sensiblement différent de celui qui est rapporté dans le journal.

Ce samedi 23 janvier, Christelle marchait en direction de la gare belge d'Erquelinnes, la ville mitoyenne de Jeumont, de l'autre côté de la frontière. Depuis chez elle, elle doit traverser le pont noir qui enjambe la Sambre et rejoint la zone des voies ferrées derrière l'usine Jeumont-Electric. Christelle est apprentie coiffeuse dans un salon en Belgique, elle emprunte chaque matin cet itinéraire. Ce jour-là, elle porte une très longue jupe rouge et un blouson d'hiver. Comme relaté dans *La Voix du Nord*, un homme la saisit par derrière, l'étrangle avec une cordelette et la traîne sur plusieurs dizaines de mètres par-delà les voies ferrées. Il la plaque contre les grilles de l'usine. La tête coincée sur le côté, elle distingue le parking de la rue de l'Industrie, où se garent régulièrement des employés et sous-traitants de Jeumont-Schneider. Elle remarque une voiture blanche de forme « carrée » dont la portière a été laissée ouverte, et le plafonnier allumé. L'homme tente alors de glisser une main sous sa jupe. Mais elle porte ce jour une jupe très longue, et, en lui maintenant la corde au cou, il n'y arrive pas et s'énerve. Il serre de plus en plus fort la corde, l'enroulant sur un deuxième tour autour de son cou. Christelle est asphyxiée. Il menace de la tuer si elle se retourne, l'entraîne vers la voie ferrée, puis lui assène un lourd coup de poing sur le crâne. Lorsqu'elle reprend connaissance, elle est allongée sur les rails. L'homme a disparu. La voiture blanche sur le parking de l'industrie aussi. Elle va demander secours auprès d'un cafetier à côté, qui appelle son père au bureau de Poste. Celui-ci vient juste de terminer sa tournée, il reprend sa 4L jaune et fonce chez le cafetier. Il est un peu plus de 8 heures du matin. Christelle est en état de choc.

Son père l'accompagne au commissariat pour déposer plainte. Elle ne peut rien dire aux policiers sur son agresseur, elle ne l'a pas vu, mais elle saurait reconnaître sa voix. Elle raconte l'agression sexuelle, les violences, les menaces de mort. Elle parle aussi de la voiture blanche « carrée » sur le parking de l'industrie.

Plus tard, un policier, « un commissaire », dit-elle, revient chez elle lui poser des questions. Il lui demande si elle n'a pas inventé cette histoire. Si elle ne s'est pas fait « ça » toute seule. Son médecin généraliste, présent à ce moment-là, s'énerve et quitte le salon devant une hypothèse aussi improbable. Elle a une double cicatrice au cou, les yeux exorbités à cause de l'asphyxie et un genou en sang. Elle est passée tout près du stade 3 de l'asphyxie, celui d'où l'on ne revient pas.

Deux jours plus tard, le lundi, un « télégramme » de police marqué « urgent » est envoyé au procureur général de Douai, au procureur d'Avesnes, à la préfecture du Nord par les policiers de Jeumont. Il est question d'une « agression sur voie publique ». Et d'un signalement : « Jeune homme 20 ans. Accent arabe. » On ignore d'où sort ce dernier détail.

L'agression sexuelle, qui apparaît dans le récit de Christelle comme le mobile de l'agression, n'est pas mentionnée. Elle disparaît aussi le lendemain dans l'article de *La Voix du Nord* (« ni vol, ni atteinte sexuelle »). Le journal donne pourtant de nombreux détails, en rajoute certains (la victime aurait simulé des difficultés respiratoires), mais en omet d'autres : le coup de poing sur le crâne, les menaces de mort, la perte de connaissance et… la jupe relevée. Il est impossible de savoir où, comment et pourquoi l'information se distord lorsqu'elle passe des policiers au journaliste. Comment et surtout pourquoi, une fois de plus, le récit d'une victime se retrouve expurgé de sa dimension sexuelle.

L'article de *La Voix du Nord* ne passe cependant pas inaperçu et alimente les conversations. Dans les rues de Jeumont, on parle de « l'étrangleur à la corde raide », en référence à un film avec Clint Eastwood, sorti une dizaine d'années plus tôt où un maniaque attaquait des femmes (en l'occurrence des prostituées) en les étranglant avec une cordelette.

Environ une semaine après son agression, Christelle est chez elle avec ses parents et ses sœurs, ils sont en train de regarder en famille le film *Promotion canapé* à la télé (une comédie française sortie quelques années plus tôt, qui se passe aux PTT où, pour réussir, il faut accepter de coucher avec ses supérieurs, ce que font donc les protagonistes féminins du film). Le téléphone sonne, Christelle se lève et décroche. Une voix d'homme demande à parler à la fille de la famille, elle demande laquelle, il répond : la plus âgée. Donc elle. La voix : « Je vais finir ce que j'ai commencé. Tu vas mourir. Je vais te tuer. » Christelle s'effondre dans le couloir. Son père reprend le combiné mais l'homme a raccroché. Elle en est certaine, la voix est celle de son agresseur. Le lendemain, son père va signaler les faits au commissariat. Il veut qu'on repère l'appel. « On n'est pas en Amérique ici », lui auraient répondu les policiers. Les coups de fil anonymes, avec cette même voix, continueront plusieurs mois. Alors le père fait appel à ses amis cibistes. Dès qu'ils repèrent un homme louche dans une cabine aux heures d'appel, ils le lui signalent. Le père prend alors sa voiture et débarque à toute vitesse. Cela dure ainsi quelques mois.

Son père n'aura plus de nouvelles de la police. La procédure de Christelle n'a jamais été retrouvée, ni dans les archives de la police, ni dans celles de la justice. Seul document déterré par les enquêteurs de la PJ, le télégramme du 25 janvier. Après son agression, Christelle sombre dans une profonde dépression. À Jeumont, elle est la fille du facteur, tout le monde la connaît. Maintenant, elle est « celle qui s'est faite agresser ». Elle dort souvent avec un couteau sous l'oreiller. N'a plus jamais porté d'écharpes ou de cols roulés autour du cou.

À l'automne suivant, Émilie, une autre adolescente, porte plainte dans ce même commissariat de Jeumont, pour des faits similaires. C'était un jour de froid et de neige. Le bus est bondé. Émilie se sent mal, alors elle appuie sur le bouton et descend, au milieu de nulle part, entre deux villages. Elle se dit qu'elle va aller chez sa sœur qui n'habite pas très loin et commence à marcher sur le bord de la route D959. Une voiture la double et se gare un peu plus loin. Elle ne la remarque pas. Et continue à marcher dans la neige. À 16 ans, Émilie ressemble encore à une enfant, une bouille ronde encadrée de cheveux châtains. L'homme est arrivé de face, en cachant son visage avec sa main. Elle est parvenue à lui échapper une première fois, courant et hurlant dans le champ enneigé sur le bas-côté de la route. Mais il l'a rattrapée et plaquée violemment au sol en lui tordant la tête sur le côté. Pour se protéger du froid, Émilie avait passé ce jour-là un legging sous son pantalon et il n'a pas réussi à lui baisser son bas. Peut-être est-ce pour cela qu'il a soudain cessé, à moins que ce ne soit l'arrivée d'un cycliste sur la route. Avant de prendre la fuite, l'homme s'est excusé : « Prends ton sac, je me suis trompé, c'était une vengeance, je me suis trompé, ce n'est pas la bonne personne. »

Émilie a eu le temps d'apercevoir son visage. Et son regard, qu'elle n'oubliera jamais. « Un regard de bête. » Au policier de Jeumont qui prend sa plainte, elle décrit un homme européen d'une quarantaine d'années, sans barbe, sans moustache ni lunettes, brun avec un début de calvitie. Comme celle des hommes de sa famille, « la marque des Italiens ». Elle pense qu'elle serait capable de le reconnaître si elle le voyait. Émilie a des bleus partout sur le haut du corps et sur les genoux. Un os de la mâchoire fêlé. Au commissariat, les policiers ne semblent pourtant pas la croire. Ils pensent aussi qu'elle voulait sécher l'école, elle est mal à l'aise. Le ton change lorsqu'ils retournent avec elle sur les lieux, où des traces de pas et de corps dans la neige redessinent son récit. Sans ces traces, elle ne peut s'empêcher de penser qu'on ne l'aurait peut-être jamais crue, elle non plus. L'affaire s'arrête cependant là. La plainte, pour « attentat à la pudeur avec violences », est transmise au Parquet dès le lendemain. Il n'y a aucune enquête.

Émilie met longtemps avant de retourner au lycée. Dans sa famille, l'agression est un sujet tabou. On n'en parle pas. On ne réalise pas vraiment. Son père s'est mis en colère le jour où elle a abordé le sujet. Du côté de sa mère, avec qui elle vit, il y a un beau-père policier à Jeumont. Il ne lui a jamais parlé du violeur de la Sambre.

Plus tard, Émilie choisira les mêmes études que ses copains, pour ne jamais se retrouver seule. Elle a toujours eu des bombes lacrymogènes à portée de main, dans ses sacs et dans toutes les pièces de sa maison. Il lui est arrivé souvent de gazer des gens pour rien, dans ses sursauts de peur. Elle a aussi acheté un énorme chien. Elle se demandera longtemps qui était cette femme avec qui son agresseur lui a dit l'avoir confondue. Elle se demandera s'il avait finalement réussi à la retrouver et ce qu'il lui avait fait subir. Cette femme imaginaire la hantera durant près de trente ans.

Le 2 avril 1994, Sandrine et Dino Scala se marient après six ans de vie commune et deux filles. Sur la photo de mariage, Dino Scala porte un nœud papillon. Ses tempes sont dégarnies. Sandrine porte un tailleur blanc et un chapeau assorti.

La pudeur

Le 26 octobre 1994, une femme de ménage de la mairie de Maubeuge se présente au commissariat pour porter plainte. Elle est en état de choc. Elle raconte : il était 6 heures du matin, elle arrivait vers le bar-tabac-friterie le Marigny, lorsqu'un homme l'a attrapée par derrière, étranglée avec une cordelette et tirée par les cheveux jusqu'à une impasse. L'agression a été d'une violence inouïe. L'homme lui a claqué le visage contre un mur. Il a menacé de la tuer si elle bougeait. Il lui a touché la poitrine puis a essayé de déboutonner sa jupe. C'est alors que la voiture d'un livreur de journaux s'est engagée dans l'impasse tous phares allumés, faisant fuir l'agresseur. Lorsqu'elle dépose plainte au commissariat, le policier lui demande ce qu'elle faisait là à une heure pareille. Sa plainte, qui constitue l'unique procès-verbal de sa procédure, est un résumé de quelques lignes, survolant et minimisant la violence des faits. Ainsi, elle n'a pas été attrapée, étranglée mais a été « agrippée » par un individu. Dans la plainte, il n'est plus question ni des coups, ni de la menace de mort. Il n'est pas question d'agression sexuelle, ni de tentative de viol mais d'attentat à la pudeur, un délit qui n'existe alors plus.

Il a été supprimé un mois plus tôt, le 1er mars 1994, date d'entrée en vigueur du nouveau code pénal. Le précédent code datait de 1810, il avait été élaboré par les jurisconsultes du Premier Empire et avait d'ailleurs conservé le nom de « code napoléonien », bien que largement inspiré de celui de 1791. Il avait été depuis amendé par de nombreuses strates de jurisprudence, mais avait conservé à bien des égards une obsolescence que la gauche, à son arrivée au pouvoir en 1981, avait promis de balayer. Initiée par le garde des Sceaux Robert Badinter, au début de l'ère Mitterrand, la réforme du code pénal aura mis plus d'une décennie à voir le jour. Bien au-delà du dépoussiérage, l'ambition de Badinter était de réintroduire les droits de l'homme au cœur du gros livre rouge. Ainsi, pour la première fois, le texte place les crimes et délits contre les personnes avant les atteintes aux biens, avant les atteintes à l'État, à la nation et la paix publique. Le nouveau code est en même temps plus répressif, il instaure la perpétuité et semble répondre au glissement du débat public sur les sujets sécuritaires.

Les modifications concernant les crimes et délits sexuels sont peu commentées dans la presse en ce printemps 1994. Le nouveau code pénal propose pourtant des changements profonds dans ce domaine qui avait peu évolué depuis la redéfinition du viol en 1980. Certaines qualifications disparaissent purement et simplement du code pénal comme, donc, l'attentat à la pudeur. Remplacé, en fonction de l'âge de la victime, par « l'atteinte sexuelle sur mineur » ou pour les personnes majeures, par « l'agression sexuelle ».

Mais, surtout, sur un plan symbolique, le nouveau code pénal supprime ces mots lourds de sens, les termes « mœurs », « pudeurs » et « outrages » qui adossaient de nombreux crimes et délits sexuels à une notion de « morale ». Jusqu'ici, les qualifications d'outrage public à la pudeur, attentat à la pudeur, viol, proxénétisme ou excitation des mineurs à la débauche, constituaient des atteintes à la morale, aux bonnes mœurs. Ce sont désormais des atteintes aux personnes, que celles-ci soient hommes ou femmes.[1]

La lecture des différentes plaintes déposées dans les commissariats de la Sambre montre que les révolutions sémantiques et juridiques ont du mal à s'imposer sur le terrain. De longs mois après l'entrée en vigueur du nouveau code pénal, les policiers continuent à qualifier des faits selon des infractions qui n'existent plus. À s'interroger sur la bonne moralité d'une victime.

La tentative de viol de cette femme derrière le bureau de tabac demeure figée noir sur blanc dans ce monde d'avant, celui où l'on attentait à la pudeur des femmes. Elle n'aura plus jamais de nouvelles de la police. Elle mettra plusieurs jours avant de réussir à retourner au travail, la peur au ventre. Parfois, pour se rassurer, elle fera manquer l'école à sa fille et l'emmènera avec elle au travail. Pendant longtemps, elle ne sortira qu'avec une paire de ciseaux dans son sac. Elle ne portera plus jamais de jupe.

Les archives des commissariats du Val de Sambre conservent plusieurs autres plaintes pour « attentats à la pudeur » datant de ce même automne 1994. Parmi elles, celle d'une collégienne de 14 ans, agressée, toujours avec le même mode opératoire, vers l'avenue Maurice-Thorez, à côté de la cité SNCF d'Aulnoye-Aymeries. « Je ne vais

1. Selon l'historien Georges Vigarello (*Histoire du viol*, Le Seuil, 1998), ces modifications viennent sanctionner « les changements affectant les rapports entre les hommes et les femmes, refusant toute allusion au sexe pour mieux rappeler l'égalité ». La « vertu outragée » n'existe plus, car la pudeur n'est plus une obligation pour la femme.

pas te violer », lui a dit l'homme derrière elle avant de la plaquer sur le sol, de lui ôter son soutien-gorge pour lui toucher la poitrine. La plainte de la collégienne a été rapidement classée et n'a jamais été jointe aux autres. Trois ans plus tard, une autre collégienne de 14 ans sera agressée exactement au même endroit.

Au-delà de son intitulé caduc, cette plainte déposée au commissariat d'Aulnoye-Aymeries livre un éclairage cru sur la prise en compte d'une victime d'agression sexuelle âgée de 14 ans. Dans sa déposition, la collégienne est enjointe de donner aux policiers certaines précisions : qu'elle est vierge, mais aussi qu'elle n'a pas pu faire autrement que de se laisser faire. Des auto-commentaires ponctuent le procès-verbal : « Apparemment, je suis remise de cette affaire » (le procès-verbal est écrit quelques heures après les faits). Le policier qui prend la plainte prend soin de noter que l'agression n'a pas laissé de traces sur le corps de l'adolescente. Il précise que la victime – pourtant étranglée, traînée sur une quinzaine de mètres, plaquée au sol et bâillonnée – « n'a subi aucune violence ». Dans son résumé des faits, le policier du commissariat d'Aulnoye explique qu'un individu a « proposé de faire l'amour avec elle » et décrit l'agression comme une « mésaventure ».

Le policier clôt son « enquête » moins d'une semaine plus tard, estimant qu'en l'absence de témoins, les recherches s'étaient avérées vaines. Son chef, responsable du secteur de police d'Aulnoye-Aymeries, vise la procédure, sans visiblement remarquer que l'infraction visée, l'attentat à la pudeur, n'existe plus.

Cette victime a été oubliée, elle ne fera jamais partie des victimes imputées à Dino Scala.

Ce même jour et jusqu'à la fin du mois de décembre 1994, des pluies diluviennes s'abattent sur la région. L'eau de la Sambre commence à envahir les plaines, puis les villes et les zones industrielles. Maubeuge est en partie sous l'eau. Partout, l'on fabrique des passerelles de fortune à l'aide de planches. La circulation est coupée sur la route qui court le long du Val de Sambre. Les usines sont à l'arrêt.

On annonce une catastrophe économique. L'usine Jeumont-Electric résiste quelques jours avant de se résigner à devoir arrêter la production. Elle redémarre fin décembre, alors que le niveau commence doucement à baisser. Les machines repartent. Les ouvriers reprennent le travail avant la fin de l'année.

À quelques centaines de mètres de l'usine, au commissariat de Jeumont, le 30 décembre 1994, les policiers enregistrent une plainte pour viol. Une femme de 38 ans qui partait chercher des cigarettes. Étranglée, bâillonnée, les mains ligotées, menacée avec un couteau. La femme pense qu'elle va mourir. Que l'homme qui la viole s'apprête ensuite à la jeter en contrebas dans la Sambre encore bouillonnante de sa crue. Lorsqu'elle dépose plainte au commissariat, elle a sur elle les vêtements qu'elle portait au moment de son viol. Le peu qui reste de la procédure ne dit pas si elle a pu voir un médecin. Si un examen et des prélèvements gynécologiques ont été ordonnés, sachant qu'il y a eu une éjaculation intra-vaginale. On sait seulement que les policiers se sont présentés vers midi chez elle pour récupérer ses vêtements et sous-vêtements, qu'ils les ont placés sous scellés, avec les deux bouts de lacet qui ont servi à la ligoter.

Aucune trace d'enquête n'a été retrouvée. Aucune analyse biologique n'a été ordonnée. Aucun rapprochement ne semble avoir été fait avec un autre viol commis au même endroit quatre ans plus tôt, avec le même mode opératoire (dont le bâillon de tissu enfoncé dans la bouche, comme dans plusieurs cas) sur une adolescente que l'on avait préféré ne pas croire. Pas de rapprochement non plus avec l'agression, beaucoup plus récente, d'une lycéenne l'année précédente, là encore quasiment au même endroit, à la même heure. Un même policier du commissariat de Jeumont s'est pourtant occupé des trois affaires.

En 1995, Sandrine et Dino Scala se disputent. Elle aurait une histoire avec un autre homme. Un policier du commissariat d'Aulnoye-Aymeries qui vient de temps en temps chez eux, prétend Dino Scala.

Les shérifs

Au milieu des années 90, un homme se lie petit à petit d'amitié avec des policiers d'Aulnoye-Aymeries. Lors de leurs patrouilles, deux gardiens de la paix ont pris l'habitude de discuter avec les jardiniers des potagers familiaux. Ces jardins ouvriers, petites parcelles de 100 à 200 mètres carrés, développés au début du siècle pour permettre aux cellules familiales ouvrières de cultiver de quoi se nourrir, continuent à être entretenus. On y passe parfois le week-end en famille, on y occupe ses jours de retraite. Le dimanche, lorsque les journées de travail sont plus calmes, des policiers ont pris l'habitude de venir y patrouiller. On discute jardinage, on boit un coup. C'est ainsi qu'ils sympathisent avec un retraité. De fil en aiguille, le retraité invite les policiers à passer boire le café chez lui dans sa maison de Berlaimont. Un dimanche, Sandrine, la fille de Marcel, passe aussi avec son mari. Il s'appelle Dino Scala, et accroche tout de suite avec un des policiers : les deux hommes sont des sportifs et se trouvent des affinités. Dino Scala est l'entraîneur du club de foot de Berlaimont. Le policier est un ancien athlète de haut niveau de handball. Ils se voient désormais régulièrement. Dino propose d'organiser un match entre le FC Berlaimont et la police. Les policiers parviennent, avec un petit renfort des pompiers, à constituer une équipe. Le match est organisé un dimanche. Le bilan n'est pas terrible pour la police : 7-0 pour le FC Berlaimont et 8 blessés chez les policiers. Qu'importe. Après, il y a la troisième mi-temps. À partir de ce jour-là, Dino Scala a désormais ses entrées au commissariat d'Aulnoye-Aymeries rue Jean-Jacques Rousseau, il prend l'habitude de passer boire le café. Ici, tout le monde le connaît.

Mercredi 17 janvier 1996, vers 7 h 20, sur la grande route qui longe la voie ferrée entre Leval et Aulnoye, une lycéenne hâte le pas. Laetitia a 15 ans et demi, elle est en BEP vente au lycée professionnel d'Aulnoye-Aymeries. La route est recouverte d'un épais brouillard qui restera collé sur le paysage une grande partie de la journée. L'éclairage public fonctionne, mais il ne diffuse qu'un halo orangé dans ce brouillard. Il fait un froid glacial, l'adolescente est en grosses chaussures montantes, en pantalon, polaire et blouson l'un sur l'autre. Elle se dirige vers le pont de ciment qui lui permet de rejoindre la gare d'Aulnoye. C'est son trajet habituel. Mais elle est un peu en retard. Et elle passe un bilan de compétences ce jour-là. Alors, elle presse le pas. À hauteur du 16 de la rue Émile-Brasselet, là où, précisément, part un petit chemin entre deux maisons sur la droite, elle sent un bras la saisir par le cou, une main se poser sur sa bouche pour l'empêcher de crier. « Tais-toi et avance. » Elle lâche son cartable. L'homme l'entraîne sur un talus herbeux à l'écart de la route. De là, on aperçoit, juste derrière la pâture, les maisons de la cité SNCF. Elle est projettée au sol, la peur la tétanise. Elle ne bouge plus, ne crie pas. Perd connaissance. Elle ne rouvre les yeux que bien après son viol. Lorsque l'homme est déjà parti. Elle se rhabille, ne remarque même pas sa culotte arrachée coincée dans une jambe de son pantalon, et rentre comme elle peut chez elle. Sa mère prévient le commissariat d'Aulnoye-Aymeries. Deux policiers se présentent chez elle, toute la famille est rassemblée autour de Laetitia dans le salon. L'adolescente a des traces de strangulation et de griffures sur le cou et le visage. Elle a des ecchymoses de près de 20 centimètres de diamètre sur le visage. Et un bout de foulard coloré coincé dans les cheveux. Les policiers ne semblent pas croire au récit de Laetitia. Sa sœur aînée se souvient encore de cette question : « Êtes-vous bien sûre d'avoir été violée ? » Laetitia s'est longtemps interrogée sur les raisons de cette suspicion. Elle pense que les policiers avaient des a priori car elle était fille de forain. Avec son frère, une époque, ils tenaient les manèges du père. « On n'était pas forcément bien vus. »

Avant d'enregistrer une plainte, Laetitia est envoyée au service maternité-gynécologie à l'hôpital de Maubeuge pour un examen médical. Les pompiers l'emmènent. C'est la première fois qu'elle passe un examen gynécologique. Des prélèvements sont ordonnés, les traces de « substance séminale » sont nombreuses, elles seront envoyées au laboratoire de police scientifique de Lille pour être « conservées ». Les empreintes génétiques ne sont pas encore enregistrées dans un fichier national.

Vers 13 heures, l'adolescente est de retour au commissariat d'Aulnoye-Aymeries rue Jean-Jacques Rousseau. L'examen médical a établi sans conteste le viol. Laetitia est maintenant seule devant deux policiers, mais le ton a changé, ils la croient désormais. Elle leur raconte son calvaire. Elle s'excuse de ne pas s'être débattue. « C'est mon principal défaut, je ne sais pas me défendre. » Elle a du mal à donner des précisions sur son agresseur. Il faisait noir. Tout ce qu'elle peut dire, c'est qu'il ne portait ni barbe ni moustache. Et qu'il avait un accent du coin. Les deux policiers interrogent l'adolescente sur ses fréquentations, ils veulent savoir si quelqu'un de sa connaissance aurait pu lui « faire ça ». La jeune femme est formelle : non. Les deux policiers entendent ensuite aussi sa mère, ils lui demandent si Laetitia a déjà eu « des problèmes de ce genre ». Puis les deux policiers se rendent sur le lieu du viol, où, à l'exception du cartable abandonné sur le bord de la route, ils ne remarquent rien de particulier, « aucun indice », écrivent-ils. En y retournant elle-même quelques jours plus tard, Laetitia retrouvera pourtant sa serviette périodique, perdue pendant le viol, comme elle l'avait précisé dans sa plainte. Les deux policiers s'étaient en fait trompés d'endroit pour leurs constatations, ce n'était pas entre les maisons 16 et 18 mais entre les maisons 14 et 16. Tant pis, ils notent dans leur rapport que les deux chemins, de toute manière, se ressemblent beaucoup.

Après avoir réentendu Laetitia, ils décident de convoquer son ancien petit ami. Ce matin-là, il était parti de la cité SNCF voisine, où il vit, exactement à la même heure que Laetitia, mais il ne l'a pas croisée et n'a rien remarqué de particulier. Il était avec un copain, ils partaient au salon de la moto à Bruxelles. Les policiers entendent aussi un autre de ses amis, qui dormait encore à cette heure-là. Ils montrent le morceau de foulard retrouvé dans les cheveux de l'adolescente à ses proches, aux élèves des collèges et lycées proches. Très vite, de nombreuses personnes sont au courant du viol de Laetitia. Les gens en parlent dans le quartier, et jusqu'à Aulnoye-Aymeries.

Deux semaines plus tard, un voisin vient d'ailleurs signaler au commissariat un type louche, que sa femme et lui ont surpris plusieurs fois tôt le matin en train de les espionner au travers de leurs volets. Ils ont relevé le modèle de la voiture de cet homme, une Mazda, et sa plaque. Ils se disent que c'est peut-être le violeur de la petite Laetitia. L'homme, un ouvrier habitant le quartier, est convoqué à son tour. Il explique avoir l'habitude de venir fumer quelques cigarettes tranquille derrière cette maison avant d'aller embaucher à l'usine. Son patron confirmera que le jour du viol de Laetitia, il avait pointé à 6 h 54, soit 35 minutes avant le viol. Par ailleurs, l'homme porte une épaisse moustache. Or Laetitia était formelle : son agresseur ne portait ni barbe, ni moustache. Les policiers convoquent tout de même l'adolescente au commissariat pour voir si elle reconnaît cet homme. Elle ne le reconnaît pas. L'enquête s'arrête là.

Pendant ce temps, Laetitia s'est repliée sur elle-même. Durant près de deux mois, elle ne va plus au lycée. Elle passe son temps à se doucher et à se laver. Jusqu'à s'en desquamer la peau. Au lycée, on lui demande d'aller voir le psychologue, un homme, à qui elle refuse de parler. Elle ne retournera en cours que pour les examens. Le viol de Laetitia soude la famille dans un premier temps, mais finit par la faire éclater à force de tensions. La mère refuse que ses enfants sortent seuls. Elle les accompagne désormais jusqu'à l'arrêt de bus en tenant un couteau dans la poche de son manteau. Le père et le frère passent leur temps à faire des rondes dans le quartier. Laetitia part s'installer chez son frère, puis chez sa sœur hors de la Sambre, puis en Alsace. Elle ne reviendra que deux ans plus tard.

Le commissariat d'Aulnoye-Aymeries dépend du district de police de Maubeuge, qui s'étire tout le long du Val de Sambre jusqu'à Jeumont, à la frontière belge. Les différents commissariats de police – Aulnoye, Maubeuge et Jeumont – sont encore assez autonomes. Ils rechignent parfois à se prêter des renforts humains. Et ils communiquent peu ou mal entre eux. Les procédures sont encore de papier, quand il y a du papier. L'informatisation n'existe pas. Au commissariat d'Aulnoye, les archives sont entassées comme elles peuvent dans un couloir. Ou dans les grands cahiers de main courante que les policiers préfèrent souvent aux fastidieux procès-verbaux. Il y a dans cet écosystème sans communication ni mémoire peu de chances que les autres commissariats du Val de Sambre aient été mis au courant du viol de cette lycéenne à Aulnoye. Comme il y a peu de chances que les policiers aient eu vent des agressions et viols enregistrés 27 kilomètres plus loin par leurs collègues de Jeumont. Ces archaïsmes administratifs ne sont cependant qu'une partie des problèmes du commissariat d'Aulnoye-Aymeries. En cette année 1996, certains policiers partent à la dérive.

Un soir de juillet caniculaire. La nuit est impuissante à faire baisser la température. On boit au commissariat. Il est tard, une femme appelle pour tapage nocturne. Elle se plaint de ses voisins. Ce n'est pas la première fois. Les deux familles sont en différend permanent. Deux gardiens de la paix sont envoyés sur place. Une dizaine de témoins assistent à leur arrivée. L'un des agents est dépenaillé, il semble totalement ivre. Il peine à marcher et doit s'accrocher aux grilles de la maison pour tenir debout. Il marmonne des phrases inaudibles. La femme qui a appelé la police se permet une remarque sur son état. Le policier se vexe. La femme est embarquée. Une fois au commissariat, le ton monte encore, elle est maintenant menottée. Quelques minutes plus tard, le mari et la fille débarquent à leur tour au poste de police. Ils demandent des comptes, veulent savoir où elle est. En guise de réponse, un des deux gardiens de la paix décide de les enfermer à clé dans une pièce du commissariat. Un officier de police judiciaire, prévenu, débarque au commissariat et comprend assez vite qu'il y a un souci. Il libère la mère, le père et la fille et renvoie les deux policiers… en mission. Le lendemain, les deux gardiens de la paix rédigent un rapport. Ils expliquent avoir en réalité été frappés par la femme et se placent comme les victimes de cette nuit agitée. Sauf qu'il y aura plusieurs dépôts de plainte. La mère et la fille ont été blessées dans l'histoire. Et il y a des témoins, nombreux. L'IGS, inspection générale des services, est saisie[1].

À peine deux mois après cet incident, dans le courant du mois de septembre 1996, une autre soirée dégénère au commissariat d'Aulnoye-Aymeries. Une femme âgée habitant le village de Berlaimont appelle la police car son fils, alcoolique, la violente et violente sa fille. Les policiers viennent par deux fois « calmer le jeu ». L'homme n'est pas convoqué au commissariat mais, une semaine plus tard, le chef de brigade décide de se rendre avec quelques hommes à lui chez la plaignante. Selon le policier, la visite se passe mal, le fils alcoolique commence à s'en prendre à eux, les cogne et les menace. Une version contestée par les témoins présents. L'homme est cependant embarqué menotté et toutes sirènes hurlantes au commissariat de la rue Jean-Jacques Rousseau. Devant plusieurs autres policiers, il est roué de coups de pieds et de gifles par le chef de brigade. Au point de déféquer dans son pantalon. Avant d'être mis dehors et convoqué pour une audition ultérieure. Le chef de brigade s'occupera de rédiger lui-même tous les rapports

1. Après l'enquête de l'IGS, les policiers seront renvoyés devant le tribunal correctionnel et condamnés un an plus tard pour abus d'autorité, violence par personne dépositaire, et faux en écritures publiques. Tous deux auront des peines de prison avec sursis. L'un d'eux sera radié de la fonction publique.

sur cet épisode, y compris ceux de ses collègues témoins de la scène, à qui il demande de bien vouloir parapher sa version des faits. Le commandant couvre ses hommes. L'idée était « de ne pas faire de vagues ». Mais la victime, là encore, se plaint et signale les faits au procureur de la République. L'enquête se révèle accablante.

Les mauvaises manières de certains policiers d'Aulnoye commencent à faire jaser. Elles agacent sérieusement au tribunal d'Avesnes-sur-Helpe. La presse locale s'en fait l'écho. « Le ministère public et les juges avesnois ont décidé d'en finir avec cette propension malheureuse (...) qui faisait parfois ressembler la circonscription de police d'Aulnoye à une zone de non-droit, jalousement gardée par quelques justiciers-shérifs », lit-on dans l'hebdomadaire *La Sambre* au moment du procès des quatre policiers. Les policiers seront condamnés à de la prison avec sursis (6 mois et 1 ans), mais sans aucune sanction disciplinaire.

Après ces deux épisodes désastreux, il est question d'une reprise en main au commissariat. Mais les relations avec les magistrats du tribunal d'Avesnes demeurent fraîches.

Au début de l'automne 1996, Marion, une lycéenne de 17 ans, se présente avec sa mère au commissariat de la rue Jean-Jacques Rousseau. L'adolescente vient d'être agressée par un homme qui l'a attrapée par le cou avec une sorte d'écharpe. Dans un réflexe de peur, elle a tourné la tête vers lui. L'homme lui a alors asséné un coup de poing au visage et s'est enfui, sans qu'elle puisse voir son visage. Le policier qui la reçoit n'enregistre pas sa plainte. Il se contente d'une main courante, sur laquelle il note « la passivité de la victime durant l'agression ». Quelques lignes consignées sur ce cahier dont les informations parcellaires tombent dans l'oubli.

Cette lycéenne s'est fait agresser tout près de chez elle, rue Émile-Brasselet, sur cette départementale D959, à l'urbanisation trouée de champs de maïs qui relie le centre de Leval à la gare d'Aulnoye-Aymeries, entre la voie ferrée et les cités SNCF. À côté de la maison en ruine qui servait avant aux cours de catéchisme. Là où deux autres lycéennes ont déjà été violées. Sarah, en 1991. Et Laetitia, quelques mois plus tôt, au début de l'année 1996. Ces adolescentes empruntent quotidiennement cette route à pied, vers 7 heures du matin. Elles habitent à quelques maisons les unes des autres. Laetitia apprend l'agression de la fille de Leval par une copine de classe. Elles ne sont pas dans le même lycée, mais elle voit qui est cette Marion, leurs parents se connaissent. Elle n'a aucun doute, elles ont été agressées par le même homme. Laetitia pense qu'il a pu s'enfuir par les ruelles en forme de coursives qui traversent la cité SNCF et permettent ensuite de rejoindre la friche industrielle où l'on réparait avant les trains. D'où l'on peut aussi rejoindre la route de Jeumont.

En cet automne 1996, juste de l'autre côté de la frontière belge, la colère d'un pays entier gronde. Un peu plus bas le long de la Sambre, dans la banlieue de Charleroi, à quelques dizaines de kilomètres, deux adolescentes ont été extirpées survivantes de la cave de Marc Dutroux. Quatre autres enfants et adolescentes seront retrouvées mortes. En Belgique, des centaines de milliers de personnes marchent pour dénoncer la responsabilité de leur police et de leur justice. Enquêtes bâclées, guerre des polices, mauvaises exploitations des données, informations jamais croisées ou perdues, blocages administratifs, erreurs d'appréciations, mépris pour les familles des victimes, les errements et les manquements autour de l'affaire Dutroux ont mis le système policier et judiciaire d'un pays à terre. Le scandale est tout proche, mais il paraît lointain.

« J'ai bien pensé à aller voir quelqu'un. Souvent même. Mais je n'avais pas le temps, je travaillais trop, je vivais à 100 à l'heure. »

La brigade de Maubeuge

En haut de la page « Maubeuge » de *La Voix du Nord* du samedi 19 octobre 1996, trois visages de jeunes filles sourient en médaillons. Ce sont les candidates à l'élection prochaine de Miss Val de Sambre. Chaque jour de cette semaine, le journal local présente à ses lecteurs les « jolies Sambriennes » en lice pour le concours de beauté. Tout au bas de cette même page, dans la colonne faits divers, coincé entre deux accidents de la circulation, figure un appel à témoins sous forme d'entrefilet. Il est indiqué qu'une jeune fille a été victime d'un viol le mercredi de cette même semaine à Saint-Rémy-du-Nord, rue Germain-Huftier, dans l'agglomération de Maubeuge. Toute personne ayant remarqué un individu suspect est invitée à prendre contact par téléphone avec le commissariat de police de Maubeuge. Sont précisés les noms de deux policiers – un lieutenant et un capitaine – et un numéro de téléphone à six chiffres sans indicatif régional.

Le viol a eu lieu à quelques kilomètres et quelques jours seulement de l'agression d'une autre adolescente sur ce même axe routier qui longe la Sambre, mais quelques kilomètres plus haut, sur le ressort d'un autre commissariat, celui d'Aulnoye-Aymeries. L'agression sexuelle n'avait fait l'objet que d'une simple main courante, quelques lignes sur un cahier et aucune investigation. Cette fois-ci, deux policiers spécialisés de la brigade des mineurs et des mœurs du commissariat de Maubeuge sont saisis de l'enquête. Estelle est la première victime dont la prise en charge pourrait être qualifiée de « normale » pour un viol.

Mercredi 16 octobre 1996. Il est environ 7 heures du matin. L'adolescente a 15 ans. Elle va prendre son bus. Des chiens aboient lorsqu'elle approche du numéro 96 de la rue Germain-Huftier, une maison de brique rouge momentanément inoccupée, dont le propriétaire a pris deux bergers allemands pour éloigner les intrus. Juste avant la maison, elle passe un poteau téléphonique quand un homme l'aborde. « Je vous ai fait peur ? » Il fait sombre, l'éclairage public est assuré par un unique lampadaire planté de l'autre côté de la rue. Elle distingue mal le visage de l'homme qui lui parle. Il est brun, il a peut-être 25, 30 ans, difficile à dire, il mesure dans les 1 m 70, il est vêtu de sombre. Estelle a juste le temps de répondre que oui, il lui a fait peur. Aussitôt, l'homme lui enserre le cou avec une sorte de foulard. Elle n'arrive plus à respirer. Elle pense avoir un moment perdu connaissance, il l'entraîne à l'arrière de la maison de briques. Puis encore plus loin dans une pâture, dont il casse les fils barbelés à coups de pied. Ils ont parcouru près de 200 mètres à l'écart de la rue, franchi trois clôtures, pour arriver dans ce pré isolé et plongé dans le noir où il jette le corps de l'adolescente au sol. Il recouvre son visage avec son pull. Elle attendra de ne plus entendre le moindre bruit avant de s'enfuir et de rentrer chez elle, en pleurs, le visage tuméfié, sans son sac d'école. À ses parents, elle dira d'abord avoir été « attaquée », avant de parvenir à prononcer le mot viol.

Le premier réflexe du policier joint par ses parents est de la faire examiner par un médecin. L'adolescente est envoyée au service gynécologie-maternité de l'hôpital de Maubeuge, où un gynécologue procède à son examen. Un policier de Maubeuge, le lieutenant Nicolas Guerrand, l'accompagne. Il a un médecin de prédilection à l'hôpital, dont il sait le professionnalisme en cas de viol, il veut s'assurer que c'est lui qui verra l'adolescente. Estelle peut enfin se changer et laisser ses vêtements qui seront placés sous scellés. Chaque pièce est placée dans une grande enveloppe kraft beige, entourée d'une grosse ficelle sur laquelle est attachée une étiquette de scellé en papier cartonné jaune saumoné.

Elle est ensuite entendue en fin de matinée par ce même policier au commissariat. Le lieutenant Nicolas Guerrand est originaire de Maubeuge, il est âgé d'une trentaine d'années. Il est entré dans la police au milieu des années 80, dix ans plus tôt. Et a rejoint la brigade des mineurs et des mœurs en 1994. En deux ans, il en a vu beaucoup, beaucoup trop. Il a cette expression : « c'est Germinal ». Les violences infra-familiales, sexuelles ou pas, occupent l'essentiel de l'activité de cette brigade spécialisée. Les policiers ne sont pas formés au recueil de la parole des victimes. Mais ils sont tous volontaires pour être dans la brigade, à cette époque encore exclusivement masculine. Ils savent qu'il faut parfois des heures, et même des jours pour qu'une victime de viol accepte de parler à un policier. À la brigade de Maubeuge, celui qui auditionne la victime, c'est celui « qui a le contact » avec elle. Les autres, alors, reculent et s'effacent. Avec Estelle, c'est le lieutenant Guerrand qui a le contact.

Il n'en laisse rien paraître, mais l'état de la jeune victime le bouleverse. Il ignore pourtant que ce viol est pour lui le début d'une affaire qui le hantera jusqu'à la fin de sa carrière. Pour l'instant, le lieutenant se concentre sur la récolte méthodique des indices. Le dépôt de plainte est précis, il porte sur les faits. Et rien que les faits. Le policier marche sur un fil, il sait la difficulté de ces auditions où l'on veut des détails quand la victime, elle, veut oublier. L'état de fébrilité de l'adolescente n'apparaîtra que par incidence, tout au bas de la page du procès-verbal : Estelle a signé sa déposition d'une écriture ronde d'adolescente mais elle s'est trompée dans l'orthographe de son propre prénom.

Après le dépôt de plainte, elle retourne avec les policiers sur les lieux. La brume et la nuit se sont levées. Sur les photos de la reconstitution, le cartable d'Estelle est posé au milieu des hautes herbes d'un grand pré vert, encadré de grands arbres aux feuillages rougeoyants. Il y a là, avec le lieutenant Nicolas Guerrand, ses supérieurs, le capitaine François Bouvier, et le commandant de la police scientifique local, qui prend les photos. Les policiers ne retrouvent aucun indice sur place, juste une boucle d'oreille perdue par Estelle, elle ne s'en était pas aperçue. Mais, en refaisant avec elle le chemin depuis la maison où les chiens ont aboyé jusqu'au pré, ils mesurent la détermination du violeur, qui l'a traînée sur plus de 200 mètres, a franchi trois barbelés pour l'emmener dans cet endroit totalement isolé. L'homme n'est pas arrivé là par hasard, il fallait connaître les lieux, ou les avoir préalablement repérés.

En fin de journée, ils interrogent les rares voisins. Qui n'ont rien noté de particulier ce matin-là. Le lendemain matin, à l'heure à laquelle Estelle a été violée, des équipages de police reviennent surveiller le long de cette route, l'endroit est désert, ils ne remarquent rien, si ce n'est les aboiements des deux bergers allemands. Ils retournent dans l'après-midi réinterroger Estelle pour tenter de récupérer des éléments de description physique. Mais elle ne peut donner que peu de détails. Il mesurait 1 m 70 peut-être, ni gros ni maigre, cheveux foncés croit-elle. Frisés ou raides, elle ne sait pas. Il n'avait pas d'accent particulier. Il portait un pull camionneur.

Nicolas Guerrand et François Bouvier obtiennent du procureur d'Avesnes et du commissaire de Maubeuge l'autorisation de faire un appel à témoin dans *La Voix du Nord*, à la mairie et sur Radio Maubeuge. L'appel à témoin est celui retrouvé dans l'entrefilet faits divers sous les miss Sambre.

L'examen des prélèvements gynécologiques a été un peu chaotique à l'hôpital, les écouvillons transmis n'ont pas été marqués au nom de la victime, laissant planer un doute sur le fait qu'ils lui appartenaient bien. Les analyses d'ailleurs ne donnent rien, le laboratoire de l'hôpital n'a pas trouvé de trace de sperme. Les policiers de la brigade des mineurs et des mœurs demandent cependant une analyse complémentaire au laboratoire de police scientifique de Lille. Qui ne trouve rien non plus.

Les enquêteurs multiplient les recherches, ils entendent jusqu'aux chauffeurs de bus empruntant régulièrement cette route. Des joggeurs qui ont l'habitude de courir dans le coin. Une collégienne qui passait sur ce chemin à l'heure du viol leur dit avoir entendu comme des cris étouffés venant de la maison de brique. À plusieurs reprises, ils envoient vainement des policiers opérer des surveillances à l'heure et aux lieux du crime.

Dans le quartier, court une rumeur sur la présence d'un Algérien, qui squatterait en ce moment une maison inoccupée pas très loin de l'endroit où Estelle a été agressée. Les policiers ont vent de la rumeur et se renseignent. L'homme est connu des services de police, entre autres pour des faits d'agressions sexuelles. En le recherchant, ils s'aperçoivent qu'il est en réalité incarcéré à la prison de Maubeuge depuis six mois, pour un vol.

Le capitaine Bouvier et le lieutenant Guerrand clôturent leur enquête et la transmettent au parquet d'Avesnes-sur-Helpe le 30 octobre. L'enquête est épaisse de 28 procès-verbaux, qui correspondent à autant d'actes et d'auditions. Les deux policiers auront travaillé sur cette affaire tous les jours depuis le viol de l'adolescente.

Estelle va poser une chape de silence sur son viol. Elle est rongée par la honte. Quelques années plus tard, Estelle voudra devenir gendarme. Elle passera toutes les épreuves, écrites et sportives, avec succès. Mais lors de l'enquête de personnalité, la gendarmerie retrouvera la trace de sa procédure pour viol. Elle sera convoquée à un entretien où on lui demandera de raconter un moment pénible de sa vie. Elle ne parlera pas du viol. Elle n'en a jamais parlé à personne. Elle sera finalement recalée. On lui en donnera la raison : la crainte qu'elle n'ait pas surmonté son traumatisme, qu'elle manque d'impartialité et de recul dans ses fonctions.

Dix-neuf jours après le viol d'Estelle, le 4 novembre 1996 au matin, une jeune femme aux longs cheveux auburn se présente au commissariat de Maubeuge avec des ecchymoses au visage.

Dalila

Dalila vit dans un foyer de jeunes travailleurs, le foyer Sangha, sur les hauts de Maubeuge. Elle a 28 ans, deux enfants et une histoire familiale chaotique. Son ancien compagnon, qui vit en région parisienne, lui a « pris la garde ». Malgré le manque d'argent, elle part dès qu'elle peut les week-ends à Paris en train pour passer un peu de temps avec eux. Depuis quelques temps, elle a un petit ami, mais ils ne vivent pas encore ensemble. Dalila se plaît au foyer Sangha, elle s'y sent en sécurité. Cela fait maintenant quatre ans qu'elle vit là, elle y a des copains et des copines. Dalila est bonne vivante, elle rit souvent et s'entend bien avec tout le monde. Elle est débrouillarde et bosseuse. Depuis dix-huit mois maintenant, elle travaille comme agent de service dans une école maternelle de Maubeuge, en contrat emploi solidarité. Elle s'entend bien avec sa cheffe. Ce 4 novembre 1996, ce sont les vacances de Toussaint, et elle commence plus tôt que d'habitude.

L'école n'est pas très loin du foyer, à peine vingt minutes à pied en traversant la voie rapide. Dalila s'est levée à 5 h 30, elle a quitté le foyer vers 6 h 40, à pied. Elle aime bien marcher et ne prend jamais le bus. Pourtant, ce matin-là, elle demande à un copain du foyer s'il ne veut pas l'amener d'un coup de voiture. Elle a un peu la flemme. Apache (le surnom que tout le monde lui donne au foyer) ne peut pas, il faut qu'il aille au travail. Elle part donc à pied, comme d'habitude, en direction de l'école.

Dalila a de longs et épais cheveux auburn contenus à l'arrière par une barrette. Ce jour-là, elle porte un pantalon marron, un blouson en daim, un pull blanc, des grosses chaussures qui ressemblent à des Doc Martens et un sac cabas en cuir à l'épaule. Elle emprunte le boulevard Pasteur, puis la voie rapide Maubeuge-Haumont avant de prendre la rue de Montplaisir. Le ciel est couvert mais il fait étrangement doux pour un matin de novembre, on dépasse les dix degrés alors que le soleil n'est pas levé. Dalila n'a pas spécialement peur le matin sur cette route, elle se méfie juste des exhibitionnistes. Ceux qui sifflent pour qu'on les regarde et ouvrent leur braguette. Elle en a déjà vu plusieurs dans le coin. Quand elle en repère un, elle part en courant, c'est sa « technique ». Ce matin-là, elle ne pense pas aux exhibitionnistes. Elle marche, c'est tout.

Elle est déjà sur le bas-côté de la voie rapide qui n'est pas vraiment un trottoir, mais une bande étroite de terre et de graviers, quand il lui semble entendre des pas derrière elle. Elle se retourne : personne. Elle continue. Puis se retourne à nouveau et sursaute : il y a un homme derrière elle. Il lui demande si elle a peur. Elle répond oui. Le même échange, mot pour mot que celui qui a précédé le viol d'Estelle. 19 jours plus tôt. L'homme tente d'engager une conversation. Il lui demande où elle va, elle répond « À mon travail, rue de Montplaisir ». Elle le prend pour un « dragueur ». L'homme marche à ses côtés. Elle se dit qu'elle n'est plus très loin de l'école. Qu'il va abandonner.

Mais soudain il se retourne (probablement pour voir s'ils étaient seuls, comprend-elle plus tard). Et, là où la route se courbe, l'attrape avec un ruban, ou un foulard, elle ne sait pas, autour du visage et l'entraîne sur le bas-côté, une sorte de fossé d'une cinquantaine de centimètres de profondeur dans lequel il la fait tomber : « Tais-toi, je ne te ferai aucun mal si tu fais ce que je dis. » Puis il la relève et l'entraîne dans un coin plus isolé encore. Il la traîne sur un chemin d'herbage mouillé sur une soixantaine de mètres, le chemin mène à un terrain vague, protégé par des buissons. Aucune habitation, aucun passage piéton. Là encore, les lieux semblent avoir été précisément et préalablement repérés. Il est derrière elle, ouvre son blouson, dégrafe son soutien-gorge et lui touche longuement la poitrine en se frottant dans son dos. Tout en lui maintenant le « ruban » serré de l'autre main. Il lui demande si elle préfère un viol ou une fellation. Elle dit juste qu'elle ne veut pas être violée. Il baisse son pantalon. Il la menace pour qu'elle ne le regarde pas. Après la fellation, il éjacule sur le sol et s'essuie avec une touffe d'herbe arrachée. L'homme est prudent, il vérifie qu'elle n'a rien reçu sur elle. Puis il l'amène encore une vingtaine de mètres plus loin, recouvre son visage de vêtements pour lui occulter la vue, et lui ordonne d'attendre cinq minutes sans bouger. Avant de partir, il lui demande si elle a de l'argent, sans insister plus que ça. Dalila attend, comme il le lui a ordonné, récupère son sac et son blouson et part se réfugier à l'école où elle travaille et qui n'est qu'à quelques centaines de mètres.

Vers 7 h 30, deux gardiens de la paix du commissariat de Maubeuge en patrouille dans le quartier reçoivent un appel radio signalant une agression dans le quartier Montplaisir. Ils s'y rendent et prennent les premières déclarations de Dalila. La jeune femme a des ecchymoses autour de la bouche et sur les joues. Les deux gardiens de la paix l'emmènent au commissariat de Maubeuge.

Dalila est mal à l'aise face au policier qui prend sa plainte pour viol. Elle est déstabilisée par ses questions, elle a le sentiment qu'il la soupçonne d'avoir provoqué son violeur. Notamment lorsqu'il lui demande comment elle était habillée. Ou si elle a déjà eu des relations sexuelles. Elle répond que oui, qu'elle a des relations normales avec son copain, mais elle est perdue. Elle ne comprend pas le sens de certaines questions. Son agresseur avait-il les mains chaudes ou les mains froides ? Elle ne comprendra que plus tard : si ses mains étaient chaudes, c'est qu'il était venu en voiture. Elle se méfie de tout ce qu'on lui demande. Elle a l'impression qu'on lui reproche de ne pas pouvoir donner une description précise de son agresseur, ni d'ailleurs une description tout court. Portait-il une ceinture ? Quel âge avait-il ? Elle donne ce qu'elle peut comme éléments : un homme européen, sans accent, d'environ 1 m 75, cheveux foncés légèrement dégarnis. Elle ne pense pas l'avoir vu auparavant. Oui, peut-être pourrait-elle le reconnaître. Non, elle ne saurait pas en faire un portrait-robot.

Le policier qui l'entend a participé à l'enquête sur le viol d'Estelle les semaines précédentes avec le lieutenant Guerrand et le capitaine Bouvier. Il les prévient. Après son dépôt de plainte, les deux policiers prennent directement en charge Dalila. « Je tremblais, ils m'ont rassurée. Ils ont dit : Ne vous inquiétez pas, on est là. »

Le lieutenant Nicolas Guerrand comprend au récit de Dalila qu'il n'a pas affaire à un viol sur voie publique classique. Le mode opératoire est méthodique, le lieu a été préalablement repéré. Il y a une précision inhabituelle.

Rituelle. Cet homme a déjà frappé, plusieurs fois. Le lieutenant Guerrand fait le rapprochement avec le viol d'Estelle, l'adolescente qu'il a prise en charge dix jours plus tôt.

Dans la matinée, Dalila repart avec les policiers sur les lieux du viol. Ils refont ensemble tout son trajet, depuis le foyer. Sur place, ils retrouvent une poignée d'herbes fraîchement arrachée qu'ils placent sous scellé. Les prélèvements ne sont alors pas fréquents. On est en 1996, il n'y a toujours pas de fichier ADN en France. Arrivés au commissariat, les deux policiers doivent regarder les instructions de conservation de scellés du laboratoire de police scientifique pour savoir comment procéder : comme indiqué, ils font sécher la touffe d'herbe sur du papier absorbant, avant de le mettre sous enveloppe et de l'envoyer au laboratoire à Lille.

Pendant ce temps, Dalila se rend chez le médecin généraliste qui lui prescrit quinze jours d'interruption de travail. Sur le certificat, le médecin écrit qu'elle présente une angoisse très importante et qu'elle est psychologiquement fragile.

Les deux policiers la raccompagnent au foyer Sangha. Dans la soirée, son copain l'appelle à la cabine téléphonique du foyer, comme il en a l'habitude. Il est joyeux parce qu'il vient d'obtenir son code de la route. Mais au bout du fil, Dalila pleure, elle n'arrive pas à lui parler. Lorsqu'elle parvient enfin à lui raconter ce qu'il lui est arrivé, le petit copain se met en rogne. Il lui demande aussi comment elle était habillée, pourquoi elle ne s'est pas défendue. Il ne voudra pas venir la voir pendant plusieurs jours.

Durant les jours qui suivent, Dalila s'enferme dans sa chambre. Quand les autres résidents ou les éducateurs frappent à sa porte pour prendre des nouvelles, elle refuse d'ouvrir. Il lui faut du temps avant d'accepter le soutien des copains du foyer : l'Apache, qui s'en veut de ne pas l'avoir accompagnée ce jour-là, et le grand Karim, qui entreprend de se déguiser en femme et d'aller de bon matin sur la voie rapide pour essayer de piéger le violeur.

Dalila essaie de reprendre le dessus. Mais il suffit d'un rien pour qu'elle panique. Un matin, alors qu'elle prend sa douche dans la salle de bains collective du foyer, elle croit reconnaître la voix de son agresseur. Elle en est certaine, c'est lui. Elle est terrorisée. N'ose même pas crier, persuadée qu'il est derrière la cloison de la douche.

Au bout de quinze jours, Dalila retourne travailler à l'école, mais elle prend le bus désormais. Parfois, sa cheffe va la chercher ou la raccompagne au foyer en voiture. Dalila ne cache pas ce qu'il lui est arrivé. Ça se sait autour d'elle. Mais elle a du mal à supporter les conseils *a posteriori* : elle n'aurait pas dû partir à pied, elle aurait dû se défendre, elle aurait pu lui mettre un coup de pied dans les testicules…

Les deux policiers viennent la voir régulièrement. Ils lui expliquent où en est l'enquête : nulle part. Mais Dalila les sent touchés par son affaire. Dalila est une éponge, leurs marques de soutien et d'intérêt lui font du bien. Elle sait qu'une autre fille, une adolescente, a été violée avant elle. « Une gamine. » Elle se dit que ça doit être encore plus dur pour elle.

Lorsque les techniciens du laboratoire de police scientifique de Lille ouvrent les enveloppes kraft envoyées de Maubeuge, des taches jaunâtres sont apparues sur le Sopalin qui a servi à enrober les touffes d'herbe arrachées. Ils les passent à la coloration avec un produit bizarrement appelé

« christmas tree stain »[1] : des traces de sperme apparaissent clairement sur chacun des prélèvements. La docteure Frédérique Berlot-Piquard, qui dirige la section biologie du laboratoire de police scientifique, envoie son rapport aux policiers de Maubeuge fin novembre, elle leur précise que les scellés ont été congelés et qu'ils seront conservés un an.

Les policiers de Maubeuge transmettent le dossier du viol de Dalila au parquet d'Avesnes-sur-Helpe. Ils n'ont pour l'instant « aucune piste ». Les surveillances n'ont rien donné. Ce n'est pas mentionné dans leurs conclusions, mais les policiers savent qu'il s'agit très probablement du même agresseur que celui d'Estelle.

Les deux policiers de Maubeuge sont mutés peu de temps après, l'un après l'autre. Dalila se souvient en avoir pleuré quand ils le lui ont annoncé. Après, elle est retournée d'elle-même au commissariat de Maubeuge plusieurs fois. Elle avait souvent l'impression de croiser son agresseur dans les rues. Comme cette fois où un homme à vélo l'a longuement fixée devant le magasin Lidl. Terrorisée, elle est allée au commissariat signaler cet homme. Mais elle a eu l'impression de déranger. Elle n'a pas insisté.

1. « Tâche de sapin de Noël ».

Dino Scala a toujours son Opinel dans la poche. Un Opinel numéro 7. À l'usine, à la pause, il s'en sert pour touiller son café.

L'archiviste

À 90 kilomètres de Maubeuge, à l'autre bout du département du Nord, une femme de 36 ans lit attentivement la plainte de Dalila. Christine Andrieux est documentaliste au BDAC, le bureau de documentation et d'analyse criminelle de la police judiciaire, des locaux sombres presque enterrés au rez-de-chaussée de l'immeuble de la police judiciaire de Lille. Christine Andrieux n'est pas policière, elle est « administrative ». Pourtant son travail s'apparente par bien des aspects à celui d'une enquêtrice : elle vérifie, recoupe, élabore des hypothèses, rerecoupe, vérifie encore…

Le bureau de documentation reçoit et archive en effet chaque jour les plaintes contre X des cinq départements du nord de la France (Nord, Pas-de-Calais, Aisne, Somme et Oise). Mais aussi des télex envoyés d'un commissariat à l'autre. Près de 300 chaque jour atterrissent sur son bureau. Christine Andrieux cherche des rapprochements entre des affaires non élucidées, note des correspondances. L'informatique est toujours balbutiante dans les commissariats, les plaintes sont rangées dans des tiroirs, par catégories et par dates. Pour obtenir des informations sur d'autres zones géographiques, il faut passer des coups de téléphone. Souvent à Paris, qui centralise la majeure partie des informations de police. La documentation exécute ses recherches à la demande d'un enquêteur, ou de sa propre initiative, en fonction de ce qu'elle reçoit. Si elle note des faits susceptibles d'être remontés, elle en informe les policiers de la PJ quelques étages plus haut. Elle n'est pas enquêtrice, elle ne sait pas forcément ce qu'ils font ensuite de ses signalements. Mais, au fil des années, elle devient une forme de mémoire vive de la police judiciaire lilloise.

Lorsqu'elle est arrivée au service en 1981, Christine Andrieux traitait le tout-va, de la recherche d'objets volés au recoupement de véhicules signalés. Au bout de quelques années, elle s'est spécialisée dans les affaires criminelles. Elle s'intéresse tout particulièrement à ce que l'on appelle encore ici « les mœurs ». Agressions sexuelles, viols, attentats à la pudeur… À partir de 1988, Christine Andrieux classe toutes les fiches liées à ces affaires dans une armoire spécifique. Elle rédige parfois des petites synthèses, note et creuse certains détails qui lui semblent remarquables. Elle a observé que les criminels sexuels avaient souvent des rituels spécifiques qu'ils répétaient d'un fait à l'autre… À force, elle a appris à noter ces éléments singuliers susceptibles de dessiner une forme de signature criminelle.

En ce mois de novembre 1996, en lisant le procès-verbal de la plainte pour viol de Dalila parmi les dizaines de plaintes qu'elle reçoit quotidiennement, Christine Andrieux tique immédiatement. Il y a quelque chose de trop précis, de trop calculé dans le mode opératoire du violeur décrit par la victime. Il sait exactement ce qu'il fait, où il va, ce qu'il veut… Elle lit et relit la plainte de Dalila avec cette intuition poisseuse : ce n'est pas la première fois que cet homme attaque. Il reproduit un schéma, un rituel. Quelque chose que Christine Andrieux qualifie de « sadique ». Elle cherche dans son armoire « affaire de mœurs » d'autres cas similaires. Elle en trouve plusieurs, dans les semaines précédant et suivant le viol de Dalila. L'archiviste informe la brigade criminelle. Mais la PJ de Lille, pour laquelle elle travaille, n'est pas saisie du viol de Dalila, ni des autres nombreux viols et agressions de cet automne 1996. C'est la brigade des mineurs de Maubeuge qui a l'enquête. Qu'importe, Christine Andrieux a l'habitude de prendre des initiatives, surtout sur les affaires de viols. Elle se met à surveiller tout fait signalé présentant une correspondance avec ce viol. Elle se plonge aussi dans les archives dans son armoire « affaires de mœurs ». Et commence à remonter le temps.

Sans que personne ne lui demande rien, Christine Andrieux réalise un tableau manuscrit, tracé à la règle sur des feuilles A4, dans lequel elle inscrit des dates, des jours de la semaine, des horaires, des communes, prénom, nom et profession des victimes, un résumé des faits, les éléments, souvent des bribes, que les victimes ont pu donner sur leur agresseur. Au fil des cases du tableau, on retrouve régulièrement « voix grave », « bonnet noir », « Opinel », « strangulation ». Et puis « l'odeur », de cambouis, d'usine, de fer… Enfin, des phrases aussi qui se ressemblent : « Je vais pas te violer », « compte jusqu'à 50 ». La documentaliste se concentre sur les agressions sexuelles et viols qui ont eu lieu le matin dans le Val de Sambre. Lorsqu'elle a terminé une feuille, elle poursuit son tableau sur une autre, en les scotchant les unes aux autres.

13 ans

21 novembre 1996. Fanny a 13 ans. Elle est en classe de quatrième. Une photo d'elle de l'époque la montre assise sur un canapé, esquissant un sourire qu'on devine quémandé, les mains jointes entre les genoux, comme pour les mettre quelque part. À côté d'elle, un caniche blanc fixe l'objectif de ses yeux trop ronds. Au-dessus, sur le mur recouvert d'un papier peint aux fleurs passées, une grande photographie posée de deux enfants, un bébé et un plus âgé. Sur la fratrie de cinq, trois ont déjà quitté le foyer. Fanny est la plus jeune. Elle fait un peu plus grande que son âge. Elle est un peu timide. À l'été, elle a emménagé avec ses parents dans le village de Rousies. Un petit bourg résidentiel et encore très rural posé sur le flanc sud du Val de Sambre, face à Maubeuge. Ils vivent dans une petite barre de briques rouges, le long d'une rue où sont alignées des maisons elles aussi en briques rouges. L'arrière des maisons donne sur les champs. Dans un sens, la rue s'étire ainsi jusqu'au village suivant. Dans l'autre, elle rejoint le centre du village. Là où Fanny va prendre son bus chaque matin depuis la rentrée pour se rendre à son nouveau collège.

Fanny n'est pas heureuse depuis le déménagement. Elle préférait son ancien quartier, celui de l'Épinette sur les hauts de Maubeuge, une grande cité construite en plein champ dans les années 60, autour d'un supermarché, le premier de la région, et d'une croissance industrielle qui n'avait déjà plus que quelques années de survie. À la fin des années 90, l'Épinette est un quartier rongé par deux décennies de chômage de masse. Les immeubles portent les stigmates de cette paupérisation. *La Voix du Nord* écrit sur ce quartier qu'on y vient « les mains en l'air ». La perception des habitants est un peu différente. Elle l'est encore plus à hauteur d'adolescente. Fanny était heureuse dans ce grand ensemble. C'était son quartier. Elle y avait son collège, ses copains. Alors, parfois, depuis la rentrée, il lui arrive de sécher l'école. Ces jours-là, elle part comme pour aller en cours, mais n'arrive jamais au collège : elle va frapper à la porte d'une de ses sœurs aînées, qui râle doucement. Le jeudi 21 novembre 1996 est un de ces matins-là, de ceux où elle n'a pas trop envie d'aller en classe. C'est sur cette décision minuscule, sur cette infime et banale transgression d'adolescente que viendra se loger le germe d'un poison résistant à tout, au temps et à la raison, celui de la culpabilité. Encore aujourd'hui, Fanny résume ainsi ce geste de rien : « J'ai commis la plus grosse erreur de ma vie. » Décrivant ce qui va lui arriver comme une « punition ».

Ce jeudi matin, Fanny sort de chez elle un peu après 7 heures, son sac d'école sur le dos. Elle remonte la rue Clemenceau, jusqu'à la place de l'Abreuvoir, dans le centre du village où se situe l'arrêt du bus qu'elle n'a pas l'intention de prendre. Elle continue donc sur la droite le long de la place de la mairie, remonte vers le magasin d'électroménager. Il fait froid ce matin de novembre, il gèle presque. Le centre du village semble désert. La nuit est encore profonde. Fanny ne croise personne. Ni voiture, ni passant. Elle est à hauteur de l'épicerie, au 7, rue Jules Huart, lorsqu'elle entend soudain des bruits de pas derrière elle. Les pas sont de plus en plus forts, ils semblent se rapprocher. Elle pense à quelqu'un qui court. Elle n'a pas le temps d'y réfléchir. Ni même de se retourner. Elle sent qu'on lui serre le cou. Avec un foulard de couleur blanche, ou un tissu, elle ne sait pas trop. Elle se sent poussée dans un passage de terre en contrebas de la route. L'homme est derrière elle, il serre toujours. Fanny ne peut plus respirer et perd connaissance. Elle pense être en train de mourir. Puis revient à elle, mais il est toujours là et il serre encore son cou. Une voix grave dans son dos : « Tu fais ce que je te dis. » L'homme maintient la pression avec le foulard. Elle ne tient pas sur ses jambes. Il la menace. « Relève-toi sinon je te plante. » Puis : « T'inquiète pas, je vais pas te violer. » Au bout de quelques mètres, un portillon ouvre sur un jardin qui descend en pente douce. En bas, un abri de fortune, quelques piquets de tente recouverts d'une bâche plastique. Derrière, un terrain vague.

Il fait noir, il n'y a aucun éclairage public dans ce passage à l'écart de la route, aucune lumière d'habitation non plus. Le lieu est aveugle aux regards. L'homme s'arrête. Il lui demande son âge. « 13 ans. » Il s'étonne, il l'aurait pensée plus âgée. Il répète encore : « Ne t'inquiète pas, je ne vais pas te violer. » Mais après avoir desserré le lien autour de son cou, il lui bande les yeux et la fait mettre à genoux face à lui. L'enfer dure plusieurs minutes, elle ne saura pas lui donner de durée plus précise.

Au travers du bandeau, elle aperçoit un jean bleu clair. Elle croit sentir un pull laineux. À la fin, il lui semble entendre un claquement, comme des gants en plastique qu'on ôterait. Elle pense qu'il va la tuer. Mais il ne la tue pas, et lui demande de se mettre à quatre pattes et de compter jusqu'à 20 le temps qu'il s'éloigne. Alors, elle compte, en chuchotant, jusqu'à ce qu'il ne reste que le silence, et la nuit qui commence à pâlir.

Il est peut-être 7 h 30 lorsqu'elle ramasse son sac à dos et son blouson que l'homme a soigneusement déposés vers l'abri en plastique. Elle remonte le jardin en pente et le passage de terre. La maison n'est qu'à quelques minutes. Mais elle ne rentre pas chez elle. Elle a perdu pied avec le réel. Les peurs se mélangent. Elle a peur de rester dans le coin, peur de recroiser l'homme. Elle redoute de se faire disputer par sa mère pour avoir été là où elle n'aurait pas dû être. Elle pense aller chez une de ses sœurs qui vit aussi à Rousies, à dix minutes à peine à pied, mais elle se dit que dans son état, elle va faire peur à ses petits neveux, pas encore partis à l'école à cette heure. Elle a besoin de temps, besoin de réfléchir. Alors elle se met en route vers chez son autre sœur, de douze ans son aînée, qui, elle, habite encore l'Épinette, à la cité des Rois de France. C'est à l'autre bout de l'agglomération maubeugeoise. Qu'importe.

Fanny longe la grande route qui descend jusqu'à la Sambre, traverse un pont. À un moment, elle croise une voiture de police. Elle se demande si elle doit l'arrêter, dire quelque chose. Mais elle renonce. Elle ne sait pas pourquoi. De l'autre côté de la Sambre, c'est Maubeuge. Elle remonte vers les hauts de la ville. Elle marche une heure durant. Peut-être plus. Elle se sent morte et vivante à la fois. Elle passe devant un magasin de papiers peints dont les vitres lui renvoient son reflet. Elle découvre les marques sur son visage. Essaie de se cacher des passants. Presse le pas. Elle rejoint l'immeuble de sa sœur, à la cité des Rois de France. Il doit être autour de 8 h 30, car sa sœur n'est pas là, elle est partie accompagner les enfants à l'école. Fanny attend prostrée en boule sur le palier. Lorsque sa sœur arrive, Fanny s'effondre en larmes. Elle n'avait pas pleuré jusqu'ici. « On a voulu me tuer. » Elle ne précise pas. Ne parle pas de viol. La gêne, la honte commencent à prendre le relais de la sidération. Fanny a des souvenirs flous des heures qui suivent. Il y a eu l'hôpital. Des examens.

Sa mère arrive une heure plus tard au service pédiatrie de l'hôpital de Maubeuge. Fanny a des traces de strangulations dans le cou et des ecchymoses à plusieurs endroits sur le visage. Ses genoux sont abîmés. Elle est en état de choc. Et ne raconte presque rien à sa mère. Elle parle juste d'une agression. Les médecins annoncent qu'ils gardent Fanny hospitalisée. Sa mère va donc porter plainte sans elle au commissariat. La plainte ne fait que quelques lignes. Car elle ne sait pas vraiment ce qui est arrivé à sa fille.

Dans l'après-midi, Fanny voit arriver dans sa chambre d'hôpital deux policiers. L'adolescente se souvient aussi d'une femme qui reviendra la voir ensuite plusieurs fois chez elle prendre des nouvelles. Elle ne sait pas qui elle est, peut-être une psy. Face au policier qui l'interroge, Fanny s'invente une excuse pour être allée plus loin que l'arrêt de bus ce matin-là, une histoire de copine qu'elle voulait passer chercher, pour ne pas dire qu'elle voulait sécher les cours. Lorsqu'elle doit rentrer dans le détail des faits, elle s'inquiète de savoir si ses parents auront connaissance de ces détails. Elle demande au policier de ne pas les leur donner. Il lui assure qu'il ne le fera pas. Alors, elle se lance, et raconte tout, très précisément. Elle cite les phrases exactes prononcées par l'homme. Les injonctions. Les menaces. Le viol. Elle décrit chaque fait et geste.

Fanny est la quatrième en deux mois et demi à porter plainte au commissariat de Maubeuge pour une agression sexuelle ou un viol commis avant l'aube, par un homme surgissant au bord de la route, par derrière, étranglant ses victimes au moyen d'un lien en tissu ou d'un foulard, puis les entraînant dans un endroit proche mais isolé, visiblement repéré à l'avance. Les gestes semblent répétés à l'identique. Les scènes comme dupliquées, d'une victime à l'autre. Fanny se rappelle que le policier a évoqué les autres cas, pareils au sien. Il lui a parlé d'une fille qui a été étranglée comme elle tout récemment, mais qui avait « beaucoup plus de marques » qu'elle. « Ça va, tu t'en sors plutôt bien. » Fanny reçoit le commentaire du policier comme un énième coup, celui que l'on reçoit à terre. Elle en oublie l'autre information : il y a d'autres victimes.

Le lendemain après-midi, des policiers viennent chercher Fanny à l'hôpital, et sa mère pour retourner sur les lieux du viol. Sur place, il y a aussi le responsable de la police scientifique du commissariat qui était intervenu sur les autres scènes de viol pour le commissariat de Maubeuge. Tous ensemble, ils refont le trajet, mètre par mètre. Ils prennent des photos. Dessinent un plan.

Le viol a bouleversé la vie familiale. Lorsque Fanny sort de l'hôpital au bout de quelques jours, elle refuse de rentrer chez ses parents à Rousies. Elle part vivre chez sa sœur, à la cité des Rois de France à Maubeuge. Et retourne dans son ancien collège sans donner d'explication à personne. Peu de temps après l'agression, dans la rue, elle croise une copine. Elle a encore des marques sur le visage, alors elle s'invente un accident de voiture. Elle ne retourne vivre avec ses parents que lorsqu'ils re-déménagent à Maubeuge quelques mois plus tard. Au collège, elle esquive les questions sur son retour dans le quartier.

Sa vie d'adolescente a basculé dans un océan de mal-être, de peurs, de honte, de douleur. Mais elle fait comme si. Se lève le matin, va en cours, rentre chez elle. Sa grand-mère voudrait qu'elle voie un psy. Elle accepte d'aller à un rendez-vous, pour lui faire plaisir. Elle se rend à une première séance. On lui demande de faire un dessin. Elle n'y retourne plus. Elle dit que si c'est pour ça, elle peut faire des dessins toute seule chez elle. Fanny ne parle jamais de ce qui lui est arrivé à ses amies. Au début, elle en discute un peu avec ses sœurs. Mais jamais avec ses parents. Elle sait qu'ils sont préoccupés. Elle pense que son père se tient au courant de l'enquête avec la police. À ce moment-là, Fanny espère que l'homme va se faire arrêter rapidement. Elle cessera d'y croire petit à petit. Sa vie, dit-elle, est entrée dans la nuit. Son univers se rétrécit à la survie. Elle cherche des issues. Et commence par décider de grossir. Elle veut être moche, elle veut ne pas attirer le regard, passer inaperçue. Alors elle se goinfre, méthodiquement.

Fanny ignore qu'une juge d'instruction a pris en charge son affaire, et celles d'autres femmes et adolescentes, comme elle, violées et agressées très probablement par le même homme. Personne ne l'en a informée. Personne ne lui a dit qu'elle n'était pas seule.

Dino et Sandrine Scala attendent leur troisième enfant. La grossesse est difficile.

La juge

Il n'y a pas de tribunal le long du Val de Sambre. La justice se rend un peu à l'écart, à Avesnes-sur-Helpe. Cette petite ville de 5 000 habitants en pleine campagne est à la fois sous-préfecture et pôle judiciaire de l'arrondissement. Un apanage administratif hérité des anciens bailliages, devenu anachronique depuis longtemps, depuis que l'industrie a profondément remodelé la démographie de ce petit coin du Nord. La révolution industrielle est arrivée ici dans la première moitié du XIXe par la Sambre, qui s'est mise à charrier des cargaisons de charbon belge. Faisant pousser le long de ce paisible cours d'eau de lourdes usines sidérurgiques, autour desquelles sont fixées les populations ouvrières, dans des faubourgs, puis de grandes barres d'immeubles après la Seconde Guerre mondiale. La crise économique des années 70 et 80 n'a rien modifié à cette partition démographique. L'emploi s'en est allé, les hautes cheminées des usines qui perçaient ce ciel gris se sont éteintes, elles ont fini par être démontées, mais les populations sont restées, se paupérisant d'une génération sur l'autre. Maubeuge, les deux pieds dans la Sambre, est restée la ville principale, celle des voies rapides vers la Belgique, des zones artisanales et de ces hypermarchés démesurés. Celle par où passent les camions. Avesnes-sur-Helpe est demeurée à l'écart. La quatre voies promise n'est jamais venue jusqu'à elle, ou plutôt n'a jamais été terminée, s'arrêtant brusquement en rase campagne.

Perdue au milieu du bocage, Avesnes a des allures de capitale locale fantoche. Le tribunal illustre assez bien cette dissonance temporelle. La justice se rend dans un bâtiment trapu à l'allure et aux colonnes de temple gréco-romain, trônant sur la place Guillemin, en contrebas de la collégiale Saint-Nicolas. Un palais érigé en 1828 devenu parfaitement dysfonctionnel un siècle et demi plus tard. Tout y est vétuste. Des paquets de fils électriques pendouillent des murs à l'extérieur, formant de vieilles toiles d'araignées de câbles. À la dernière rentrée solennelle début 1996, le procureur de la République a fait un bon mot, se plaignant d'une justice qui passe au travers du parquet. La formule restera. Cette année 1996, le toit de l'édifice s'effondre, rendant impraticable l'immense salle d'audience en forme de basilique. Il faut durant de longs mois rendre justice dans une rue un peu plus haut, dans la salle des fêtes. Les magistrats siègent sur la scène, les avocats et les justiciables sont assis dans les rangs des spectateurs. Il y a quelque chose de pathétique dans cette justice ainsi condamnée à donner en spectacle son indigence.

Le remplacement de ce vieux tribunal est une arlésienne, qui dure depuis des décennies. Au début des années 70, la mairie avait réservé un immense terrain à l'entrée de la ville pour l'accueillir. Il est toujours là, vide, à attendre. Nul à la Chancellerie ne nie la nécessité d'un nouveau tribunal à Avesnes-sur-Helpe. Mais la ville n'a pas vraiment d'élus qui comptent au niveau national et, au moment des arbitrages budgétaires, le projet avesnois passe à chaque fois après un autre, plus prioritaire, mieux soutenu. En cette fin 1996, le terrain réservé par la mairie est toujours en jachère mais, pour la première fois, on commence presque à y croire : un concours d'architecture est sur le point d'être lancé.

En attendant, faute de place, une partie des employés du tribunal sont contraints de travailler dans des bâtiments annexes, trois anciennes maisons particulières autour de la place grossièrement réaménagées en bureaux de justice. Le tribunal pour enfants n'a pas de fenêtres, mais il ne désemplit pas. La dégradation de la situation sociale de la région accompagne le maintien de l'activité judiciaire. L'aide juridictionnelle fait tourner la moitié de l'activité de la quarantaine d'avocats du barreau de la ville. La proximité de la frontière belge, la gare SNCF douanière de Jeumont alimentent le tribunal en affaires de stups et de trafics. Les petits et les gros, « les trafics de fourmis et les trafics de transit », résume le procureur de la République d'alors. Celui de la consommation locale qui tient la main au marasme social, et se nourrit de petits allers retours avec la Belgique et la Hollande (Maastricht, la destination stupéfiante de l'Europe, est à une heure de voiture). Le cannabis, mais aussi l'héroïne ancrée depuis longtemps dans une petite partie de la population marginalisée. Celui de l'import à grande échelle du nord de l'Europe vers le Sud, charrié par les autoroutes et les voies ferrées qui forment des nœuds dans la Sambre. Ces dossiers de stups, complexes et chronophages, encombrent le tribunal et asphyxient la justice locale. D'autant qu'elle manque de moyens, ici encore plus qu'ailleurs.

Au tribunal d'Avesnes, la vacance de postes est un mal endémique, qui laisse en permanence des bureaux vides et des dossiers en attente. Le temple gréco-romain, dans son bocage isolé, n'est pas une destination de mutation très prisée de la magistrature. Il a d'ailleurs été rebaptisé « Avesnes sur HELP » par les jeunes magistrats qui, sitôt nommés, tentent de demander leur mobilité vers des terres moins isolées ou des tribunaux plus prestigieux. Et le vieux palais est peuplé de jeunes juges. Avesnes-sur-Helpe les accueille fraîchement sortis de l'école nationale de la magistrature de Bordeaux. Et ne les garde généralement que peu de temps. Mais ils font ici leurs armes. Et l'ambiance y est plutôt chaleureuse. Coincés dans leur bout du nord de la France, les magistrats s'y serrent les coudes. On les retrouve souvent ensemble autour des petites tables de l'estancot de la place, bistrot dont la survie est étroitement liée à celle du tribunal. On y mange des tartes au maroilles et l'on y descend quelques bières. Il n'y a pas grand-chose à faire à Avesnes-sur-Helpe.

La jeune magistrate Laurence Delhaye est arrivée ici comme auditrice de justice à sa sortie de l'école. En 1996, elle occupe l'un des deux postes de juge d'instruction. L'autre étant comme presque toujours non pourvu. La magistrate a 29 ans. Elle a grandi loin d'ici, dans une famille plutôt bourgeoise de Nantes. Petite, elle voulait d'abord être préfète avant, très vite, de se rêver magistrate, fascinée par une émission télé qu'elle regardait enfant, *Messieurs les jurés*, et plus tard par la lecture de Simenon. Elle a choisi l'instruction dès sa sortie d'école. Des années plus tard, elle dira n'avoir pas été réellement préparée à l'âpreté des situations auxquelles elle s'est retrouvée confrontée en ce début de carrière[1]. Pourtant, au tribunal d'Avesnes-sur-Helpe, elle n'en laisse alors rien paraître. Elle a déjà la réputation d'une magistrate tenace, et même têtue, en tout cas peu

1. Ces éléments biographiques sont extraits d'un portrait de la juge Delhaye paru le 6 juin 2016 dans le quotidien *Ouest-France*, « Madame la Présidente devient avocate générale », par Pierre Fontanier.

impressionnable. La juge occupe le cabinet d'instruction au premier étage du temple gréco-romain. Le Parquet est au même étage. Il est nouvellement dirigé par Michel Mazard, un procureur à l'ancienne, de ceux qu'on ne va pas voir en bras de chemise, me résumera plus tard un policier. La haute salle d'audience, celle dont le toit s'est effondré, occupe presque tout le volume du bâtiment et les bureaux des magistrats et de leurs secrétariats sont répartis comme ils peuvent sur les côtés. Au dernier étage, il y a les greffes et le bureau des ordres où sont entreposées les procédures, des piles de dossiers en attente d'être traités. La justice est encore toute de papier. Il n'y a en cette année 1996 aucun ordinateur au tribunal d'Avesnes-sur-Helpe.

Chaque matin, le procureur et ses substituts (ils sont trois ou quatre selon les vacances de postes) se retrouvent autour du courrier – plaintes, infractions constatées, enquêtes – envoyé la veille par les commissariats et les gendarmeries de la zone. Ils se les répartissent en fonction des types de contentieux. Certaines affaires seront directement classées, d'autres aboutiront à l'ouverture d'une information judiciaire et la saisine d'un juge d'instruction. Pour les faits les plus graves, et notamment les crimes, dont les viols, le procureur ou l'un de ses substituts de permanence est directement prévenu, par téléphone ou sur son bip Eurosignal. Lorsque le Parquet reçoit le premier appel des policiers de Maubeuge pour le viol d'Estelle en ce mois d'octobre 1995, il leur demande de poursuivre l'enquête préliminaire, afin de rassembler le plus d'éléments possibles avant d'ouvrir une information judiciaire. Il fait de même au deuxième, puis au troisième signalement similaire. Le 20 décembre, à la veille des vacances de fin d'année, le procureur Michel Mazard ouvre les premières informations judiciaires contre X pour viols. L'une concerne Dalila, l'employée d'école maternelle attaquée sur la voie rapide de Maubeuge. L'autre Estelle, l'adolescente traînée dans une pâture isolée. Une troisième suivra à la rentrée de janvier, pour Fanny, la collégienne qui n'avait pas pris son bus. La juge Laurence Delhaye est désignée à chaque fois comme juge d'instruction. Il faut dire qu'elle est à l'époque la seule. L'autre poste étant vacant. La magistrate comprend que l'auteur de ces viols est vraisemblablement le même homme et demande la jonction de ces différents dossiers en une seule et même enquête.

Pour la première fois depuis les premières agressions de 1988, l'existence d'un violeur en série est pressentie par l'institution judiciaire. Même si cela n'est pas formulé ainsi. Le concept de criminel en série est encore un impensé de la culture policière et judiciaire française. Il n'existe ni dans la formation des policiers et des magistrats, ni dans les techniques et méthodes d'investigations. Au même moment, Guy Georges, le tueur de l'Est parisien, viole et tue déjà mais il n'a pas encore été arrêté, ni même été identifié comme tel. Dans l'inconscient culturel de la police et de la justice, le criminel en série appartient à un autre continent, l'Amérique, ses outrances et ses fictions. En cet hiver 1996, au tribunal d'Avesnes-sur-Helpe comme au commissariat de Maubeuge, on ne parle donc pas de violeur en série. Mais on sait qu'un même homme viole des femmes avec à chaque fois le mode opératoire répétitif d'un pervers obsessionnel.

La juge choisit de confier l'enquête judiciaire au commissariat de Maubeuge qui travaille depuis des semaines sur ces viols. Il est d'usage, pour les crimes et les affaires complexes, que les juges d'instruction saisissent plutôt les enquêteurs du SRPJ, le service régional de police judiciaire, basé à Lille, plutôt que les services locaux. Mais ils ne sont pas toujours très allants. Avesnes est loin de Lille. Les viols et agressions sexuelles contre X ne sont pas forcément les affaires qui intéressent le plus les enquêteurs du SRPJ. Il y a un risque que le dossier ne soit pas traité en priorité. Or, à Maubeuge, plusieurs policiers travaillent sur ces viols depuis maintenant des semaines. Ils sont sur le terrain et à l'image du lieutenant Nicolas Guerrand, assez préoccupés par cette affaire pour ne presque plus penser à rien d'autre. La juge les charge donc de l'enquête.

Elle cherche à savoir à quoi ressemble cet homme au bonnet noir et demande aux policiers d'essayer d'établir des portraits-robots avec les victimes, de voir aussi si elles reconnaissent des individus sur les albums photos d'hommes connus pour des infractions aux mœurs. La juge demande également aux policiers de Maubeuge de vérifier s'il n'y a pas eu dans la région d'autres faits similaires…

La magistrate n'a pas connaissance des dizaines de cas d'agressions sexuelles et de viols étrangement similaires qui ont lieu dans la Sambre depuis au moins huit ans. Ces plaintes, quand elles ont été prises, sont désormais entreposées séparément dans les cartons archives des trois commissariats du Val de Sambre. Une partie d'entre elles ont bien été transmises au parquet d'Avesnes depuis 1988. Mais on ignore ce qu'elles sont devenues. Ont-elles été classées par la justice ? Ont-elles fait l'objet d'ouvertures d'informations judiciaires ? Rien n'étant encore informatisé, aucun outil ne permet de rechercher ces éventuelles procédures. La mémoire des hommes n'est guère plus utile. Le mouvement perpétuel de turn-over des magistrats au tribunal d'Avesnes-sur-Helpe efface à chaque mutation le souvenir des affaires précédentes. Une amnésie que l'absence de récit médiatique de ces agressions sexuelles et de ces viols ne peut sauver.

L'histoire de l'homme au bonnet noir et à la voix grave qui attaque des femmes à l'aube sur le bord de la route entre Aulnoye-Aymeries et Jeumont depuis 1988 dort en pièces dispersées et détachées dans les archives du tribunal. Là où personne ne songe à aller s'aventurer. Certains employés des greffes refusent de s'y rendre. Ils rapportent que des rats y courent. Les archives sont enterrées dans un ancien dépôt militaire de munitions, d'immenses coursives rongées par l'humidité, où personne ne range plus rien depuis des années. Michel Mazard, le nouveau procureur d'Avesnes, ne se remet pas de sa première visite en découvrant l'état des lieux : des dossiers ouverts sont posés à même le sol. Les scellés sont laissés à l'abandon. Le procureur essaiera d'y remettre de l'ordre, plus tard, car en cette fin 1996, on se concentre d'abord sur les travaux urgents. Pour l'heure, dans cet indescriptible fatras, même si on les cherchait, il serait quasiment impossible d'y retrouver des procédures… Mais la question ne se pose pas, puisque tout le monde ignore leur existence.

Au commissariat de Maubeuge, le lieutenant Guerrand qui mène les investigations n'a jamais entendu parler des agressions qui ont eu lieu à Maubeuge à la fin des années 80. La brigade se concentre sur le présent, sur cet homme qui semble sévir presque sous leur nez. Ils reconvoquent Dalila et Estelle pour tenter des portraits-robots. Mais les deux jeunes victimes ne font que répéter ce qu'elles ont déjà dit : elles n'ont pas vu leur violeur. En parallèle, les policiers constituent un album photo sur la base de leurs fichiers. Ils ont sélectionné des hommes arrêtés pour des délits et crimes sexuels ces deux dernières années dans les commissariats de la circonscription. Ces données sont issues du STIC[1]

1. Système de traitement des infractions constatées. Il s'agit du fichier de la police, alors séparé de celui de la gendarmerie (JUDEX).

qui fiche depuis 1985 les personnes interpellées (même si celles-ci n'ont pas été condamnées ensuite). L'utilisation de ce fichier n'est pas tout à fait légale (la CNIL[1] ne reconnaîtra son existence que deux ans plus tard), mais alors assez banale. Les policiers croisent ce fichier au logiciel Canonge, qui leur permet d'introduire des critères de recherches physiques : couleur des yeux et des cheveux, ethnie, signes particuliers… À la fin, ils ont isolé six hommes qui pourraient vaguement correspondre au profil décrit par les victimes. Les albums photos sont présentés aux victimes, mais cela ne donne rien non plus.

Les policiers de Maubeuge ignorent que d'autres jeunes femmes ont été agressées récemment sur le ressort du commissariat d'Aulnoye. Or, certaines ont vu leur agresseur et seraient capables de le décrire. C'est le cas de Delphine, une lycéenne de 18 ans. Une semaine avant son agression, un homme l'a suivie jusqu'à son arrêt de bus. Suffisamment longtemps pour qu'elle mémorise son visage. Elle a eu tellement peur qu'elle s'est mise à sortir en tenant serrée une bombe de déodorant dans sa poche. Au bout de quelques jours, l'homme est revenu, il a alors tenté de l'étrangler. Elle s'en est débarrassée en l'aspergeant de déodorant au visage. Aux policiers, elle a décrit un homme légèrement trapu, d'environ 1 m 70, brun au crâne dégarni sur le devant, les yeux foncés, qui portait des gants de cuir noirs et un blouson de style bombers foncé. Il n'y a pas eu de portrait-robot. Cette agression n'a pas été signalée aux enquêteurs de police judiciaire de Maubeuge. La plainte a d'ailleurs disparu.

Une autre plainte, déposée au commissariat d'Aulnoye quelques jours plus tard, n'est pas rapprochée de ce

1. Commission nationale de l'informatique et des libertés.

qui commence à devenir une série. Celle d'une femme de 43 ans, habitante d'Aulnoye-Aymeries, qu'un homme a essayé d'étrangler alors qu'elle sortait sa voiture pour aller travailler aux alentours de 6 h 30 le matin. Le mode opératoire est le même (strangulation par derrière, horaire matinal). La femme n'a pas vu son visage mais la description correspond aux autres signalements : homme pas très grand et trapu, avec un blouson foncé. Seule différence avec les cas précédents : l'agresseur s'est aventuré au domicile de sa victime. Les policiers d'Aulnoye ne font pas vraiment d'enquête, la victime est d'ailleurs furieuse contre eux. Elle leur reproche de ne pas l'avoir prise au sérieux et de ne pas avoir su l'aider. D'autant qu'elle fait le rapprochement avec d'autres agressions. Elle a entendu parler d'une jeune fille agressée à Aulnoye rue Parmentier, vers le cimetière. De fait, une précédente agression a eu lieu à cet endroit-là, en 1991, celle d'Élodie. La femme fait état d'un drôle de pressentiment, celui d'avoir été observée les jours précédents. Le soir, alors qu'elle sortait sa lampe à pétrole, elle a eu plusieurs fois la sensation d'une présence devant chez elle. Mais elle a l'impression que les policiers ne l'écoutent pas.

La juge Delhaye, elle, s'intéresse aux victimes. Elle commence par ordonner des expertises psychologiques sur chacune d'entre elles. La magistrate veut récolter des éléments de personnalité sur chacune d'elles, elle demande à l'expert d'évaluer « les niveaux de la victime », c'est-à-dire les niveaux d'intelligence, de compréhension, de connaissance de la sexualité… Ainsi que les répercussions du viol sur leurs comportements. La juge demande également aux experts d'évaluer si elles ont une tendance à la mythomanie et si leur témoignage peut être considéré comme crédible. La recherche sur la crédibilité de la victime n'est pas une obligation en droit français, mais elle est d'usage courant pour les victimes d'agressions sexuelles et de viols. Un traitement spécifiquement réservé à ces victimes-là. Qu'on ne retrouve pas ou très peu pour les victimes d'autres crimes et délits.

Une psychologue de Maubeuge entend longuement Dalila. C'est la première fois qu'elle peut raconter à une femme le récit de son viol. Jusqu'ici, elle n'avait eu affaire qu'à des hommes. La jeune femme ignore que la psychologue teste sa crédibilité. Le rapport psy raconte la vie cabossée de Dalila. À la fois avec précision, son enfance de familles d'accueil en foyers, lardée de violences sexuelles intrafamiliales, mais aussi avec d'importantes lacunes, puisque n'y figure pas le fait qu'elle ait des enfants. Une autre psy, à Roubaix, examine Estelle. Les deux psychologues concluent qu'aucune des deux victimes n'a de tendance à la mythomanie. Mais, pour la première fois, est posé noir sur blanc le retentissement des viols sur les victimes. La peur permanente. L'impression sans cesse de croiser leur violeur. Le repli. La dévalorisation de soi. Pour autant, ces victimes ne bénéficieront d'aucun accompagnement, aucune prise en charge psychologique après leurs viols.

En entendant elle-même les victimes dans son cabinet, la juge va commencer à entrevoir, dans l'ombre de leurs auditions, la partie cachée de l'affaire. Les détails non pris en compte, les rumeurs sur d'autres agressions…

La magistrate reçoit Dalila dans son cabinet d'instruction au premier étage du tribunal d'Avesnes. La jeune femme est contente qu'on l'écoute. Elle est contente que ce soit une femme. Dalila n'ajoute pas d'éléments supplémentaires ou divergents par rapport à ses déclarations à la police. Sauf un, qui intrigue la juge : elle raconte que d'autres résidentes du foyer ont déjà eu l'impression d'être suivies par des hommes. Elle parle aussi de l'homme louche qui l'a bizarrement regardée devant le Lidl. La juge prend très au sérieux ce que lui raconte Dalila. Après l'audition, elle rédige une nouvelle commission rogatoire aux policiers de Maubeuge pour qu'ils se renseignent auprès des autres femmes du foyer qui disent avoir été déjà suivies, et d'identifier cet homme à vélo que Dalila a croisé devant le Lidl.

En février, une autre affaire de viol très similaire arrive sur le bureau de la juge. Mais celle-ci a eu lieu… plus d'un an auparavant à Aulnoye-Aymeries. Il s'agit du viol de Laetitia, l'une des trois lycéennes violées sur la route qui mène à la gare d'Aulnoye-Aymeries. Pour une incompréhensible raison, le dossier avait dormi tout ce temps au commissariat avant d'être transmis au parquet d'Avesnes-sur-Helpe. Dans le rapport final de police, il est à un moment question de la « mésaventure » de Laetitia pour qualifier son viol. À un autre passage, le policier évoque des « ébats ».

Lorsque la juge reçoit l'adolescente dans son bureau, Laetitia vient d'avoir 16 ans. Elle essaie de reprendre pied, un an et demi après. Elle a réussi à passer en deuxième année de BEP vente, malgré ses longues absences. Elle envisage même de réintégrer une filière générale après le BEP. Sa famille, explique-t-elle à la juge, l'a beaucoup aidée après le viol. Durant son audition, Laetitia glisse qu'elle avait eu connaissance d'autres agressions autour d'Aulnoye. Il y avait une rumeur qui courait. Des histoires qui se racontaient. Une fille à Bachant dont elle ignore le nom. Et une certaine Marion, dans le même village qu'elle. Ça se savait au lycée. Elle en avait même parlé aux policiers. Devant la juge, Laetitia s'étonne que les policiers n'aient pas transmis ces informations. Elle a retrouvé un peu de sa force de caractère, elle se met en colère.

Les déclarations de Laetitia évoquant une autre agression, le simple fait qu'elle-même ait été oubliée durant une année entrouvre la possibilité de nombreux ratés. Combien d'autres affaires sont ainsi restées dans les tiroirs des commissariats ? Combien de plaintes sans suites ?

Quelques jours après cette audition, la juge Delhaye demande des comptes aux policiers d'Aulnoye-Aymeries. Elle leur envoie toute une série de réquisitions. Le ton est ferme, les requêtes précises : pourquoi n'a-t-elle pas été informée ? Elle veut qu'on lui communique des procès-verbaux d'enquêtes de voisinage et des actes d'enquête qui, en réalité, n'ont jamais été réalisés. Elle exige qu'ils ré-entendent Marion, cette adolescente de Bachant évacuée un an plus tôt d'une simple main courante. La juge multiplie les commissions rogatoires pour réclamer les informations qui ne sont pas remontées jusqu'à elle. La tournure des questions dissimule mal un certain agacement. Et le commissariat d'Aulnoye-Aymeries apparaît clairement dans le viseur de la magistrate en ce printemps 1997.

Les policiers s'attellent mollement à répondre à la magistrate. Pour Marion, ils n'ont pas transmis de plainte, expliquent-ils, car l'agression n'a fait l'objet que d'une main courante. Pas de plainte, donc pas d'enquête, donc pas d'éléments à communiquer à la juge. Ils évoquent à nouveau la « passivité de la victime » notée par le policier sur la main courante. Sur le dossier Laetitia, pour lequel la juge a demandé à ce que lui soient communiqués les éléments de leurs enquêtes, les policiers d'Aulnoye reconvoquent l'adolescente au commissariat. Elle a le sentiment qu'une attention particulière est enfin posée sur son affaire. Mais cela ne donne rien. Ils lui font signer un PV où elle atteste que les policiers lui ont bien présenté un album photographique de suspects, qu'elle n'avait pas assez d'éléments pour tenter un portrait-robot et qu'ils avaient donc décidé « communément » de renoncer à ces tentatives d'identification. Les policiers d'Aulnoye prétendent aussi que d'après les renseignements recueillis auprès du commissariat de Maubeuge et de la gendarmerie de Berlaimont, il n'y avait eu aucun autre fait similaire sur la même période. Omettant les affaires dont ils ont eux-mêmes pris les plaintes ou les mains courantes.

Mais la magistrate ne les lâche pas. Et ils finissent par communiquer au parquet d'Avesnes cinq plaintes similaires pour agressions sexuelles sur le ressort d'Aulnoye-Aymeries entre décembre 1996 et mars 1997. Tout ne correspond pas au profil du violeur recherché. Il y a parmi ces cinq victimes trois femmes agressées par un homme à moustache le soir aux alentours de 20 heures dans le centre-ville d'Aulnoye-Aymeries. Il y a aussi la femme agressée dans son garage, qui s'était plainte du peu d'intérêt que les policiers lui avaient accordé. Et Mélanie, une collégienne agressée à Aulnoye sur cette route parallèle à la voie ferrée où plusieurs viols ont déjà eu lieu, de la même manière, aux mêmes horaires.

Puis le printemps arrive. Et les viols cessent curieusement.

Entre-temps, la juge a requis auprès du laboratoire de Lille une comparaison d'ADN entre les prélèvements réalisés dans les affaires de Dalila et de Laetitia. Par chance, ces derniers, qui ne devaient être conservés qu'une année, sont toujours au laboratoire de Lille. À cette époque, il n'existe pas encore en France de fichier ADN, contrairement à l'Angleterre qui a créé le sien deux ans plus tôt. Mais on peut comparer des échantillons et vérifier s'ils appartiennent à la même personne.

Le 21 juillet 1997, cela fait six mois que l'enquête de la juge est ouverte et les résultats du laboratoire de Lille tombent, formels : Dalila et Laetitia ont été violées par le même homme. Pour être exact, la probabilité que ces deux échantillons proviennent de deux individus différents est de 1 chance sur 7,43 millions. L'existence d'un violeur en série est établie. La juge n'a pas de doutes sur les autres cas dont elle est saisie, le mode opératoire, les gestes, les horaires, les mots, se ressemblent trop. Cet ADN n'a pas encore de numéro de code, puisqu'il n'existe pas de fichier où le consigner. Mais il a un surnom, le violeur du matin.

« Y a un collègue, à chaque fois qu'il me croisait à l'usine, il disait : "Tiens ! Voilà le plus heureux de l'entreprise." S'il savait… »

Le pont bleu

Sur la photo d'elle prise cette année-là au collège, Mélanie a des faux airs d'adolescente américaine. Le fond bleu-gris faussement nuageux. Le buste placé de biais et le visage tourné vers l'objectif. Une frange clairsemée lui strie le front, de longs cheveux lisses presque blonds tombant sur ses épaules. Elle porte un sous-pull blanc à col roulé d'où elle a fait ressortir par le haut une chaînette ornée d'un petit pendentif en forme de cœur. Elle ne sourit pas vraiment.

Mélanie est en 3ᵉB au collège Suzanne-Lanoy d'Aulnoye-Aymeries. Elle est bonne élève, réservée et discrète. Plus tard, elle veut être médecin. Ou sinon journaliste parce qu'elle aime bien écrire. Elle ne sait pas trop. Mais elle a de l'ambition. Elle aime le handball. Et les copines. Chaque matin, elle retrouve tout un groupe de cinq six filles pour faire le chemin ensemble jusqu'au collège. Elles ont rendez-vous devant le « pont bleu », le pont métallique suspendu qui traverse les voies ferrées pour rejoindre le centre d'Aulnoye. Avant d'arriver au pont, Mélanie doit traverser l'immense cité SNCF où elle vit avec ses parents, son frère et sa sœur. Comme beaucoup ici, elle est fille de cheminots. Elle doit descendre la longue rue de Gussignies, qui part du terrain de football jusqu'aux voies ferrées. Une rue mal éclairée qu'elle n'aime pas trop. Elle a pris l'habitude de presser le pas. Ce matin de janvier 1997, elle marche d'autant plus vite que les températures sont glaciales. C'est la rentrée des vacances de Noël, une vague de froid et de neige paralyse la France depuis deux semaines. Au nord du département, à Dunkerque, une banquise s'est formée, et l'on marche sur la mer du Nord.

Mélanie avance tête baissée dans le froid, elle ne sait pas d'où vient l'homme qui l'aborde soudain. Il se met à marcher à côté d'elle, et lui parle. C'est un homme brun, d'une trentaine d'années, à la voix grave. Il lui propose de l'accompagner au collège. Mélanie ne lui répond pas, elle est mal à l'aise. L'homme marche longtemps à ses côtés. Peut-être même jusqu'au pont où l'attendent ses copines. Puis il s'en va. Elle ne raconte cet épisode à personne. Il lui paraît anodin. Mélanie n'a jamais entendu parler de la série de viols qui ont lieu dans le Val de Sambre. Elle ignore qu'à cet endroit, entre les voies ferrées et la cité SNCF d'Aulnoye-Aymeries, deux autres adolescentes ont été violées, Sarah en 1991 et Laetitia il y a moins d'un an.

Deux semaines plus tard, Mélanie a presque oublié cet incident. Elle est à nouveau sur la rue de Gussignies. Il est un peu plus de 7 heures. La vague de froid est passée, il fait même étrangement doux. Elle aperçoit de loin un homme qui traverse la rue à hauteur de l'arrêt de bus. Là où elle avait été accostée quelques matins plus tôt. Elle n'y prend pas garde et continue son chemin. Elle n'est plus très loin des voies quand elle sent soudain qu'on lui passe quelque chose autour du cou. Elle s'accroupit et crie. L'homme derrière elle lui demande de ne pas crier et de se relever. C'est le même homme. Celui de l'abribus. Elle ne le voit pas mais reconnaît sa voix. Elle perd un instant connaissance.

L'homme l'entraîne à l'arrière d'une maison blanche sur la gauche, derrière le restaurant Le Berlinois. Il lui fait enlever son cartable, et le pose à terre. Puis il lui touche la poitrine, et les fesses. Très longuement. L'adolescente est terrorisée. Il lui demande de se taire, et menace de la frapper. Il essaie de lui mettre une sorte de bandana dans la bouche, mais n'y parvient pas. Pendant ce temps, il lui répète qu'il ne va pas la violer. Mais elle pense qu'il va la tuer. Il parle de la « planter ». Elle lui fait jurer sur la tête de sa mère, il répond que sa mère est morte. Il consent finalement à jurer sur la tête de son père. Puis il lui demande de compter jusqu'à 30 et s'en va par où ils étaient arrivés. Mélanie ne cesse de fixer l'arrêt de bus. Lorsque l'homme semble avoir disparu, elle ramasse son manteau et son cartable. Réajuste ses vêtements comme elle peut. Et commence à courir. Elle hésite à s'arrêter chez une amie de ses parents qui habite juste à côté, puis se ravise. Comme s'il fallait tout oublier. Elle n'a plus qu'une idée en tête : retrouver les copines, aller au collège, comme tous les matins, comme s'il ne s'était rien passé. Mais lorsqu'elle arrive au pont bleu, elle est en état de choc, dépenaillée, le jean déchiré… Elle leur dit qu'un homme l'a agressée. Elle ne précise pas. Elle est hagarde. Les copines décident qu'il faut aller au commissariat d'Aulnoye. Il est tout près, deux rues à peine après le pont. Elles l'accompagnent.

La petite bande arrive rue Jean-Jacques Rousseau, elles poussent le portillon et sonnent à la porte du commissariat. Une femme apparaît dans l'encadrement de la porte. Mélanie a un moment de trouble. C'est sa grand-mère, elle est femme de ménage au commissariat, elle n'y avait plus pensé. Le groupe d'adolescentes est maintenant dans le hall. Mélanie est mutique. Ce sont les copines qui parlent et racontent qu'elle a été agressée. Un policier amène Mélanie dans le couloir qui part du hall d'accueil vers les bureaux.

Il la fait asseoir, lui propose à boire. Les copines sont renvoyées au collège et la grand-mère mise à l'écart. Mélanie ne peut pas parler avec elle. Arrivent deux policiers en civil, deux hommes, un chauve et un grand, des « inspecteurs », pense-t-elle. Ils ne lui demandent pas de détails, ils vont d'abord la raccompagner chez elle. Mais, en chemin, ils s'arrêtent à la maison blanche. Le jour commence à se lever. Ils descendent de voiture avec Mélanie, lui demandent de refaire le parcours, de montrer exactement où s'est déroulée l'agression. Ils repèrent des traces de piétinement boueux, inexploitables selon eux. Puis ils repartent avec elle vers la cité des cheminots.

La mère de Mélanie ouvre la porte et découvre sa fille en état de choc entre deux policiers. Il faut qu'elle voie un médecin avant de revenir déposer plainte au commissariat. On est mercredi, le petit frère et la petite sœur de Mélanie n'ont pas classe et sont à la maison, sa mère décide de faire venir le médecin plutôt chez la grand-mère, qui n'habite pas très loin. Le docteur est la médecin de famille, celle qui soigne Mélanie depuis qu'elle est petite. Elle établit un certificat médical où elle note les traces de strangulations, l'hématome au cou et un traumatisme psychologique « important ». Pour autant, elle ne lui prescrit qu'un seul jour d'ITT. Il faut encore retourner au commissariat pour le dépôt de plainte. Cette fois-ci, Mélanie est accompagnée de sa mère. Elle doit donner tous les détails, elle est gênée de raconter ça devant sa mère, elle préférerait encore être seule avec le policier, mais elle n'en dit rien. Elle comprend à demi-mots que peut-être, d'autres filles ont été agressées comme elle quand le policier lui dit qu'elle est « la seule » à avoir vu son agresseur. Mais elle ne pose pas de questions. C'est une autre urgence qui l'envahit tout entière : en finir au plus vite. Oublier tout ça. Rentrer chez elle et prendre une douche. C'est à cela qu'elle pense dans le minuscule bureau du commissariat.

Quelques jours plus tard, elle est assise dans un autre commissariat, face à deux autres policiers de la brigade des mineurs de Maubeuge pour tenter d'établir avec eux un portrait-robot. Ils sont gentils avec elle mais là encore, elle voudrait être ailleurs, en finir au plus vite. Deux portraits sont réalisés, qui ne se ressemblent pas. Le premier présente les traits d'un jeune homme au visage presque fin. Mais le second fait apparaître un homme un peu plus âgé, au visage arrondi et au crâne légèrement dégarni.

Durant les semaines qui suivent l'agression de Mélanie, une surveillance matinale est mise en place dans le quartier de la cité SNCF. Des patrouilles de police le long des routes et des contrôles parmi les usagers de la ligne de bus qui passe par la rue de Gussignies. Les policiers se demandent si l'agresseur ne se déplacerait pas en car. Les deux fois, il a surgi à hauteur de l'abribus. Mais les contrôles ne donnent rien. Le chauffeur du bus n'a pas remarqué d'homme correspondant à la description de l'adolescente.

Mélanie retourne rapidement au collège. Elle est obsédée par l'idée qu'il faut continuer à vivre. Penser à autre chose. Mais elle n'y arrive pas vraiment. Au collège, ses notes baissent. Sa motivation aussi. Elle n'en parle à personne, mais l'affaire se sait quand même. Les gens parlent. Une de ses profs, sa prof d'allemand, s'inquiète pour elle. C'est la seule personne, avec son meilleur ami, à qui Mélanie accepte de se confier. À la maison, on n'évoque jamais l'agression. Mélanie ne sait même pas si son frère et sa sœur sont au courant. Sa mère tente de l'emmener voir une psy qui a une permanence à la mairie. Mais Mélanie refuse de lui adresser la parole. La psy lui dit qu'elle reviendra un jour, quand elle sera prête.

Mélanie ne revient jamais. Elle garde tout pour elle. Le soir, elle dort désormais avec la lumière et la radio allumées jusqu'au matin. Elle imagine que l'homme va la retrouver. Alors elle veut se teindre les cheveux pour qu'il ne la reconnaisse pas. Ses parents s'y opposent, pensant à une lubie d'adolescente. Elle se fait faire un piercing. Elle veut à tout prix que quelque chose change sur son corps. Elle veut être une autre. Elle aimerait aussi faire réduire sa poitrine, elle songe à une opération. Car elle pense que c'est cela qui a attiré cet homme. À défaut de pouvoir le faire, elle la bande, la cache.

Durant les mois qui suivent, Mélanie voudrait ne plus jamais entendre parler de cette histoire mais elle est convoquée régulièrement au commissariat car les policiers ont des suspects à lui présenter. La première fois, elle y croit. Elle est terrorisée, à l'idée de recroiser son agresseur. Au commissariat, on l'installe dans le bureau au fond du couloir où elle avait été reçue le jour de l'agression. Les policiers amènent un homme, visiblement un SDF, et l'assoient sur la chaise où elle était installée quelques semaines plus tôt. L'homme a une soixantaine d'années, il a l'air en mauvaise santé et ne correspond en rien à la description qu'elle avait faite de son agresseur. Elle pense même que les policiers se moquent d'elle. Elle a souvent cette impression, elle ne sait pas pourquoi. La deuxième fois qu'elle est convoquée, elle n'a pas besoin d'entrer dans le bureau, elle aperçoit l'homme de loin. Un Maghrébin. Si c'est lui, dit-elle au policier de l'accueil, ce n'est pas la peine. La troisième fois a encore moins de sens. Les policiers du commissariat d'Aulnoye ont prévu une sorte de « tapissage », avec les moyens du bord, c'est-à-dire sans moyens. Mélanie est placée seule dans une sorte de placard, un cagibi dont ils éteignent la lumière. Elle qui ne supporte plus l'obscurité… Elle est en état de panique. Puis ils allument la lumière dans la pièce d'à côté où entrent un groupe d'hommes. Mélanie doit indiquer si, parmi eux, elle reconnaît son agresseur. Sauf que les faux suspects sont des policiers du commissariat, qu'elle a déjà croisés. Quant au véritable suspect, elle le connaît aussi et même bien : c'est un de ses voisins. Il habite juste derrière chez elle. Mélanie ne comprend pas le sens de toute cette mise en scène, si ça avait été son voisin, elle l'aurait dit dès le début… Accessoirement, le voisin ne ressemble en rien à la description qu'elle avait donnée de son agresseur. Il est beaucoup plus âgé, a les cheveux gris et une silhouette différente. Elle pense qu'ils l'ont choisi parce que, dans le quartier, on raconte qu'il a fait de la prison. Elle a le sentiment que les policiers lui présentent des suspects qu'ils ont sous la main, juste pour lui présenter des suspects. Elle a toujours cette poisseuse impression qu'on se moque d'elle.

À la même époque, pourtant, un des policiers du commissariat qui s'est occupé de sa plainte la prend sous son aile. Un brigadier passionné de sport, comme elle. Elle lui a raconté qu'elle avait cessé d'aller à ses entraînements de handball depuis l'agression. Elle ne veut plus avoir de trajet à pied à faire dans Aulnoye. Elle n'a plus envie d'être avec les autres sous la douche. Tout est devenu compliqué. Le brigadier lui fait une proposition : il est entraîneur de hand dans une commune un peu plus bas dans le Val de Sambre, à Louvroil. Il peut l'amener et la ramener en voiture. Et puis, le gymnase de Louvroil est équipé de douches individuelles. Le détail n'en est pas un pour Mélanie, qui ne veut plus exposer son corps à quiconque. Elle accepte. Au moins une fois par semaine, elle se rend avec le policier au gymnase municipal de Louvroil. Un curieux bâtiment en forme de demi-cylindre. Cela la rassure d'être avec un policier.

Le reste du temps, elle compose avec ses angoisses. Elle ne supporte pas le noir, les foules, les gens qui marchent derrière elle. Elle a perdu ses ambitions de bonne élève. L'année suivante, elle redouble sa seconde, puis est orientée dans une filière technique qu'elle n'a pas choisie. Elle se laisse porter. Se fiche un peu de tout. Elle résume par cette phrase cet état flottant : « J'ai laissé quelque chose de moi sur cette route. »

Quelque temps après, peut-être dans l'année qui suit, alors qu'elle marche avec une amie dans le centre d'Aulnoye, elle entend dans son dos une voix grave. Elle dit qu'elle la reconnaîtrait entre mille. L'homme parle avec sa femme. Le couple promène un petit enfant en poussette. Mélanie est terrorisée. Elle ne veut même pas se retourner. Sa copine essaie, en vain, de la convaincre de prévenir la police. Mais elle a peur. Peur que tout recommence. Peur de leur dire et qu'ils ne fassent rien ou même qu'ils ne se déplacent pas. Peur qu'on se moque. Elle veut oublier.

Le troisième enfant de Sandrine et Dino Scala naît en février 1997 à seulement six mois et demi de grossesse. Un garçon. Il doit être admis en néonatalogie à Valenciennes. Pour la première fois de sa vie, Dino Scala s'arrête de travailler pour aider Sandrine à la maison avec les enfants. Ils vivent encore à la résidence Matisse, dans le centre d'Aulnoye-Aymeries. Durant plusieurs semaines, Dino ne va plus à l'usine.

Les filles du soir

Cécile et Valérie ne se connaissent pas. Mais elles fréquentent la même auto-école à Aulnoye-Aymeries. L'auto-école Brissy, au pied de la résidence Matisse. Juste en face du numéro 112, où vit Dino Scala.

Cécile n'est pas de la région, elle s'est installée à la rentrée à Aulnoye pour intégrer un BTS au lycée Jeanne-d'Arc, ce lycée hôtelier d'où entrent et sortent chaque jour de nombreuses de jeunes filles comme elle, en tenue de service, jupes noires et chemises blanches. C'est sa première année sans les parents, l'année de la liberté. Elle est en colocation avec sa meilleure amie. Le 17 mars 1997, vers 20 heures, comme chaque lundi depuis quelques semaines, elle sort de son cours de code dans les locaux de l'auto-école. Elle pose les écouteurs de son discman sur ses oreilles et se dirige vers son appartement dans le centre d'Aulnoye-Aymeries. Elle n'entend pas l'homme au blouson kaki qui s'approche derrière elle. Les pans de son écharpe pendent dans son dos. Il les attrape et serre, l'empêchant de crier. Il l'entraîne dans un petit chemin en contrebas. Il la menace, lui dit qu'il a un couteau. Elle perd une chaussure, se tord la cheville, et chute, entraînant l'homme avec elle. Lorsqu'il se relève, elle entrevoit brièvement un visage fondu dans l'obscurité. Un homme dégarni, de 30 ou 40 ans, qui semble porter une moustache. Les phares d'une voiture approchent, l'homme prend peur et desserre son étreinte, Cécile rentre en courant chez elle. Ses collants sont troués. Elle descend avec sa colocataire appeler ses parents et la police depuis la cabine téléphonique de la rue de l'hôtel de ville.

À cet instant, dans la rue parallèle, Valérie, 26 ans, maître-nageuse, sort de la piscine d'Aulnoye. Le lundi soir, elle s'entraîne avec son club, Les Albatros. Il est environ 20 h 15. C'est une jeune femme athlétique, une championne de natation. Elle marche rue Parmentier, son sac de sport à l'épaule. Elle passe devant l'ancienne maternité, lorsqu'elle sent une présence derrière elle, elle se retourne et a à peine le temps d'apercevoir l'homme qui se jette sur elle, l'étrangle avec un morceau de tissu et l'entraîne à l'écart de la rue. Il la plaque au sol, lui dit qu'il ne lui fera rien mais resserre encore le lien autour de son cou. Valérie a d'abord la vue qui se brouille, elle peine à respirer et se sent peu à peu partir.

La première chose qu'elle sent à nouveau, c'est le froid sur le haut de son corps. Elle est torse nu. Son sweat-shirt Adidas rose et violet est remonté au-dessus de sa poitrine. Les autres sens reviennent les uns après les autres. Lentement. Elle s'aperçoit alors qu'elle n'est plus à l'endroit où elle a été agressée. Mais peut-être trente mètres plus loin. Que s'est-il passé ? Elle touche de la main son pantalon. Il est toujours là, mais le cordon qui le retenait par un nœud marin est cassé. Elle est en chaussettes. Elle ne se voit pas, mais elle porte des traces de strangulation qui lui scient le cou. Ses globes oculaires sont exorbités. Le blanc de ses yeux est intégralement devenu rouge. Valérie est hospitalisée à la clinique de Berlaimont, une commune voisine.

Au même moment, Cécile se rend au commissariat d'Aulnoye. Depuis chez elle, elle passe probablement par l'endroit où Valérie vient d'être agressée, ou juste à côté. Cécile sonne à la porte du poste de police de la rue Jean-Jacques Rousseau. Mais on lui demande d'attendre à l'extérieur. Des policiers finissent par sortir et refont le trajet avec elle sur les lieux de son agression. En chemin, ils croisent un jeune homme noir. « C'est lui ? », l'interrogent les policiers. Ils insistent. Cécile ne comprend pas, elle leur a décrit un homme blanc plus âgé. Par ailleurs, elle connaît le garçon qu'ils lui désignent, il est étudiant sur le petit campus d'Aulnoye.

La plainte de Cécile est rédigée sous forme d'un verbatim à la première personne, mais les mots ne sont pas les siens. Elle commence ainsi : « Alors que je rentrais pédestrement à mon domicile… » La suite est sur le même registre sémantique, celui de la police. Le lendemain Cécile reçoit chez elle un bouquet de fleurs de la part du maire d'Aulnoye-Aymeries. Elle ne comprend pas. Le bouquet était en fait destiné à Valérie, employée de la piscine municipale. Les victimes ont été confondues. Cécile se demandera longtemps pourquoi le maire lui a fait parvenir des fleurs.

Valérie est brièvement interrogée par un policier depuis son lit d'hôpital. Il lui parle de l'autre agression, quelques minutes avant la sienne. Lui expliquant qu'il s'agit certainement du même homme. Mais elle n'est pas en état de porter plainte. Les médecins pensent qu'elle aurait pu ne pas survivre à la strangulation. Lorsqu'elle découvre son visage déformé par les traces de l'asphyxie dans un miroir, Valérie ne se reconnaît pas. Les policiers n'ont pas trouvé d'indices sur les lieux de l'agression. C'est le père de Valérie qui retrouvera ses affaires, son sac de sport et ses baskets, intacts et parfaitement disposés, comme rangés, le long de la haie de troènes d'où l'homme avait surgi. Valérie conserve un mauvais souvenir de son dépôt de plainte deux jours plus tard au commissariat. Elle a le sentiment qu'il faut absolument que sa déposition colle avec celle de l'autre victime, agressée juste avant elle. Les policiers voudraient une description précise alors qu'elle a à peine entraperçu l'homme dans le noir. Ils insistent notamment sur cette moustache décrite par Cécile. Valérie peut dire que le bas du visage était sombre, comme s'il était mal rasé, ou qu'il portait une barbe et une moustache. Sur le PV, les policiers notent « une épaisse moustache jusqu'à la commissure des lèvres », la même expression employée sur le procès-verbal de la précédente victime. Valérie dit qu'elle n'a jamais employé cette expression. La plainte est un mélange d'éléments extrêmement précis, comme cette moustache « jusqu'à la commissure des lèvres », et de flou presque parfait : « l'individu est de type ignoré ». Valérie signe un procès-verbal dans lequel elle ne se reconnaît pas. Elle ne sait pas que cela se retournera contre elle deux décennies plus tard.

Dix jours après ces deux agressions, une troisième victime est attaquée aux mêmes heures, de la même manière dans ce mouchoir de poche autour du centre d'Aulnoye. Une lycéenne de 17 ans. L'homme, qui correspond à leurs vagues descriptions, touche longuement la poitrine de l'adolescente et… lui demande de compter jusqu'à 30 le temps qu'il prenne la fuite. Cécile et Valérie l'ignorent. Cécile a demandé à plusieurs reprises aux policiers à faire un portrait-robot. Ils lui ont dit qu'ils la rappelleraient. Mais ils ne l'ont jamais fait. Ils ne lui ont pas montré non plus le portrait-robot réalisé quelques semaines plus tôt par Mélanie, cette collégienne agressée juste à côté, de l'autre côté des voies ferrées. Valérie, elle, sera convoquée plusieurs fois au commissariat pour reconnaître des hommes qui ne ressemblent en rien à la description sommaire qu'elle a faite de son agresseur. Elle se souvient notamment d'un homme gigantesque en imper, un exhibitionniste. Elle ne comprend pas pourquoi on lui présente ces hommes. Peu de temps après son agression, elle voit un homme au bas de son immeuble l'observer. Elle n'en parle pas aux policiers, car elle pense qu'ils ne s'intéressent pas à son affaire.

Cécile et Valérie ne savent pas que les policiers d'Aulnoye-Aymeries ont en réalité relié leurs agressions, ainsi que celle de la lycéenne, au dossier du violeur de la Sambre sur lequel la juge Delhaye les presse alors d'avancer. Elles ne savent pas qu'une information judiciaire est ouverte au tribunal d'Avesnes-sur-Helpe. Que leurs noms figurent comme victimes aux côtés de Dalila, Laetitia, Mélanie, Fanny…

Les deux jeunes femmes reprennent leurs vies comme elles peuvent. Cécile ne fera jamais sa deuxième année de BTS. Elle quitte rapidement Aulnoye. Valérie ne reprend pas son travail à la piscine et abandonne ses entraînements avec le club des Albatros. Mais elle termine ses leçons de conduite à l'auto-école Brissy, résidence Matisse. Quelques temps plus tard, elle retrouvera du travail à la piscine Tournesol de Louvroil, une douzaine de kilomètres plus loin dans le Val de Sambre. Là où Mélanie, la collégienne agressée peu de temps avant elle, a aussi décidé de poursuivre ses entraînements de handball. À la piscine Tournesol, Valérie travaille avec une petite femme énergique chargée du ménage. Elle s'appelle Monique, mais tout le monde l'appelle « la tornade », tant elle met d'ardeur et d'efficacité au travail. Monique est encore une femme gaie.

Cécile et Valérie ne se connaissaient pas. Elles se rencontreront pour la première fois vingt-cinq ans plus tard, sur les bancs des parties civiles de la cour d'assises de Douai. Cécile s'excusera auprès de Valérie. Elle culpabilisera, persuadée que s'il était parvenu à ses fins avec elle, si elle n'était pas tombée dans le fossé, il n'aurait pas attaqué Valérie quelques minutes plus tard. Sur le même banc qu'elles, il y aura aussi une petite femme aux cheveux gris et au visage triste. Monique.

À la fin de l'été 1997, Sandrine remarque que Dino ne va pas bien. Elle s'en souvient parce que c'était la semaine de la mort de Lady Di.

La maison

Il était prévu que la vie commence réellement cet été-là. Clara a accouché dix mois plus tôt d'une petite Pauline. Lydian, son compagnon, vient d'être embauché à la SNCF, à l'entretien des voies. Le couple a pu enfin quitter la métropole lilloise pour revenir s'installer dans la Sambre, où vit depuis toujours la famille de Clara.

Ils emménagent à Bachant vers la mi-juillet 1997 dans cette maison que Clara aime tant. Elle l'a héritée de son grand-père, architecte, qui en avait conçu les plans. La maison est atypique pour la région, elle est asymétrique, un peu surélevée, donnant l'impression de surplomber les autres, alignées à l'identique de chaque côté de la rue. De larges baies vitrées ouvrent la façade sur l'extérieur depuis la cuisine au premier étage. Elles donnent sur la rue de Dourlers, une rue résidentielle, qui rejoint la D959 à quelques centaines de mètres, et mène à la gare d'Aulnoye-Aymeries. Depuis l'arrière de la maison, on aperçoit la grande cité des cheminots. Lydian est désormais posté à Somain, vers Valenciennes à une cinquantaine de kilomètres. Il commence tôt. Le couple n'a qu'une seule voiture, une petite Clio noire. Alors chaque matin, vers 5 h 30, Clara dépose Lydian à la gare où il prend son train et rentre à la maison. L'aller-retour lui prend deux minutes. Elle laisse Pauline dormir seule dans sa chambre à l'étage. Généralement, Clara reste même en pyjama. Elle ne croise personne à cette heure-là.

Clara a 26 ans, elle ne travaille pas. Elle n'avait pas terminé ses études lorsqu'elle est tombée enceinte de Pauline. Elle avait étudié le droit à la fac de Lille, puis la psychologie. Elle envisage de reprendre plus tard, plutôt la psychologie que le droit. Pour l'instant, elle est pleinement investie dans cette nouvelle vie qui commence. Pauline, encore bébé, qui remplit ses journées. La maison qu'elle avait attendue plusieurs années, car elle était occupée par des locataires.

Seule ombre à cet été, depuis qu'ils sont installés, Clara reçoit régulièrement des coups de téléphone anonymes, toujours lorsque Lydian est au travail. À l'autre bout du fil, il n'y a rien, juste un bruit de fond avec, lui semble-t-il, des voix qui discutent entre elles et en patois. Une fois seulement, un homme a parlé dans le combiné. Il a dit qu'il avait envie d'elle, qu'ils allaient faire l'amour ensemble. Ce ne sont certainement pas ses phrases exactes, mais Clara a du mal à répéter précisément ce genre de mots. Alors, elle reformule.

Clara n'a jamais entendu parler du violeur de la Sambre. Il n'y a pour l'instant pas eu un mot dans la presse locale sur la vague d'agressions et de viols cette dernière année. Clara ignore qu'une collégienne, Mélanie, a été agressée il y a quelques mois un matin à quelques centaines de mètres derrière sa maison, entre la cité des cheminots et la gare d'Aulnoye. Elle ne sait pas qu'une infirmière a été agressée ce mois d'août vers 5 h 30 du matin à Maubeuge. Cet été, ce sont les échauffourées dans les quartiers pauvres de

Maubeuge qui occupent les pages de *La Voix du Nord* et de *La Sambre.* On parle de CRS postés pour décourager les dealers et de quelques voitures brûlées. L'été est tendu dans la Sambre. Mais Clara ne s'intéresse pas à tout cela non plus. Elle s'occupe de sa fille et de sa maison.

Le mercredi 27 août, après avoir déposé Lydian à la gare, elle aperçoit depuis les baies vitrées de la cuisine un homme devant chez elle, qui semble se cacher dans les buissons. À moins qu'il ne promène un chien. Elle regarde sa main, cherchant une laisse. Mais il n'y a pas de laisse au bout de la main. L'homme part aussitôt. La scène se passe avant que le jour ne se lève, elle est furtive, et Clara n'a pas pu voir son visage. Il avait un pantalon de travail et un pull en laine. Et le crâne un peu dégarni. Il lui a semblé qu'il portait des sortes de lunettes fumées ou de soleil, ce qui lui a paru étrange car il faisait encore nuit. Clara n'accorde pas, sur le coup, beaucoup d'importance à cet homme. Peut-être se fait-elle des idées, peut-être ne se cachait-il pas, peut-être ne l'observait-il pas. Le lendemain matin, le 28 août, elle n'y pense déjà plus lorsqu'elle rentre la voiture dans le garage, après avoir déposé Lydian à la gare. Il est environ 5 h 30. Elle referme la porte du garage, remonte l'escalier jusqu'à la cuisine qu'elle laisse toujours éclairée pour faire croire que la maison est occupée le temps de son absence. Face à elle sur la table de la cuisine, le chat la regarde, il est immobile, le poil hérissé. Clara n'a pas le temps de réaliser. Un corps l'enserre par derrière. Un bras ganté de cuir passe autour de son cou et plaque un couteau contre sa gorge. La suite immédiate est confuse et violente. Clara a la tête plaquée contre le sol du bureau, la pièce à côté de la cuisine, elle est à plat ventre, les mains ligotées dans le dos, dans la bouche un tissu et un goût de sang. Un homme est assis à califourchon sur elle. Il dit qu'il ne va pas la violer. Qu'il veut de l'argent. Il dit aussi qu'il pourrait tuer sa fille. Il l'appelle par son prénom. L'homme retourne son corps sur le dos, puis à nouveau sur le ventre, il essaie de détacher les liens, veut lui toucher la poitrine. Il lui parle de son mari qui est au travail, ça leur laisse la journée, dit-il. Clara se voit mourir, là, maintenant. Elle n'envisage pas d'autre fin à ce moment. Elle pense au couteau. Elle espère que son cœur s'arrête pour ne pas avoir à subir une mort plus violente. Et puis elle repense à sa fille qui dort juste au-dessus. Elle se calme, tente d'élaborer une stratégie. Et simule un étouffement. L'homme la relève, lui ôte son bâillon et ses liens et l'emmène dans la salle de bains. Clara est assise sur le bord de la baignoire face à lui.

Il fait toujours noir. L'homme a le visage dissimulé sous une sorte de masque, qui pourrait ressembler à un masque de soudeur. Il porte des grosses chaussures noires de sécurité. Elle distingue son pull, un pull en laine kaki avec un écusson. Et puis il y a cette odeur. Une odeur du dehors, une odeur de froid, un peu métallique. Elle ne saurait pas exactement la décrire. Puis il lui parle. Il a une voix d'ici, à l'intonation patoisante. Il dit qu'il ne va pas la violer. Il lui soulève le haut, lui touche et lui embrasse la poitrine. Il lui dit qu'elle a de beaux seins. Puis il lui demande de lui faire une fellation. Il prononce d'autres mots, plus crus, que Clara n'arrivera jamais à répéter à qui que ce soit. Elle est terrorisée à l'idée du viol. Elle essaie de rester concentrée sur ses stratégies de survie. Elle se remémore ses cours de psychologie. Ne pas paniquer. Ne pas exciter l'agresseur par une réaction de peur ou de violence. Parler. Alors elle parle. Elle lui demande pourquoi il fait ça. Là, face à elle, dans la pénombre de la salle de bains, l'homme craque. Il lui dit qu'il est malheureux avec sa femme. Et qu'ils ont récemment perdu un enfant. Il se met à pleurer. Clara l'enlace de ses bras. Elle dit qu'elle comprend. Promet qu'elle ne dira rien. Puis il reprend ses menaces. Si elle parle, il la tuera. Il lui glisse aussi qu'elle est sur écoute. Il demande encore de l'argent, elle lui donne 100 francs. Elle jure encore qu'elle ne dira rien à personne. Et puis il s'en va par la porte d'entrée. Clara distingue son ombre au travers de la vitre floutée. L'ombre reste un moment, immobile sur le perron. Elle ne sait pas combien de temps. Longtemps. Peut-être jusqu'au lever du jour.

Lorsque l'ombre de l'homme a enfin disparu derrière la vitre de la porte, elle grimpe les marches quatre à quatre jusqu'à la chambre de sa fille au premier étage. Pauline dort. Paniquée, la bouche en sang, Clara prend le bébé, et le chat. Ses décisions et ses gestes sont abrupts. Elle descend dans le garage, démarre la voiture. En sortant, elle arrache un bout du pare-choc de la Clio contre le mur. Elle fonce chez son frère et sa belle-sœur qui vivent dans le même village. Ils dorment encore. C'est depuis chez eux qu'elle appelle Lydian. Elle préfère qu'il soit revenu pour aller au commissariat avec lui. Pendant qu'elle attend, prostrée, son frère tourne en voiture dans le village pour essayer de repérer un homme avec un pull vert kaki. Le seul élément dont elle dispose puisqu'elle n'a pas vu son visage.

Au commissariat d'Aulnoye-Aymeries, Clara est reçue dans un bureau par quatre policiers, quatre hommes. Les policiers demandent à son mari d'attendre dehors. Elle est encore en pyjama. Et elle voudrait être ailleurs. Un des policiers lui lâche qu'elle n'est pas la seule, qu'il y en a eu d'autres avant elle. D'autres quoi ? Tout est confus. Malaisant. Un des quatre policiers tape sa déposition. Les trois autres écoutent. Elle doit tout raconter. Elle doit être précise. Ne pas oublier de détails. C'est important. Mais tout est confus dans la tête de Clara. Elle a le sentiment de réaliser ce qui s'est passé en le racontant à ces hommes. Elle prend la mesure du cauchemar au fur et à mesure des mots qui s'échappent de sa bouche. Et de ceux qui y demeurent bloqués. Il y a des choses qu'elle n'ose pas dire, impossibles à prononcer. Alors, elle s'arrange comme elle peut entre le dicible et l'indicible, avec le sentiment, très vite, que tous ses choix se retournent contre elle. Elle dit « il m'a demandé une fellation ». Un des policiers présents l'interrompt. Ça l'étonnerait que l'agresseur ait dit ça. Il n'a pas dû dire « poitrine » non plus. Les hommes ne parlent pas comme ça. Le policier est sceptique. L'histoire de la fellation passe à la trappe dans le procès-verbal. Clara se sent prise en faute. La remarque pose l'ombre d'un doute sur elle. S'est-elle défendue ? Elle ne sait pas quoi répondre. Et il faut encore des détails. Clara est bloquée sur l'un des policiers dont les questions lui paraissent trop pressantes. Elle a l'impression visqueuse que son récit l'excite. Elle est perdue. Ne sait plus quels mots employer. Il y a des ellipses et des oublis dans son récit, il y en a d'autres dans la retranscription qu'en font les policiers sur le procès-verbal. Un des policiers essaie de la rassurer, il lui répète qu'elle a eu de la chance, qu'elle est vivante. « De la chance. » Elle ne sait pas quoi faire de cette expression.

Après le dépôt de plainte, les policiers retournent avec Clara à la maison pour une forme de reconstitution. La cuisine, le bureau, la salle de bains. C'est là qu'elle se rappelle qu'il a enlevé ses gants. Il lui semble qu'il a alors touché le rebord de la baignoire où elle était assise. Il y a peut-être des empreintes digitales. Les policiers passent la poudre et relèvent une empreinte qui n'appartient ni à Clara ni à son mari.

Les semaines passent. Clara ne voit pas l'article qui paraît fin septembre dans *La Voix du Nord*. C'est pourtant la première fois que le journal évoque longuement, sans la nommer l'affaire du violeur de la Sambre. Après l'agression d'une de ses collègues durant l'été, une infirmière de l'hôpital de Maubeuge a décidé de témoigner anonymement à propos d'un agresseur sexuel qui attaquerait des femmes tôt le matin autour de l'hôpital de Maubeuge. Un homme qui surgit par derrière en étranglant ses proies. L'infirmière en a elle-même été victime un an plus tôt, et précise-t-elle dans l'article, elle n'est pas la seule. Cette infirmière se fait appeler « Madame X », elle veut témoigner « pour alerter ». Elle se défend de vouloir « créer une psychose ». Elle veut simplement que les femmes soient informées et prennent des précautions, comme se faire accompagner ou prendre sa voiture la nuit. Elle évoque son traumatisme, sa vie bouleversée. Elle se demande combien d'années cela peut durer. L'article ne fait pas grand bruit au milieu de la chronique des violences urbaines qui embrasent le Val de Sambre. Et, une fois encore, personne ne semble faire le rapprochement entre les faits que dénonce cette femme et la série de viols pour laquelle une enquête judiciaire est ouverte depuis maintenant six mois. Son témoignage est un coup d'épée dans un océan d'indifférence. Ni Clara ni son mari n'en entendront parler.

Clara retourne plusieurs fois au commissariat d'Aulnoye pour donner des détails qu'elle avait oubliés et dont elle pense qu'ils peuvent aider à l'enquête. Pour savoir, aussi, ce qu'ils font, où ils en sont. Elle a l'impression qu'on ne s'occupe pas de son affaire, l'impression de déranger pour rien. Après tout, « elle a eu de la chance ». En réalité, le lieutenant de police qui s'occupe de l'enquête s'affaire plus que d'usage dans ce commissariat pour les agressions sexuelles. Il convoque un ancien voisin de Clara, un homme qui avait été surpris, des années plus tôt, lorsqu'elle habitait encore chez ses parents, avec un comportement voyeuriste à son égard. L'homme est désormais âgé et ses empreintes ne correspondent pas à celles retrouvées sur la baignoire.

Un mois après l'agression, un homme connu pour des affaires « de mœurs » est également interpellé. Un marginal vivant dans un foyer de Bachant. Clara est convoquée au commissariat pour voir si elle le reconnaît. Elle se rend à la convocation angoissée. Elle est terrorisée à l'idée de se retrouver face à son agresseur. Le commissariat d'Aulnoye n'est pas équipé de vitres sans tain, alors les policiers bricolent. Ils installent le suspect sur le perron de la porte d'entrée et demandent à Clara de l'observer par le judas depuis l'intérieur. La scène a quelque chose de pathétique et d'absurde. D'autant que Clara n'a jamais vu le visage de son agresseur. Elle observe la silhouette d'un homme déformée par la loupe du judas sans pouvoir dire grand-chose. Si ce n'est que son agresseur était moins gros et plus dégarni. Elle dit en revanche qu'elle saurait reconnaître sa voix. Les policiers à nouveau bricolent. Et placent leur suspect dans un bureau derrière une porte. Ils lui demandent de parler fort pour que Clara l'entende. L'homme a des difficultés d'élocution. Rien ne correspond. Il est relâché.

Le policier s'accroche alors à cette histoire d'appels anonymes reçus dans les semaines précédentes. D'autant que Clara est persuadée que la voix est celle de son agresseur, cette voix grave et patoisante. Le lieutenant récupère les factures détaillées de Clara auprès de France télécom, appels entrants et sortants. L'informatisation des données est parcellaire, certains numéros sont inscrits à la main dans un tableau. Le policier vérifie tous les numéros, certains ne correspondent à aucun abonné. Pour les autres, il demande à Clara si elle les connaît, et convoque au commissariat les titulaires des lignes qu'elle ne connaît pas. Ils disent n'avoir jamais appelé Clara. On prend leurs empreintes. L'enquête du policier est longue, plusieurs mois, mais ne mène nulle part. L'hiver précédent, ce lieutenant de police s'était pourtant occupé d'une agression très similaire à celle de Clara. Aline, chez qui un homme s'est introduit très tôt le matin par son garage, après que son mari (un cheminot également) était parti au travail. C'était à moins de quatre kilomètres de chez Clara, de l'autre côté d'Aulnoye.

Mais surtout, personne, ni au commissariat d'Aulnoye, ni au parquet d'Avesnes, ne fait le rapprochement avec les autres affaires d'agressions sexuelles et de viols sur lesquelles la juge a chargé la police judiciaire locale d'enquêter. À Maubeuge, l'agression matinale de l'infirmière quelques jours avant celle de Clara est passée inaperçue. Elle n'a même pas été transmise au procureur d'Avesnes-sur-Helpe.

À Aulnoye, les policiers ont été sommés par de multiples commissions rogatoires de la juge d'instruction de signaler tous les faits qui pourraient être rapprochés de la série de viols dont la juge est saisie. Fin septembre, alors que le lieutenant en charge de l'affaire de Clara ne ménage pas ses efforts, un gradé d'Aulnoye rédige son rapport pour la juge en réponse à ses demandes répétées sur le violeur en série. Le ton est nonchalant et le fond succinct. Le rapport, long de moins d'une page, est quasiment une fin de non-recevoir aux réquisitions de la juge. Sur une enquête de voisinage qui manquait dans une procédure (parce qu'elle n'avait en réalité jamais été réalisée), le policier écrit à la juge : « Il est apparu qu'aucun riverain n'était en mesure de fournir le moindre élément susceptible d'intéresser l'enquête. » Et le gradé de préciser : « Il faisait nuit au moment des faits, il gelait, et les personnes présentes chez elles dormaient ou n'avaient pas encore ouvert leurs volets. » « Ajouté à cela la passivité de la victime, il a semblé superfétatoire d'auditionner des gens qui n'avaient rien à déclarer. » Concernant leurs investigations, le policier n'a pas grand-chose à dire. À part de vagues soupçons sur un habitant de Leval, qui doit être « prochainement » interpellé pour « inceste » sur sa belle-fille. Des photos de cet homme ont été présentées aux victimes, « sans résultats ». Il n'évoque pas le cas de Clara à la juge. Son agression ne sera pas rapprochée du dossier du violeur de la Sambre.

Pendant ce temps, Clara sombre. La vie qui devait vraiment commencer en cet été 1997 s'est arrêtée le mercredi 27 août 1997. Clara ne veut pas retourner vivre dans sa maison pendant de longs mois. Le couple s'installe quelques temps chez les parents de Lydian son mari. Mais cela ne peut pas durer. Après les fêtes de Noël, elle décide de rentrer vivre chez elle. Elle se dit que cet homme ne peut pas lui avoir tout volé, et surtout pas cette maison qui compte tant pour elle. Clara a une brève phase combative. Elle relance le policier. Ses beaux-parents vont voir le maire d'Aulnoye-Aymeries pour tenter de l'alerter sur ce violeur. Fin de non-recevoir. Il est inutile d'inquiéter la population. Alors Clara parle de son agression autour d'elle. Car elle sait qu'il y en a eu d'autres comme elle, les policiers le lui ont dit. Plus elle parle, plus on la décourage de parler. Que veut-elle ? Faire peur aux autres ? C'est bien triste ce qu'il s'est passé mais ce sont des choses qui arrivent, dans la Sambre comme ailleurs. Et puis, on le lui rappelle, elle a eu de la chance. Elle n'a pas été violée. Elle est vivante.

La phase combattive de Clara est de courte de durée. Un sursaut avant de se refermer sur elle-même. Elle commence par clôturer son monde. Un mur et un portail séparent désormais la maison de la rue. La lumière est allumée de jour comme de nuit. Clara a glissé un couteau sous son oreiller. Elle ne sort plus. Ou rarement. Et jamais seule. Dehors, elle est à l'affût de tout. Elle sait qu'il est peut-être là, parmi les autres hommes. Elle guette des statures qui pourraient être la sienne. Elle cherche cette odeur. Peu à peu, les premiers kilos commencent à enrober son corps. Dix. Vingt. Jusqu'à trente. Ils forment une épaisse carapace. Ainsi, personne ne peut plus toucher son corps, pense-t-elle.

Le couple Scala s'installe dans le village de Pont-sur-Sambre. Dans une rue résidentielle, une maison de briques identique aux autres. Le matin, Dino Scala part parfois plus tôt pour aller au travail. Il dit qu'il en profite pour faire les encombrants en chemin.

La directrice d'école

Depuis la rue, les maisons sont en partie cachées par des buissons verts taillés en angles bien droits. Des portails métalliques ferment les allées. Patricia et son mari habitent un petit village résidentiel qui précède Maubeuge, entre les hangars des usines Renault d'où s'apprêtent à sortir les premières Kangoo et les cheminées éteintes des usines d'Hautmont. C'est un quartier tranquille, à mille lieues des cités de Maubeuge qui, en cet automne 1997, s'embrasent les unes après les autres. Les maisons de haies taillées et de portails fermés attirent cependant les cambrioleurs depuis quelques années. Patricia et son mari en ont fait les frais. Ils ont été cambriolés à plusieurs reprises. La dernière fois, c'était au printemps. Depuis, ils sont prudents. Ils ont installé une alarme. Et un projecteur infra-rouge à l'arrière de la maison qui s'allume dès qu'il détecte un mouvement. Patricia a aussi pris l'habitude de laisser la télévision allumée lorsqu'elle part au travail.

Elle est directrice d'une école élémentaire, au sein du même groupe scolaire que celui où travaille Dalila, dans un quartier populaire de Maubeuge. Elle a 47 ans. Les deux filles du couple ont déjà quitté la maison. Le mari est cadre dans une grosse usine du Val de Sambre. Il part plus tôt qu'elle pour être à 8 heures à son usine à Aulnoye. Tous les matins, à 7 h 30, c'est le même rituel. Il ouvre le garage attenant à la maison, et sort leurs deux voitures. Il gare celle de sa femme dans l'allée, et laisse le portail extérieur ouvert pour qu'elle n'ait plus qu'à monter dans sa voiture pour partir. Souvent, elle regarde son mari par la fenêtre en buvant son café et lui fait un petit signe de la main pour lui dire au revoir. Elle part à son tour vers 8 h 15, en prenant soin d'enclencher l'alarme et de refermer le portail. L'école n'est qu'à quelques minutes en voiture.

Mercredi 8 octobre 1997, 8 heures, son mari a quitté la maison depuis au moins un quart d'heure lorsque Patricia aperçoit une ombre passer derrière la porte-fenêtre du séjour, côté rue. L'ombre se dirige vers la porte d'entrée et sonne. Patricia ouvre. C'est un homme pas très grand, au physique trapu, aux cheveux bruns dégarnis. Il porte un jean, des baskets et un blouson foncé. Patricia lui demande ce qu'il veut. Il prétend qu'il cherche la rue de Maubeuge. Elle lui dit qu'il s'est trompé d'endroit. L'homme repart sans insister. Mais Patricia est perturbée, il y a quelque chose de louche dans le comportement de cet homme. Avant de partir à l'école, elle appelle son mari à son bureau pour lui raconter cette visite. Suffisamment étrange pour qu'ils décident de signaler l'homme à la police. Le lendemain, le mari de Patricia découvre une souche d'arbre posée côté jardin, juste sous la fenêtre de leur chambre à coucher. Permettant à un homme debout d'espionner, plus ou moins discrètement, l'intérieur de la maison.

Une semaine plus tard, le mercredi 15 octobre, vers 7 h 45, Patricia fait signe à son mari qui quitte la maison depuis sa fenêtre. À l'extérieur, le ciel est bas et l'air bruineux. Le mari tourne à droite en sortant de la maison, il ne prête pas attention à la Renault 21 claire garée un peu plus loin dans leur rue, juste devant les grilles de la maison blanche du maire. Il prend encore à droite la route qui mène à son usine à Aulnoye-Aymeries. Le soleil peine à se lever.

Un quart d'heure plus tard, vers 8 heures, un chuintement s'échappe de la maison. Le portail métallique donnant sur la rue est ouvert. La voiture de Patricia est encore dans l'allée. La porte du garage est fermée. C'est de là que s'échappe le chuintement. L'alarme est déclenchée. Des voisins partent au travail sans remarquer le bruit étouffé. En sortant, le maire du village se demande ce que fait cette R21 devant chez lui. À la vue de cette même voiture, une voisine curieuse se demande qui le maire peut bien recevoir à cette heure-là. À l'école, on s'inquiète de l'absence de la directrice. L'alarme s'arrête. La rue redevient silencieuse.

Peu après 9 heures, la mairie de Maubeuge est déjà au courant, via l'école. Le commissaire central, qui dirige alors tout le district de police du Val de Sambre, appelle directement un capitaine de police du commissariat de Maubeuge : une directrice d'école de Maubeuge a été sexuellement agressée dans sa maison. Le capitaine se rend immédiatement sur les lieux, il est accompagné de trois autres policiers et de plusieurs hommes de l'identité judiciaire. Lorsqu'ils arrivent devant la maison de briques rouges et le portail blanc, il y a là le mari de Patricia, un ami et voisin médecin et Patricia, en peignoir. Un hématome boursoufle son œil gauche, une coupure barre la commissure de son œil droit. Elle a des entailles aux poignets et aux chevilles. Une poignée de ses cheveux est arrachée, laissant voir son crâne. Elle semble calme, note le policier.

Les policiers s'engouffrent à sa suite dans la maison par le garage. Des produits d'entretien et des objets divers jonchent le sol. Une étagère a été renversée. L'homme l'a attaquée ici, par derrière, alors qu'elle refermait la porte pour partir à l'école. Il lui a caché le visage avec ses mains et lui a plié le corps en deux. Elle a prétendu que son mari était à la maison. Mais l'homme a tout de suite répondu qu'il savait qu'elle était seule. Il a même précisé qu'ils avaient tout leur temps. C'est à ce moment-là que l'alarme s'est déclenchée. Celle que personne n'a entendue sonner à l'extérieur. Patricia a tenté aussi de lui faire croire que la télécommande d'arrêt était dans sa voiture à l'extérieur, mais il a vite compris que non. Alors il s'est mis à la frapper. Un déchaînement de coups et de violence. Elle a pensé que tout était terminé. Que son mari retrouverait son cadavre en rentrant. Lorsqu'elle a repris connaissance, elle était ligotée et bâillonnée sur son lit. Les yeux bandés par un foulard. Les pieds accrochés avec les cravates de son mari.

Dans la chambre du couple envahie de policiers, des cravates sont accrochées aux pieds du lit, d'autres jonchent le sol, à moitié nouées. Sous un fauteuil en rotin, des sous-vêtements de femme, découpés. Dans la salle de bains, une chaussure par terre, un jean dont la jambe a également été coupée de haut en bas. Et encore des morceaux de cravates. Patricia explique aux policiers que les vêtements sont ceux qu'elle portait ce matin. Les cravates appartiennent à son mari. À côté du lit, son sac à main est ouvert, le porte-monnaie posé à côté.

Car l'homme n'est pas parti tout de suite après le viol. Alors qu'elle était toujours ligotée et les yeux bandés, il s'est mis à lui parler et lui a demandé de l'argent. Il s'est étonné qu'elle réponde ne pas en avoir. « Avec une baraque pareille, comment on peut ne pas avoir d'argent ? » Elle a dit que la maison avait été achetée à crédit, lui a expliqué qu'elle travaillait depuis vingt ans pour la payer. Elle a fini par lui dire qu'elle avait un peu d'argent dans son sac. 500 francs en billets. Il a trouvé que ce n'était pas beaucoup. On l'aurait mal renseigné, a-t-il prétendu. Il n'a pas pris les boucles d'oreilles, les bagues et le collier en or qu'elle portait. Parce qu'elle devait y tenir. La discussion entre le bourreau et sa victime a duré. L'homme l'a tutoyée. Alors elle l'a tutoyé aussi. Il lui a posé des questions sur son travail, elle lui a parlé de son école, des enfants dont elle s'occupe. Les yeux toujours bandés. Jusqu'à ce qu'elle sente quelque chose de fin et pointu parcourir son dos, puis son visage, et s'approcher de son œil. L'homme l'a alors soudain menacée, si elle venait à révéler à la police ce qui venait de se passer. Elle a cru deviner la lame d'un couteau brillant sous le bandeau. L'homme a continué de lui parler. « C'est la première fois que je parle autant », a-t-il d'ailleurs confié. Elle lui a demandé pourquoi il lui a fait tout ça. « Parce que tu ne t'es pas laissé faire. » Il l'a interrogée sur son âge, elle s'est vieillie de quelques années. « 50 ans. » Il a dit qu'elle était « bien foutue pour son âge ». Il a eu faim, est parti dans la cuisine et a fait une remarque sur le frigo qu'il trouvait un peu vide. Lorsqu'elle lui a demandé l'heure, il a saisi le radio-réveil sur la table de nuit. « 9 heures moins le quart. » Elle s'est demandé s'il partirait un jour. S'il la laisserait en vie.

Il a fini par lui annoncer qu'il allait faire un dernier tour dans la maison. Et l'a encore menacée de « l'achever » si elle appelait la police. Il a précisé qu'il n'était pas du coin, mais qu'il connaissait des gens par ici. Puis il lui a libéré les bras. Elle a tendu l'oreille. Il lui a semblé l'entendre marcher dans la maison. Elle n'a pas bougé durant de longues minutes avant d'oser relever le foulard serré sur ses yeux.

Dans le salon, le poste de télé avait été débranché.

Le viol de la directrice d'école fait l'objet d'investigations poussées et minutieuses. La maison est désormais envahie de policiers et techniciens de la police scientifique.

Prévenu immédiatement, le procureur de la République demande à être tenu au courant du moindre détail dans le déroulement de l'enquête. Les techniciens placent sous scellés les bouts de vêtements, foulards, cravates découpées, retrouvés un peu partout.

Les policiers vont sonner à toutes les maisons de la rue (il y en a une cinquantaine). Plusieurs voisins ont remarqué le véhicule garé dans la rue ce matin-là devant la maison du maire. La voiture est une Renault 25 selon certains, une Renault 21 selon d'autres. Elle est décrite parfois gris métallisé clair, parfois blanche. Elle était là entre 7 heures et 9 heures, à peu près. Deux femmes affirment que la voiture était immatriculée « 62 », le département voisin du Pas de Calais.

Patricia est envoyée au service maternité-gynéco de l'hôpital de Maubeuge. L'examen est purement médico-légal. Le médecin ne s'intéresse pas spécialement à l'état de la victime. Il récolte des indices, des traces, nombreuses, de sperme. Patricia se rend le lendemain chez son médecin généraliste qui, au-delà des multiples contusions, constate un état de choc psychologique important, lui prescrit quinze jours d'interruption temporaire de travail.

Ce même jour, des techniciens de l'identité judiciaire de Lille spécialisés dans l'élaboration de portraits-robots sonnent chez elle. Le capitaine de police en charge de l'enquête veut établir le portrait de l'homme venu rôder autour de chez elle la semaine précédente. Patricia est très précise dans sa description. Elle a très bien vu cet homme, elle l'a attentivement observé car elle était intriguée par sa présence. Elle l'a ensuite décrit à son mari, ce qui a permis de fixer ses souvenirs. Même une semaine après, sa mémoire est intacte. Sur le logiciel des policiers, apparaît un visage rond au crâne largement dégarni, encadré de cheveux bruns au-dessus des oreilles. Le regard est sombre.

La juge Laurence Delhaye est saisie de l'enquête le 21 octobre, six jours après les faits. Pour l'instant, il s'agit d'investigations indépendantes des autres viols dont elle est saisie. Les circonstances apparaissent légèrement différentes : l'heure est un peu plus tardive, après l'aube, la victime est plus âgée, le viol a eu lieu au domicile de la victime et non sur la route, l'homme semblait intéressé par l'argent… D'autant que la juge n'est pas au courant des deux agressions, celles d'Aline et de Clara, commises dans les mêmes circonstances quelques mois plus tôt : un homme qui attaque en entrant par le garage après le départ des maris au travail. Et des victimes persuadées d'avoir vu leur agresseur rôder autour de leurs maisons les jours précédents. Mais il y a ce portrait-robot. Il n'est pas si différent de cet autre, fait avec les moyens du bord au commissariat d'Aulnoye, six mois plus tôt par une collégienne, Mélanie.

La juge ignore aussi que, la veille de sa saisine, une étudiante en BTS a été agressée sur le bord de la route, à quelques centaines de mètres de la maison de Patricia. Il était 7 heures, l'agresseur a attaqué par derrière avec une sorte de lien en tissu. Mais la jeune femme a réussi à saisir le lien et à se défaire de son agresseur. Elle s'est retournée, l'a insulté et menacé d'appeler ses frères. L'agresseur a paniqué, prétendu qu'il s'était trompé de personne et s'est enfui. L'étudiante a clairement vu son visage. La juge n'est pas au courant de cette agression car la jeune femme mettra plusieurs jours à aller porter plainte au commissariat. Le policier qui l'enregistrera au commissariat de Maubeuge est le lieutenant qui a pris la plupart des plaintes depuis un an. Il lui montre le portrait-robot établi par la directrice d'école, l'étudiante trouve qu'il ressemble à son agresseur.

Dès qu'elle a été saisie du viol de Patricia, la juge Delhaye a demandé au laboratoire de Lille une analyse d'ADN comparée avec celui apparu dans les précédentes affaires. Les résultats des analyses mettront plusieurs semaines à tomber. Il en est ainsi à l'époque. Ils sont formels, comme le sont des comparaisons ADN : l'homme qui a violé la directrice d'école à son domicile est le même que celui qui s'attaque à des femmes sur le bord de la route.

Comme pour les autres victimes, la juge a ordonné une expertise psychologique de Patricia. Mais, contrairement à ce qu'elle avait demandé pour les autres, elle n'a pas questionné sa crédibilité. Sur sa réquisition adressée à l'expert psychiatre, la question sur la possible mythomanie de la victime est finalement barrée au stylo-feutre.

Le viol de Patricia marque un tournant, presque une rupture dans la procédure par la gravité et l'extrême violence de l'acte. À la lecture des actes d'investigation, il est impossible de ne pas s'interroger également sur le rôle qu'a pu jouer le statut social de la victime – une femme de 47 ans, directrice d'école – dans l'attention inédite portée à l'enquête. Cette diligence permet une avancée considérable du dossier. Celui que l'on commence à surnommer « le violeur de la Sambre » a désormais un visage, dessiné du trait noir et précis d'un portrait-robot, et peut-être même une voiture, une Renault 21 de couleur claire. Il a, enfin, un code ADN. Une carte d'identité sans nom ni prénom.

De son côté, Patricia fait ce qu'aucune victime n'avait

fait jusqu'à présent : elle prend un avocat pour se constituer partie civile. Un avocat de la Sambre, fils d'un métallo et d'une immigrée italienne, né à Maubeuge et inscrit au barreau de Lille. Il ne se fait pas encore appeler « acquitator ». Dans sa demande de constitution de partie civile, un certain Maître Éric Dupond-Moretti demande à la juge Delhaye d'être tenu strictement informé du déroulement de la procédure.

Patricia restera longtemps la seule victime a être partie civile dans ce dossier. Les autres ne connaissent pas cette possibilité. La plupart ne sont même pas informées de l'existence d'une instruction en cours. La combativité judiciaire relative de la directrice d'école ne la préserve pas du sort des autres victimes. Après le viol, elle enchaîne en vain des dizaines de séances de kinésithérapie pour tenter de débloquer ses cervicales. Elle a désormais des problèmes d'équilibre. Elle veut aussi faire des prises de sang, tout le temps, pour vérifier qu'elle n'a pas le sida ou l'hépatite C.

Elle a hésité à vendre la maison. Mais elle ne voulait pas laisser à son violeur le sentiment d'avoir gagné. Alors, elle est restée. Avec son mari, ils ont cassé tous les murs, changé la chambre de place, remplacé les meubles. Et ils se sont barricadés, rajoutant des verrous, des serrures, des barreaux aux fenêtres, encore des alarmes, un système de vidéosurveillance. Elle a même acheté un pistolet à grenailles. Sans que rien ne parvienne à soulager sa peur, cette panique physique qui semble ne jamais la quitter désormais. Elle n'est plus jamais allée seule au travail. Jusqu'à sa retraite, son mari a aménagé ses horaires à l'usine pour qu'elle ne reste en aucun cas seule le matin. Personne n'a plus eu le droit de venir chez eux sans avoir préalablement téléphoné. Certains amis s'en sont moqués gentiment, d'autres lui en ont fait reproche. Ils ne savaient pas. Elle n'a pas voulu en parler. Juste après son viol, elle était même allée voir le directeur local de *La Voix du Nord* pour s'assurer que le journal n'évoquerait pas son histoire.

Pour des raisons qui seront si difficiles à expliquer vingt-cinq ans plus tard, le portrait-robot dessiné par la directrice d'école n'est pas communiqué à la presse locale. En cette fin d'année 1997, le dossier du violeur de la Sambre est épais d'une dizaine d'agressions sexuelles et de viols. C'est – déjà – un dossier exceptionnel par son ampleur, un cas rare et établi de violeur en série. Comme il en circule assez peu dans les cabinets d'instruction. L'affaire demeure pourtant confidentielle, elle n'existe pas dans la presse locale. La population ignore, en dehors des bruits qui courent çà et là, au milieu d'autres bruits, qu'un violeur en série sévit tôt le matin sur les routes de la Sambre. Elle ignore qu'un homme est recherché et qu'il a probablement les traits de cet homme au visage rond et aux tempes dégarnies esquissés sur un portrait-robot. À la demande de la juge, le portrait-robot est cependant diffusé à l'ensemble des services de police et de gendarmerie du Nord, du Pas-de-Calais, de la Picardie, de la Somme et de l'Aisne. Il est affiché dans la pièce qui sert d'accueil au commissariat d'Aulnoye-Aymeries.

La date, personne ne s'en souvient précisément. C'était à la fin de cette année 1997, au début de la suivante, peut-être. Dino Scala passe boire le café au commissariat d'Aulnoye-Aymeries. L'entraîneur du club de foot de Pont-sur-Sambre a pris ses habitudes rue Jean-Jacques Rousseau. Il passe régulièrement pour dire bonjour et tailler le bout de gras. Ce jour-là, il remarque le nouveau portrait-robot accroché sur le mur. Dino Scala regarde cet homme au visage rond, aux yeux sombres et au crâne dégarni. Le reflet est presque parfait. Il pourrait faire comme si de rien. Mais non. Il tend ses poignets en croix et les présente à l'un des policiers présents, et s'approche comme pour se faire menotter. « Ché mi ! » (c'est moi en patois), lui dit-il en montrant le portrait-robot. Dino Scala aime bien amuser la galerie.

« Je suis chrétien à ma façon. Je ne crois pas au paradis. Mais je fais le bien autour de moi. »

L'examen médical

Elle est allongée dans l'herbe froide et humide. Sur un talus, à l'écart du chemin. Au milieu des grandes barres du quartier des Provinces françaises. Une cité de 2 000 habitants coincée entre la voie rapide et la Sambre, un des quartiers les plus pauvres de France. L'un de ceux qui, depuis l'été, compte les week-ends ses carcasses de voitures brûlées. Chaque barre d'immeuble porte le nom d'une ancienne province de France. Au-dessus de sa tête, se dresse la barre Champagne. Sur sa droite, elle peut apercevoir, à quelques mètres, la sortie du tunnel, ce souterrain mal éclairé recouvert de tôle ondulée qui lui permet de passer sous la voie rapide pour rejoindre son lycée. Des plots de ferraille interdisent l'entrée aux voitures. Elle se souvient s'être engagée dans le tunnel. Il devait être environ 7 h 15. Elle avait fait le trajet à pied ce matin-là, pour économiser un ticket de bus à sa mère. Elle se souvient avoir entendu des pas derrière elle. Elle pense, à l'amorti de leur bruit, qu'il s'agissait de baskets. Elle s'est retournée, il y avait un homme en jogging sombre. La trentaine, des cheveux bruns dégarnis en couronne autour de son crâne. Elle a pressé le pas. Puis, à la sortie du tunnel, elle a senti une corde s'enrouler autour de son cou. Puis rien. Le trou noir.

À son réveil, elle est allongée sur ce talus d'herbe, comme cachée derrière un cabanon en brique. Son pantalon est baissé et un peu déchiré. Et ses vêtements en haut soulevés comme si elle avait été tirée au sol par le haut du corps. Elle a des traces de griffures et de coups aux poignets et aux mains, une profonde trace autour du cou. Un gigantesque œdème commence à déformer son visage. Il lui faut du temps pour parvenir à respirer à nouveau normalement. Il n'y a personne alentour. Elle finit par se relever, récupère ses baskets, perdues à la sortie du tunnel. Et court se réfugier dans l'immeuble « Le Poitou », où habite une de ses tantes. Il est environ 8 h 15. Elle est assise dans un fauteuil chez sa tante, ses yeux et ses lèvres sont exorbités, sa peau est violacée. Elle ne prononce pas un mot.

Moins d'une heure plus tard, l'adolescente est au commissariat de Maubeuge, avec sa mère, devant le lieutenant Nicolas Guerrand, qui ordonne aussitôt un examen médical. Sa mère l'accompagne à l'hôpital tout proche, où elle est reçue au service maternité-gynécologie. L'adolescente est toujours prostrée. Elle a du mal à s'exprimer. Et ne se souvient de rien. Sa déposition muette, c'est à la médecine légale de parler pour elle. De lire sur son corps.

Lors du premier examen médical, l'adolescente vomit son petit déjeuner, taché de sang. La strangulation a été particulièrement violente. Le médecin s'inquiète de lésions oculaires et au larynx. Vient l'examen gynécologique.

Le chef de service gynécologique de l'hôpital, « gynécologue accoucheur » précise-t-il, entame ses constatations médico-légales par un geste curieux. À son arrivée à l'hôpital, le corps de l'adolescente était partiellement souillé d'excréments, possible conséquence de son malaise ou de la strangulation. Afin de procéder à son examen, le médecin demande à ce qu'il soit nettoyé, rendant quasi impossible toute exploitation de prélèvement. Il recherche ensuite les éventuelles lésions de l'hymen et traces de violences gynécologiques. Il ne constate ni violence ni effraction. Et note que « cette jeune fille est restée vierge ». Le terme est encore régulièrement employé dans des rapports d'expertises. Au-delà des référents culturels et moraux d'un autre âge auxquels elle renvoie, la « virginité » des jeunes filles est alors considérée comme une preuve d'absence de viol. Pour d'autres au contraire, l'absence de virginité sera considérée comme témoignage de la préexistence d'une vie sexuelle et d'une suspicion de mœurs légères rendant la parole de la victime plus fragile.

Ce fut le cas dans ce dossier quelques années plus tôt pour la jeune Christelle, 13 ans. Un médecin avait estimé qu'elle n'était déjà « plus vierge depuis quelques temps ». Quels que soient les résultats de ces examens de l'hymen, ils peuvent toujours se retourner contre la victime. Intact, comme preuve de l'absence de viol. Déchiré ou absent, comme preuve d'une moralité suspecte. La lecture du corps des femmes est rarement objective, elle est sujette à interprétation. Mais c'est pourtant sur celle-ci, plus que sur leurs paroles, que l'on confie à la médecine légale la charge d'établir des preuves en matière de crimes sexuels.

Une conception héritée du premier Empire et des débuts de la médecine légale, qui accompagne la publication du premier code pénal. Dans son *Traité de médecine légale*, publié en 1813, et qui deviendra la bible de générations de médecins légistes, François-Emmanuel Fodéré a installé durablement cette idée que l'étude du viol passe par celle de l'hymen et de la virginité et la constatation des traces d'effraction[1]. Cette conviction traversera deux siècles, imperméable aux révolutions sexuelles comme aux démonstrations scientifiques attestant que toutes les femmes n'ont pas forcément d'hymen, que certaines peuvent conserver le leur même après des relations sexuelles, que l'existence d'un viol ne se lit pas forcément sur le corps. En cette fin de XXe siècle, ces idées flottent encore au-dessus des tables d'examen gynécologique. Et c'est ainsi qu'on les retrouve en cet automne 1997 sous la plume d'un médecin de l'hôpital de Maubeuge : « Cette jeune fille est restée vierge, l'hymen est intact. (...) Il s'agit manifestement d'un attentat à visée sexuelle non suivi d'effet local. » Mais le médecin va ici plus loin. À ses constatations attestant de l'absence de viol, il apporte sa propre explication. L'homme qui l'a agressée a renoncé à la violer en raison de la présence d'excréments qui auraient eu, selon lui, « un effet repoussoir ».

Le médecin informe alors sa collègue biologiste, elle aussi réquisitionnée par le lieutenant de police Guerrand, qu'il estime inutile, la victime ayant été lavée, et l'hymen étant intact, de procéder à des prélèvements sur la jeune femme. La biologiste, qui a assisté à l'expertise du gynécologue, se fend cependant d'un courrier au policier pour témoigner de son désaccord. Elle explique que cette décision de ne pas faire de prélèvements avait été prise par le médecin gynécologue seul, mais qu'elle « tient à témoigner en son âme et conscience de l'existence d'un état de choc et de traumatismes profonds s'ajoutant aux marques physiques évidentes d'une agression corporelle ». Elle écrit « âme et conscience » en gras. Elle n'a rien pu faire de plus. Les policiers récupèrent ses vêtements pour les placer sous scellés.

1. *Le Corps en lambeaux, Violences sexuelles et sexuées faites aux femmes*, Frédéric Chauvaud, Lydie Bodiou, Myriam Soria, Ludovic Gaussot et Marie-José Grihom (dir.).

L'après-midi, l'adolescente a retrouvé une parole timide. Elle est au commissariat de Maubeuge pour porter plainte. Les policiers lui montrent près de 150 photos extraites du fichier Canonge et recensant des agresseurs sexuels et auteurs d'attentats à la pudeur vivant dans la région. Elle n'en reconnaît aucun. Puis ils lui montrent le portrait-robot réalisé trois semaines plus tôt par la directrice d'école. Elle le reconnaît aussitôt. Elle pense juste qu'il est plus dégarni que l'homme du portrait-robot.

Les policiers transmettent sans tarder le dossier au parquet d'Avesnes-sur-Helpe, qui ouvre une information judiciaire pour « tentative d'agression sexuelle ayant entraîné une blessure ou une lésion ». La juge Delhaye est saisie. L'affaire n'est pas tout de suite jointe aux autres. Le premier acte de la juge est de demander une nouvelle expertise médicale sur la victime. Mais il est trop tard. Le temps a effacé les traces.

Les suspects

Dans un bureau lambda du premier étage du commissariat de Maubeuge, le policier observe l'homme assis en face de lui qui s'embrouille dans des explications fumeuses à propos de la pension alimentaire qu'il ne paie plus depuis des lustres à sa femme. Elle a porté plainte contre lui pour abandon d'enfants. C'est pour cela qu'il a été convoqué au commissariat de Maubeuge. Mais le brigadier qui prend la déposition a du mal à se concentrer sur l'histoire. Il est troublé par le visage de l'homme assis face à lui. Patrice R. a des cheveux bruns dégarnis qui forment une couronne autour de sa tête. Il a des yeux sombres. Il n'est pas très grand, plutôt trapu. Il a 36 ans, est au chômage et vit à cinq minutes à pied de la maison de la directrice d'école.

L'année 1997 s'achève, et malgré les voitures qui brûlent toujours dans les quartiers et faubourgs pauvres, les policiers du commissariat de Maubeuge sont hantés par cet insaisissable violeur. Ils se relaient en patrouilles sur les routes de la Sambre tôt le matin, contrôlant systématiquement tous les hommes en Renault 21 claire. Ils s'arrêtent plus longuement sur ceux dont le visage pourrait correspondre au portrait-robot. Certains font des rondes hors de leur temps de travail. Un ancien enquêteur, qui n'était même pas sur l'affaire, se souvient d'avoir souvent pris sa voiture personnelle à l'époque, avant même d'aller au commissariat, comme ça, pour jeter un œil, au cas où. Il se souvient qu'il avait dit à sa nièce, collégienne à Aulnoye-Aymeries, de ne plus aller seule le matin. À défaut d'être dans la presse, le portrait-robot est dans tous les commissariats. Et il devient obsédant pour beaucoup de policiers.

Le brigadier sort du bureau dans lequel est assis Patrice R. et part prévenir le lieutenant Guerrand en charge de l'enquête sur la série de viols. La ressemblance avec le portrait-robot est saisissante. Ils envoient l'homme au service de l'identité judiciaire pour se faire photographier. Ils lui font croire que c'est pour les besoins de la procédure pour non-paiement de pension alimentaire. Puis, ils le laissent repartir du commissariat. Sans rien lui dire. Sans l'interroger.

Mais l'un d'eux le suit discrètement. L'homme monte au volant d'une Mazda gris clair. Une berline qui pourrait ressembler à une Renault 21. En sortant de Maubeuge, il s'engage sur la fameuse D959, la route du violeur. Au commissariat, les policiers font quelques recherches sur ce Patrice R. Il est inconnu des services de police. Mais plusieurs éléments sont troublants. Patrice R. est amateur d'armes à feu. Ces deux dernières années, il a obtenu quatre autorisations de détention d'armes, deux .22 long rifle, un .44 Magnum et un pistolet Steyr 9 mm. Il les a achetés après son divorce. Les policiers apprennent qu'il a fait son service dans les commandos parachutistes de Montauban. Or, la technique de strangulation employée par le violeur ressemble à une technique militaire. Le lieutenant décide de montrer la photo de Patrice R. à la directrice d'école. Oui, dit-elle, cela pourrait être lui.

Informée par les policiers, la juge leur ordonne d'interpeller l'homme. Mais il est introuvable. Les policiers se rendent plusieurs fois à son domicile, en vain. Jusqu'à ce que l'assistante sociale du commissariat, qui suit son affaire familiale, dise qu'elle est en contact avec lui. Les policiers lui demandent de le convoquer, l'air de rien, pour voir l'assistante sociale. Il se rend sans difficulté au rendez-vous. On est le 17 novembre. Avec le recul, il trouvera étrange qu'elle lui pose des questions sans rapport avec son histoire. Elle s'intéresse notamment à sa pratique sportive : Patrice R. a l'habitude de courir le long de la Sambre, entre Maubeuge et Jeumont.

Les policiers viennent le chercher dans le bureau de l'assistante sociale. Patrice R. est placé en garde à vue. Il dit qu'il n'a rien à voir avec ces histoires de viol. Qu'il ne comprend pas ce qu'on lui veut. Et finit par accepter de se soumettre à un test ADN. Un médecin se déplace pour lui faire une prise de sang. Les résultats sont envoyés au laboratoire de police scientifique de Lille. La directrice d'école est convoquée au commissariat. On l'installe dans une salle, derrière une vitre sans tain. Elle croit reconnaître l'homme qui rôdait autour de sa maison. Puis on lui fait écouter sa voix. Il doit répéter les menaces du violeur. Elle ne peut être formelle. Mais oui, la voix, le timbre et l'intonation ressemblent. La garde à vue est prolongée. Les policiers pensent tenir leur homme. Il y a ce jour-là une excitation fébrile au commissariat de Maubeuge.

D'autres victimes se succèdent le lendemain matin dans la salle derrière la vitre sans tain. Laetitia, lycéenne violée deux ans plus tôt à Aulnoye-Aymeries, est moins formelle. Elle a le sentiment que l'homme derrière la vitre est plus grand que son violeur. Elle ne reconnaît pas la voix lorsque les policiers lui font dire : « Tais-toi et avance. » Dalila arrive à son tour au commissariat. Elle croise les « autres ». C'est étrange. Elles ne savent pas quoi se dire. Dalila est placée derrière le miroir, elle regarde l'homme, mais elle ne peut rien dire. Elle n'a pas vu son violeur. En revanche, elle en est persuadée, elle reconnaîtrait sa voix. Les policiers font parler Patrice R. Ils lui demandent cette fois de dire : « Ferme ta gueule ou je te tue. » Dalila est saisie. Elle a l'impression de reconnaître la voix de son violeur.

Dix minutes plus tard, les policiers reçoivent un appel du tribunal d'Avesnes-sur-Helpe, ils viennent de recevoir les résultats du laboratoire de Lille : l'ADN ne correspond pas à celui du violeur. La garde à vue est levée. Patrice R. rentre chez lui. Les policiers sont abattus.

Quelques jours plus tard, vers 6 heures, une jeune femme de ménage du lycée Pierre-Forest est saisie par le cou à côté d'un rond-point à l'entrée de Maubeuge. L'homme lui assène de violents coups dans le dos. Et tente de l'entraîner à l'écart vers sa voiture : une Renault 21 blanche. Mais elle parvient à s'échapper. Elle a eu à peine le temps de le voir. Elle sait juste qu'il portait un bonnet noir duquel dépassaient des cheveux bruns au niveau des tempes. Il avait un survêtement sombre et des baskets claires. Elle a l'impression de le reconnaître sur le portrait-robot que les policiers lui présentent au commissariat. Mais elle croit aussi l'identifier sur l'une des 151 photos du fichier Canonge : celle de Patrice R., qui vient tout juste d'être ajoutée au fichier.

Tous les commissariats de la Sambre, d'Aulnoye-Aymeries à Jeumont, sont sollicités. La juge d'instruction les poursuit de ses assidues commissions rogatoires. Début décembre, les policiers d'Aulnoye-Aymeries débarquent à 7 h 45 sur le lieu de travail d'un couvreur de Leval. Ils lui lisent ses droits et l'embarquent, sous le regard des autres employés de la menuiserie. Cet homme, expliquent-ils, serait soupçonné de violer sa belle-fille. Cette information viendrait des renseignements personnels d'un policier du commissariat, mais l'homme n'a jamais été inquiété officiellement pour ces faits, ni pour aucun autre fait d'ailleurs. Enfin, il ne correspond en rien physiquement à la description du violeur et il est beaucoup plus âgé, la cinquantaine. Mais les policiers d'Aulnoye l'ont apparemment dans le viseur. Ils l'avaient déjà convoqué durant l'été pour le confronter à une précédente victime du violeur de la Sambre, Mélanie, la collégienne agressée dans une maison derrière les voies ferrées, qui avait expliqué qu'il ne ressemblait absolument pas à son agresseur. Cette fois-ci, et malgré une absence totale d'éléments, les policiers d'Aulnoye vont plus loin.

L'homme est placé en garde à vue pour deux des viols, celui de Dalila à Maubeuge et celui de Laetitia à Leval, où il vit. Il ne veut pas d'avocat, pas de médecin et encore moins prévenir sa famille. Il ne comprend pas, il connaît bien Laetitia et ses parents. Il vit à côté de chez eux à Leval. Il a même parlé avec eux de la « mésaventure » arrivée à leur fille. Il connaît bien aussi la rue Émile Brasselet, qui relie Leval à Aulnoye, et où plusieurs viols ont été commis, puisque c'est la route qu'il emprunte tous les matins pour aller au travail. Il y passe peu après 7 heures, pour être sur ses chantiers à 8 heures. L'heure des viols, remarquent les policiers. L'homme explique une nouvelle fois qu'il n'a rien à voir avec ces histoires, il est d'accord pour une analyse ADN. Mais les policiers veulent auparavant le confronter aux victimes.

Faute de vitre sans tain au petit commissariat d'Aulnoye, le couvreur est transféré au commissariat central de Maubeuge. Pendant ce temps, deux motards du commissariat partent à Lille avec l'échantillon de sang du suspect pour le déposer au labo. Laetitia se rend à la convocation des policiers mais sans grande conviction. Elle n'a à aucun moment vu le visage de son agresseur, elle ne pourrait donc pas l'identifier, explique-t-elle une nouvelle fois aux policiers. Derrière la vitre sans tain, elle est surprise et un peu gênée : l'homme devant elle est un voisin du quartier, une connaissance de ses parents. Dalila, elle, fait savoir qu'elle ne viendra pas cette fois-ci. Elle en a marre de ces confrontations. À 17 heures, la juge Delhaye appelle les policiers pour demander de libérer le suspect : son profil ADN ne correspond pas. Le couvreur rentre chez lui.

Le même jour, dans un autre bureau du commissariat de Maubeuge, la serveuse d'un bar du boulevard de l'Europe venue pour une histoire sans rapport avec l'affaire du violeur tombe par hasard sur le portrait-robot affiché sur un mur. Elle est persuadée de reconnaître un de ses clients, « traits pour traits ». Ce client très régulier venait au bar tous les matins boire une bière à 8 h 15 pétantes. Mais il a subitement cessé de venir il y a deux semaines, en laissant une ardoise de 20 francs, tient-elle à préciser. La serveuse prétend tout d'abord qu'elle ne sait pas grand-chose sur ce client. Elle le connaît à peine… Mais, sous la pression des policiers, elle finit par dérouler une biographie d'une rare précision. L'homme a 33 ans, il est SDF, il a été avant barman à Marseille, il a vécu dans tel foyer de Maubeuge, il a de la famille qui travaille dans tel magasin, il va régulièrement voir des prostituées à Mons en Belgique. La serveuse a même le nom d'une fille qu'il voit à Maubeuge (et son adresse exacte), ainsi que la liste de tous les bars de la ville qu'il fréquente, elle sait enfin qu'il fume des blondes et qu'il a des points tatoués sur les phalanges. Les détails sont finalement suffisamment nombreux pour que les policiers identifient l'homme en moins d'une heure. Il s'appelle Fabrice P.

Ils parviennent à mettre la main sur le SDF au bout de quelques jours sur une place de Maubeuge, l'entendent brièvement et le prennent en photo. L'homme prétend qu'il n'était pas dans la région au moment des viols. Ce qui ne colle pas avec le témoignage de la serveuse. Pour une raison inconnue, les policiers le relâchent cependant sans procéder à une analyse ADN. Mais dans les semaines qui suivent, plusieurs éléments troublants apparaissent sur cet homme. Plusieurs personnes l'ayant côtoyé croient savoir qu'il avait des problèmes de « déviance sexuelle ». D'autres prétendent l'avoir déjà aperçu à bord d'une Renault 21.

Trois victimes estiment que la photo de ce SDF ressemble fortement à leur agresseur. Les policiers veulent l'interpeller à nouveau mais ils ne savent pas où il est. Ils le retrouvent finalement plusieurs semaines plus tard vers la gare routière de Maubeuge, après qu'il ait menacé un chauffeur de bus avec un pistolet d'alarme. L'homme est complètement saoul. Ils l'interpellent et le placent en garde à vue afin d'effectuer une prise de sang. En attendant les résultats, ils le placent dans la pièce à la vitre sans tain du commissariat. Et convoquent les victimes. À nouveau. Entre 9 et 10 heures du matin, elles sont six à passer l'une après l'autre derrière la vitre. Dalila ne reconnaît pas la voix. Deux autres victimes sont formelles : ce n'est pas lui. Patricia, qui avait cru le reconnaître sur la photo, est finalement catégorique lorsqu'elle le voit face à elle : ce n'est pas lui. Seule Laetitia dit que peut-être, c'est possible, mais elle n'est pas certaine. Estelle ne reconnaît pas la voix. Agnès non plus. Les résultats ADN tombent le lendemain dans l'après-midi : ce n'est pas le violeur. Le SDF est relâché.

Fin 1997, début 1998, les policiers vont convoquer et entendre des dizaines de propriétaires de Renault 21 blanches identifiées sur la zone du district de police. À chaque fois qu'ils en remarquent une, ils notent la plaque et convoquent son propriétaire au commissariat. En tout, la brigade judiciaire du commissariat de Maubeuge entendra 183 hommes. Les questionnant sur leurs horaires d'utilisation de leurs voitures. Ils veulent aussi savoir s'il leur arrive de la prêter. Un défilé chronophage qui occupe tout le mois de décembre 1997 et le début de l'année 1998. Les policiers sont un peu plus insistants quand le propriétaire semble correspondre au portrait-robot. Ils le prennent alors en photo pour les présenter aux victimes. À chaque fois en vain. Certaines victimes n'ont plus envie de venir au commissariat.

L'hiver passe, plus aucune agression n'est signalée. Jusqu'à ce matin d'avril 1998. Un viol à 6 heures dans un des tunnels qui mènent au quartier des Provinces françaises. Là où une adolescente a été agressée quelques mois plus tôt. La victime, une femme de ménage de 39 ans, se méfiait, une rumeur circulait sur des femmes qui se faisaient agresser le matin. On disait que l'homme ne s'attaquait qu'aux femmes à cheveux longs. Alors elle avait pris l'habitude de rentrer ses cheveux dans son col sur le trajet. Elle n'a pas vu son visage, sait juste qu'il portait un blouson synthétique noir zippé, comme un bombers. L'homme l'a étranglée avec une corde. L'a menacée de mort. Lui a touché la poitrine. L'a forcée à une fellation. Le lieu, l'heure, les gestes et les mots correspondent en tous points à ceux du violeur de la Sambre. Mais une chose a changé : il a enfilé un préservatif. Et a pris soin de l'emporter avec lui.

Quelques semaines plus tôt, une affaire a défrayé les médias : l'arrestation du tueur et violeur en série Guy Georges. Pour la première fois, un violeur est confondu par son ADN. Le violeur de la Sambre semble avoir compris que son ADN pouvait le trahir. Il prend désormais des précautions. Il est aussi de plus en plus violent.

À la suite de ce viol, les policiers de Maubeuge reprennent leurs patrouilles matinales. Il est 6 h 30, le lendemain. Une voiture de police roule au ralenti boulevard de l'Europe, vers le zoo. Sur le trottoir en face d'eux, un homme marche, un sac plastique à la main. L'homme porte un bombers noir, il est brun, les cheveux dégarnis. Il ressemble au portrait-robot. La voiture s'arrête, les policiers prétextent un banal contrôle. L'homme s'appelle Didier G., il a 35 ans. Un des policiers lui demande ce qu'il fait dehors à cette heure. L'homme explique qu'il va voir sa sœur. Les policiers regardent dans son sac plastique. À l'intérieur, il y a une cassette VHS de film porno. Ils contactent le commissariat par radio pour savoir si l'homme est connu des services de police. Il est effectivement connu, et même « défavorablement connu »… pour des faits de viols et d'agressions sexuelles. L'homme est interpellé et conduit au commissariat, où il est placé en garde à vue.

Didier G. explique qu'il a arrêté l'école en classe de 4e, puis a travaillé comme manœuvre mais, depuis 1980, c'est-à-dire depuis dix-huit ans, il est au chômage. Il n'a pas le permis de conduire. Vit de l'allocation adulte handicapé et d'autres minimas sociaux. Il est sous tutelle depuis la fin des années 80. En 1992, il a eu ce qu'il appelle des « problèmes », que la justice a, elle, appelés « détournements de mineurs », et qui lui ont valu trois ans de prison, dont deux fermes. L'homme répond calmement aux questions des policiers. Il leur explique qu'il a l'habitude de marcher tôt le matin pour aller regarder des dessins animés, des matchs de foot ou des films pornos enregistrés sur Canal Plus chez sa sœur. Mais ce matin, non, en fait il s'est trompé, il n'allait pas chez sa sœur. Il allait rendre un film porno gay, *Les Divid Men*, à une connaissance, « un Maghrébin » dont il ne connaît pas le nom. Didier G. explique qu'il a une vie sexuelle avec une fille d'Aulnoye qu'il a rencontrée sur les remparts de Maubeuge. Et également avec son copain. Ils font ça à trois régulièrement depuis le début de l'année. Il raconte aux policiers qu'il aime aussi bien les hommes que les femmes, mais il tient à préciser qu'il a arrêté avec les mineures. Les policiers décident d'aller perquisitionner chez lui. Une seule pièce au premier étage d'un immeuble de garnis. Les policiers saisissent des cassettes et des revues pornographiques (hétéros et gays) et une boîte de câbles électriques.

En début d'après-midi, les policiers font venir au commissariat la victime violée la veille. L'observant derrière la vitre sans tain, elle est plutôt circonspecte. L'homme est plus mince, moins sportif que son agresseur. Et la voix est différente. Les policiers insistent un peu, ils lui montrent des fils électriques trouvés chez lui, qui pourraient correspondre aux liens qui ont servi à l'étrangler… Mais elle est formelle : cet homme n'est pas son agresseur. Didier G. regagne son garni en fin de journée.

À cette période, les policiers de Maubeuge vont interpeller encore d'autres hommes, onze en tout, certains parce qu'ils ressemblent plus ou moins au portrait-robot, d'autres en raison de leur passé ou d'un comportement qu'ils estiment louche. La plupart du temps, ils se contentent de vérifier leurs emplois du temps, de les prendre en photos et d'aller montrer ces photos aux victimes. Une poignée est placée en garde à vue et confrontée aux victimes via la glace sans tain. Parmi ces suspects, il y aura même un adjoint de sécurité du commissariat de Maubeuge, l'homme a été surpris en train de photographier des femmes sous la porte des toilettes. Il collait les photos dans un album qu'il regardait le soir chez lui « pour avoir une présence féminine ». Il n'a jamais eu de relation sexuelle. Et roule en Peugeot 306 qui, dans sa version berline, peut être confondue avec une R21. À chaque fois, ces hommes seront mis hors de cause par leur ADN. À la demande de la juge, ils vont jusqu'à faire une analyse sur un cadavre. Un homme qui s'était suicidé deux jours après l'un des viols.

Le lieutenant Nicolas Guerrand quitte la région pour un autre poste. Il part hanté par cette affaire, qui aura dévoré ses jours et rongé ses nuits.

À la fin de l'été 1998, la juge Laurence Delhaye décide de confier l'affaire à la police judiciaire[1] de Lille.

---

1. Il s'agit alors du service régional de police judiciaire, le SRPJ (aujourd'hui DIPJ). Ces agents exercent sous l'autorité d'un magistrat, procureur ou juge d'instruction. Dans le cadre d'une information judiciaire, ce sont les magistrats qui choisissent quel service de police mène l'enquête qu'ils dirigent.

Dino Scala se porte volontaire pour faire des heures supplémentaire un samedi. Un collègue lui fait remarquer que c'est le jour du mariage de sa sœur. Dino l'apprend. Il n'a pas été invité au mariage.

Les maïs

Adeline est une grande fille aux longs cheveux bruns et au visage encore enfantin. Elle a 17 ans et essaie d'être heureuse. Ces dernières années, un drame familial et personnel a anéanti l'orée de son adolescence. Mais en cette rentrée scolaire 1998, la résilience commence à faire son œuvre. Adeline a trouvé l'apaisement auprès des animaux. Dès qu'elle peut, elle file à l'ancien centre équestre juste derrière chez elle. Un vieux monsieur y vit avec ses chevaux. Adeline aide le monsieur, lui fait ses courses, son ménage et, surtout, s'occupe des chevaux car lui n'y arrive plus. Elle y passe des heures. Elle rêve d'en faire son métier plus tard. Elle a repéré un internat équestre à La Capelle dans l'Aisne où elle pourrait se former. Mais il coûte trop cher. Il y a six enfants dans la famille recomposée. La mère est au foyer, le beau-père a des contrats par-ci, par-là. Pas de quoi financer une pension comme celle-ci. À la place, Adeline fait couture au lycée de Feignies, le village à côté du sien, au nord de Maubeuge. Elle se débrouille pas mal, alors elle s'est fait une raison.

Un mercredi matin de septembre 1998, sa mobylette

ne démarre pas, elle décide d'aller au lycée à pied, comme cela lui arrive régulièrement. Elle emprunte alors la route de Mairieux, à la sortie de Maubeuge, là où la ville s'arrête brusquement pour faire place à un paysage agricole. Adeline connaît un chemin à cet endroit qui la mène directement derrière son lycée. Ce 23 septembre, elle s'engage sur ce chemin de terre qui coupe au travers des champs de maïs. Elle remarque une grosse voiture claire, garée, mais elle n'y prête pas attention. Il lui arrive souvent de croiser des agriculteurs le matin à cette heure matinale.

Elle a peut-être parcouru une centaine de mètres lorsqu'elle entend courir derrière elle, elle pense à quelqu'un qui ferait son footing. Mais soudain, un bras enserre son cou. Un homme la traîne par les cheveux au milieu des maïs. Il la menace de la tuer si elle crie, lui dit qu'il a un couteau. Il lui enlève le sac qu'elle porte en bandoulière. Essaie d'enlever ses vêtements. Il lui dit qu'il ne la violera pas ni ne la tuera si elle fait ce qu'il lui dit et qu'elle ne le regarde pas. Il lui bande les yeux avec un bandana noir. Durant ces minutes interminables, Adeline ne cesse de lui parler. Elle essaie de le décourager. Ou juste d'entamer un dialogue pour retarder la barbarie qui s'annonce. Elle lui ment sur son âge, lui dit qu'elle n'a que 15 ans. Elle lui dit aussi qu'elle a le sida, que c'est pour ça qu'elle n'a pas de copain. Il la traite de menteuse. Le viol a lieu au milieu de ces maïs. Un viol par fellation. Adeline est persuadée qu'elle va mourir, elle n'envisage pas d'autre issue. Elle perçoit des bruits d'oiseaux et de feuillages. Elle se dit que ce seront les derniers sons de sa vie. Puis l'homme cesse, lui demande de compter jusqu'à 50 et s'enfuit. Avant de partir, il frotte le sol avec ses chaussures, comme pour effacer ses traces de pas.

L'adolescente avance défaite et recouverte de boue sur

le chemin. Son visage est griffé, elle a des traces rouges tout autour du cou. Elle croise deux garçons à vélo qu'elle connaît vaguement du lycée. Elle leur dit qu'elle a été « attaquée » ou peut-être « agressée ». Elle ne veut pas donner de détails. Elle leur demande juste d'aller dire à la proviseure qu'elle n'ira pas en cours aujourd'hui. Arrivés au lycée, les deux garçons font passer le message, mais ils racontent aussi à tout le lycée que Adeline s'est fait violer sur le chemin de Feignies.

Une heure plus tard, Adeline est au commissariat de Maubeuge. Sa mère et son beau-père l'ont accompagnée, mais doivent l'attendre dans le couloir. Adeline dépose seule dans un bureau face à un policier. Elle porte encore ses vêtements maculés de boue. Le policier la prévient. Il lui dit que cela ne va pas être agréable. Elle le sait. Mais elle sait aussi qu'elle doit passer par là. Elle se dit que, peut-être, cela aidera à retrouver cet homme. Elle décrit son agresseur comme un homme plus petit qu'elle (mais elle est très grande), sentant un peu la sueur, de type européen. Elle pense qu'il est sportif, en tout cas costaud pour l'avoir attrapée de la sorte. Elle pleure beaucoup face au policier mais elle ne s'arrête pas, elle ne veut rien oublier, elle est obsédée par l'idée d'omettre un détail qui pourrait permettre d'identifier son agresseur. Son « violeur », corrigera le policier. Elle ne sait pas que la fellation est considérée comme un viol. Le policier lui apprend autre chose. Il lui dit que son récit coïncide avec d'autres viols et agressions sexuelles commis dans la région. Le policier lui parle même du surnom donné à l'homme qu'ils recherchent : « le violeur de la Sambre ». Adeline n'en avait jamais entendu parler. Mais cette information paradoxalement la rassure. Elle se dit qu'elle n'est pas seule. Et puis elle voit ce policier préoccupé par son affaire. Elle a le sentiment qu'il veut à tout prix retrouver ce violeur.

Après avoir vu un médecin à l'hôpital de Maubeuge, Adeline retourne sur les lieux avec ce policier et d'autres de la police technique de Maubeuge. À l'entrée du chemin de terre, ils tombent sur les deux jeunes à vélo à qui elle avait parlé après son agression. L'un d'eux confirme qu'il a vu aussi une voiture blanche ou gris clair stationnée près du champ de maïs. Mais il pense que c'était plutôt une Citroën ZX.

En fin de journée, Adeline ressort de chez elle avec sa sœur pour aller faire quelques courses, se changer les idées, elle ne sait pas trop. Elle est perdue. Elles font la queue à la caisse du Shopi. À la caisse d'à côté, il y a un homme de profil. Adeline le fixe, elle pense que c'est son violeur. Elle ne sait pas pourquoi, puisqu'elle n'a à aucun moment vu son visage. Elle essaie d'entendre le son de sa voix mais il ne répond pas à la caissière lorsqu'elle lui dit bonjour et au revoir. Elle confie ses doutes à sa sœur. Toutes les deux décident de suivre cet homme sur le parking. Elles l'observent monter dans une camionnette avec un sigle MCA sur le côté. Tout le monde connaît ce sigle ici, des camionnettes comme celle-ci, on en croise partout. MCA, Maubeuge Construction Automobile, est le nom de la gigantesque usine Renault juste à côté. Les deux sœurs notent la plaque d'immatriculation et laissent partir la camionnette. Elles appellent ensuite la police. Le lendemain soir, Adeline est convoquée au commissariat, les policiers ont retrouvé l'homme à la camionnette du supermarché. Adeline est debout, avec sa sœur, dans la fameuse salle à la vitre sans tain au premier étage du commissariat. Elle regarde l'homme face à elle qui ne la voit pas et donc ne la regarde pas. Cela pourrait être lui, même s'il a les cheveux plus longs et la voix plus rauque. Elle hésite. Cet homme au visage marqué par une brûlure l'effraie. Ça pourrait être lui. Mais elle a peur d'accuser un innocent. L'homme est relâché. Adeline rentre chez elle.

Deux jours plus tard, Adeline va devoir refaire une déposition devant un autre policier, venu spécialement de Lille. Ensemble, ils retournent sur les lieux du crime. Ils vont aussi sur un parking pour voir si elle reconnaît le genre de voiture qu'elle avait vue ce matin-là à l'entrée du chemin. Elle sent chez ce policier une gentillesse et une détermination à arrêter son violeur qui la rassurent. Elle s'y accroche comme à une bouée. Elle est persuadée, à ce moment-là, que la police va le retrouver, qu'il va être arrêté.

Lorsqu'elle retourne au lycée, tout le monde sait qu'elle a été violée, à cause des deux garçons rencontrés sur le chemin de terre. Des élèves se moquent d'elle. Cette histoire de viol est l'objet de blagues. Personne ne perçoit son traumatisme. La proviseure est obligée d'organiser une réunion pour que cela cesse mais Adeline ne veut plus retourner au lycée. Sa mère lui conseille de rester à la maison. Elle finira par abandonner le lycée et son CAP de couture.

Quelques temps plus tard, une moissonneuse batteuse rase le champ de maïs. Adeline pense que s'il l'avait tuée, son corps aurait été déchiqueté par la machine, qu'elle aurait fini aux cochons. Ce genre de pensées l'assaillent souvent sans prévenir.

Elle est terrorisée dès qu'elle entend quelqu'un derrière elle, croit sans cesse le reconnaître. Comme l'homme au visage brûlé à la caisse du Shopi. Elle a peur des hommes. Sa mère a l'impression que le « malheur » s'acharne sur elles.

Quelques années auparavant, son père a été retrouvé pendu dans sa cellule. Il avait été incarcéré pour des attouchements sur elle et sa sœur. Elle a mis longtemps à essayer de comprendre, à renouer un dialogue avec son père, à essayer de pardonner. Elle pensait avoir réussi. Et puis il est mort, et elle s'est sentie responsable de sa mort. Adeline essayait de se reconstruire quand cet homme venu de nulle part l'a traînée dans ce champ de maïs. Tout a resurgi. Et la vie à nouveau s'est écroulée. Elle s'est figuré qu'elle était maudite. Elle dit à propos de l'homme qui l'a violée ce matin de septembre : « Il m'a mangé un morceau d'adolescence. »

Le Grincheux

Les collègues l'ont surnommé « le Grincheux ». Le commandant Gérard Hostekint est un obsessionnel, solitaire, taiseux et minutieux. Il dirige désormais l'enquête sur le violeur de la Sambre depuis Lille, avec ses équipes du service régional de police judiciaire. Le Grincheux est une figure de la PJ lilloise. Il sort tout juste de l'enquête sur le gang de Roubaix, ces jeunes ch'tis convertis à l'Islam et au grand bandistime qui ont terrorisé l'agglomération lilloise en 1996, par des braquages ultra violents pour financer le jihad. Le commandant Hostekint est un enquêteur minutieux, il aime le travail de bureau. Gratter les procédures jusqu'à l'os, vérifier et revérifier.

Le dossier qui lui est transmis par la juge en cette fin d'été 1998 rassemble onze viols, tentatives de viols et agressions sexuelles, commis dans la Sambre entre 1996 et 1997. Ce n'est pas vraiment un cold case, c'est une enquête qui semble échouée au fond d'une impasse. Trois cas de viols sont reliés par un ADN commun, les huit autres cas ont été raccrochés par la similarité du mode opératoire, des lieux et des horaires, la description sommaire de l'auteur. Le dossier est déjà épais. Et pourtant, ce n'est que la partie émergée de l'iceberg. Un petit bout.

Le premier geste du commandant est de jeter de larges filets sur la Sambre, il envoie un télex à l'ensemble des services de police et de gendarmerie du nord de la France et du nord de la région parisienne demandant que lui soit signalé tout fait similaire. L'appel ne donne rien. Une seule plainte remonte localement, via le parquet de Maubeuge : une femme de 39 ans agressée à Maubeuge trois ans plus tôt en se rendant à son travail. Les faits avaient été qualifiés de « tentative d'agression sexuelle », ils sont donc prescrits[1]. Il manque par ailleurs la plupart des pièces de cette procédure. Les scellés ont disparu. Ne reste que le dépôt de plainte de la victime, un procès-verbal succinct. Mais sur ce petit bout de plainte retrouvé, il y a l'essentiel : la signature du violeur de la Sambre. Un homme qui attaque tôt le matin et par strangulation. Et s'intéresse à la poitrine de ses victimes. Il a donc commencé à sévir avant 1996. Et même bien avant si l'on en croit le troublant tableau de rapprochement confectionné depuis des années par la documentaliste de la PJ Christine Andrieux sept étages en dessous du bureau de la crim'. Le groupe du Grincheux n'est pas saisi de ces faits plus anciens, personne au niveau judiciaire ne les ayant reliés entre eux. Pour l'instant, ils se concentrent sur le dossier transmis par la juge.

Ils ont à peine commencé à exploiter ce dossier lorsqu'ils reçoivent un appel d'Avesnes-sur-Helpe, leur signalant le viol d'une lycéenne à la sortie de Maubeuge. Il s'agit d'Adeline, l'adolescente violée dans le champ de maïs. Les policiers locaux n'ont aucun doute : tout dans le mode

1. À l'époque, la prescription pour une agression sexuelle sur une personne majeure est de 3 ans. Elle passera à 6 ans en 2017.

opératoire désigne le violeur de la Sambre. Un enquêteur du groupe lillois est envoyé sur place. Celui que l'adolescente trouvera si gentil et si déterminé. Ce nouveau viol rappelle brutalement aux policiers du SRPJ que le dossier du violeur de la Sambre est loin d'être un cold case.

L'enquête n'ouvre cependant aucune nouvelle piste. Alors, les enquêteurs du SRPJ commencent à remonter le temps. Ils réentendent un à un les voisins de la directrice d'école à propos de cette fameuse Renault 21 blanche garée au moment du viol à quelques mètres de chez elle. Comme avant eux leurs collègues du commissariat de Maubeuge, les policiers lillois vont s'accrocher désespérément à ce véhicule, en lançant une recherche qui va sembler sans fin sur les propriétaires de Renault 21 blanches dans la région. Prenant en photo chaque R21 blanche garée, écumant les parkings de supermarchés, d'entreprises… À nouveau, des propriétaires de R21 correspondant plus ou moins au portrait-robot seront interpellés, leur ADN comparé à celui du dossier. En vain.

L'équipe du commandant Hostekint réfléchit à l'échelle de la série. Ils cherchent à établir un profil. Ils isolent les points communs, les recoupements. C'est ainsi que se dessine une route, presque toujours la même, la D959, qui suit les voies ferrées et le cours de la Sambre, depuis Aulnoye-Aymeries jusqu'à Jeumont.

La D959 s'arrête brusquement à un rond-point, juste avant la frontière belge. En face, se dresse l'immense usine Jeumont-Industrie.

En recoupant les horaires, les enquêteurs notent que le violeur attaque systématiquement entre 5 heures et 8 heures du matin. Ils en déduisent que soit cet homme ne travaille pas, soit il travaille de nuit et finit au petit matin. Ils notent aussi un détail que l'on retrouve dans les recoins des déclarations de nombreuses victimes : le violeur dégage une odeur de cambouis, de métal ou de soudure caractéristique des métallos. Les usines métallurgiques sont encore nombreuses le long du Val de Sambre. Les enquêteurs de la PJ en ont répertorié une douzaine dont les horaires de nuit pourraient correspondre avec ceux du violeur. Elles fonctionnent toutes aux 3-8. Embauchent et débauchent souvent avant l'aube.

Une vaste opération de surveillances matinales est montée. Des policiers descendent de Lille en renfort pour effectuer des rondes autour des usines, à la recherche d'un homme un peu chauve en R21 blanche. Parmi eux, un jeune policier de l'antigang : Franck Martins. Planqué seul avec sa paire de jumelles dans sa voiture au petit matin sur un parking d'usine, il pense que cette opération de surveillance a peu de chance de porter ses fruits. Il ne le sait pas encore, mais cette affaire deviendra dans quelques années celle de sa carrière.

Les enquêteurs du SRPJ appellent une à une les autres usines de métallurgie de la Sambre. La première usine sur la liste établie par les enquêteurs est celle située tout au bout de la route D959. Jeumont-Industrie, que beaucoup encore appellent alors Jeumont-Schneider, est une énorme usine d'électromécanique érigée entre la Sambre et les voies ferrées. C'est une usine centenaire, un symbole de l'histoire industrielle du Val de Sambre. Créés à la fin du XIXe, puis rachetés par le baron Empain début XXe, les forges et ateliers électriques de Jeumont ont participé à l'électrification d'une partie de la France. Elles ont fabriqué les premiers moteurs électriques du métro parisien et construisent désormais ceux de sous-marins de l'armée. Les anciennes forges seront rachetées successivement par Schneider, puis Alstom et Framatome au début des années 90. En 1998, on y fait toujours de l'électromécanique. Et l'usine demeure l'un des plus gros employeurs de la région. Un univers masculin, à l'exception des enrubanneuses (celles qui préparent les fils pour les bobines) qui ne compte quasiment que des hommes.

Les enquêteurs du SRPJ contactent le service du personnel de l'usine pour voir si un des employés pourrait correspondre à leur suspect. Mais ils sont persuadés que l'homme attaque après son travail et non avant, ils recherchent donc les travailleurs de nuit. Par ailleurs, le service du personnel de Jeumont-Industrie indique aux enquêteurs que l'usine est toujours en arrêt le jour du 15 août. Or, une des agressions a eu lieu le 15 août 1997. Les enquêteurs du SRPJ rayent de leur liste l'usine Jeumont-Industrie, où Dino Scala travaille depuis plus d'une décennie.

L'enquête flotte. Le violeur, lui, semble avoir disparu.

Il réapparaît un an plus tard. Précisément là où s'était arrêtée l'enquête. À Jeumont, sur la rue qui longe le flanc ouest de l'usine Jeumont-Industrie.

« À Jeumont, après le rond-point, si je tourne à gauche et que je vais au parking de l'usine, je sais que c'est bon. Si je tourne à droite et que je prends le pont noir, le pont de Jeumont, c'est que je vais chercher une femme à agresser… »

Jeumont

L'aide-soignante n'est pas encore descendue de sa voiture. Il est à peine plus de 6 heures du matin ce samedi 10 avril 1999. Elle remarque un homme sur le parking. Il fait encore nuit, il ne la voit pas l'observer. L'homme porte un jean, des baskets blanches et un blouson noir. Il a peut-être 35, 40 ans, quelque chose comme ça. Ses tempes brunes sont dégarnies. Elle se dit qu'il présente bien. Mais elle se demande ce qu'il fait là. Il reste debout, sans rien faire de particulier, les mains dans les poches. Peut-être attend-il quelqu'un. Puis il se dirige derrière une rangée de sapins, comme pour se cacher. L'aide-soignante n'y prête plus attention, elle sort de sa voiture et va prendre son service. Une demi-heure plus tard, une de ses collègues, agent d'entretien, arrive à l'hôpital en courant. Nicole, 40 ans, est en état de choc. Elle parvient à peine à s'exprimer. Elle vient d'être violée dans la pâture derrière l'hôpital par un homme en blouson noir et baskets blanches. Elle n'a pas vu son visage. Il l'a attaquée un peu plus bas sur la rue qui descend vers la Sambre. Sa collègue aide-soignante repense à l'homme aperçu sur le parking.

Les policiers de Jeumont feront venir des techniciens de la police scientifique de Lille afin d'établir un portrait-robot. L'aide-soignante essaiera d'être la plus précise possible. Elle parlera du crâne très dégarni, des cheveux bruns, de l'âge, une petite quarantaine. Elle dira aussi qu'il avait la peau mate, méditerranéenne. Oui, il pourrait être nord-africain, dit-elle aux policiers. On ne sait pas quels éléments elle donne ensuite aux techniciens de la police scientifique. Mais le visage qui apparaît en portrait-robot est une figure juvénile, quasi enfantine, les cheveux bruns denses et crépus et la peau presque noire.

Le récit que la victime fait aux policiers de Jeumont est similaire à celui des victimes du dossier du violeur de la Sambre. L'heure, le lieu, la strangulation, les menaces de mort (« si tu parles, je te tue »), la voix grave, le couteau, type Opinel, le viol par fellation. Et cet étrange goût pour le rangement au milieu de l'horreur : il a pris soin de ranger les lunettes de sa victime dans ses chaussures, pour qu'elles ne s'abîment pas. Cette fois-ci, il n'a pas utilisé de préservatif. Après le viol, il a éjaculé sur un tronc d'arbre. Un technicien de l'identité judiciaire du commissariat de Jeumont effectue plusieurs prélèvements à l'endroit précisément indiqué par la victime. Il fait grand soleil ce jeudi de printemps et aucune pluie n'est venue laver la scène de crime. Les scellés sont envoyés au laboratoire de police scientifique de Lille pour recherche de sperme et analyse. Mais aucune comparaison n'est demandée avec l'ADN du violeur de la Sambre. Car personne, ni au commissariat de Jeumont, ni au parquet d'Avesnes, ne fait le rapprochement avec les autres viols.

Personne ne prévient non plus le groupe du commandant Hostekint au SRPJ Lille. Hasard, ce jour-là, son groupe d'enquêteurs pense avoir trouvé une piste. Ils sont toujours sur leurs laborieuses recherches de R21 blanches. Et viennent enfin d'en repérer une intéressante : immatriculée NS 62, exactement comme décrite par une des voisines de l'institutrice de Maubeuge. Une R21 blanche dont le propriétaire est fiché pour des affaires de mœurs. L'espoir dure 24 heures, le temps de rencontrer l'homme en question : il vit à Calais, n'a jamais mis les pieds à Maubeuge, travaillait aux jours et heures des viols et dispose d'une implantation de cheveux généreuse sur le front.

Pendant ce temps, dans le Val de Sambre, une information judiciaire est ouverte par le procureur d'Avesnes pour le viol de Nicole à Jeumont. La juge Delhaye est saisie. Elle confie l'enquête à la police judiciaire locale. Dans ses réquisitions aux policiers, la juge demande de vérifier s'il y a des rapprochements à faire sur des affaires similaires dans la région. Ils répondront qu'aucune affaire similaire n'a été repérée. Tout se passe comme s'il était entendu que ce viol n'avait rien à voir avec les autres. Alors même que le mode opératoire, l'heure, la description de l'agresseur sont similaires. Seul diffère cet étrange portrait-robot semblant représenter un jeune adolescent d'origine africaine. C'est ce portrait-robot qui est envoyé aux autres commissariats de la région. Accompagné d'un signalement écrit de l'individu recherché correspondant, non pas aux descriptions faites par l'aide-soignante et l'infirmière, mais au portrait-robot lui-même. On recherche donc : un jeune adolescent maghrébin ou noir.

La juge, comme pour toute affaire de viol, ordonne une expertise psychologique de la victime. Comme elle l'avait déjà fait plusieurs fois, elle raye des questions habituellement posées comme celle concernant la crédibilité de la victime d'un grand trait de feutre noir sur sa feuille de réquisition. Nicole est entendue par la psychologue plusieurs mois après son viol. L'infirmière a recommencé à travailler depuis peu, mais elle vit dans un état de peur permanente. Elle est sous anxiolytiques et neuroleptiques le jour, sous somnifères la nuit. Elle est terrorisée à l'idée de recroiser son violeur. Elle a changé ses horaires de travail à l'hôpital pour ne plus y aller de nuit. Mais elle est incapable de s'y rendre seule, ou à pied. Elle a basculé dans une forme de survie.

La psychologue qui examine l'infirmière pense que cet état risque de durer. Elle ne se trompe pas. Pour le reste, l'expertise est empreinte de jugements sur la vie et l'apparence de la victime. Elle ne présente « aucun signe de coquetterie » note d'emblée l'experte. « Ménage et jardinage suffisent à son divertissement », ajoute-t-elle. Sans que la question ne lui ait été posée par la juge, l'experte cherche à analyser son éventuelle responsabilité dans son viol, notamment si elle a pu avoir un comportement ou une attitude qui aurait pu provoquer son violeur. La réponse est non. L'experte notant « une absence de signes cliniques qui permet d'écarter un comportement hystéroïde ou de séduction qui aurait pu être interprété par son agresseur dans le sens d'une volonté de provocation ». Elle précise d'ailleurs que la victime ne ressent pas de sentiment de culpabilité suite à ce viol. Cette fois-ci, ce n'est donc plus la crédibilité de la victime qui est interrogée, mais son éventuelle responsabilité. Une question que l'on retrouve posée de manière indirecte lors de plusieurs dépôts de plainte, mais plus rarement de la part des experts.

Les résultats du laboratoire de Lille sur les prélèvements tombent avec des mois de retard au creux de l'été 1999. Dans son rapport, la directrice du laboratoire de biologie explique à la juge qu'il y a bien des traces d'ADN mais que celles-ci sont trop dégradées pour établir un génotype. Elle indique par ailleurs qu'en raison « d'un nombre d'affaires croissant »[1], son labo n'est plus en mesure de conserver les échantillons. Elle renvoie donc les échantillons au tribunal. Où l'on perd leur trace.

Le viol de l'infirmière de Jeumont fait l'objet d'un non-lieu.

Une autre tentative de viol échappe à l'enquête du SRPJ. Une collégienne de 15 ans, attaquée un matin de décembre 2001 sur un chemin de halage, le long de la Sambre.

1. Le fichier national des empreintes génétiques vient d'être créé et les services de police techniques et scientifiques se retrouvent débordés partout en France.

Le week-end, quand il n'est pas au foot, Dino Scala arpente les routes du Val de Sambre à vélo. Il dit qu'il en connaît le moindre recoin, le moindre chemin.

Le chemin de halage

Manon était une adolescente joyeuse. À 15 ans, elle ne pense qu'aux copines et aux sorties shopping au centre commercial. Elle habite le village de Recquignies et va prendre son bus chaque matin à Boussois, deux villages disposés d'un côté et de l'autre de la Sambre, entre Maubeuge et Jeumont. Ce matin de décembre 2001, elle est en retard, elle a raté le car, ce qui lui arrive souvent, et décide de faire demi-tour pour que sa mère l'emmène en voiture. Elle longe le parc vers la mairie de Recquignies, le long de la Sambre, à quelques centaines de mètres de chez elle lorsqu'elle entend des pas dans son dos. Elle se retourne et voit un homme qui tient quelque chose dans la main, elle ne sait pas quoi. Manon prend peur mais, pour une raison qu'elle ne s'explique pas, ne court pas. Ensuite, tout va très vite. L'homme lui passe un bras autour du cou par derrière et place devant ses yeux la lame de son couteau. Il lui dit de se taire, de « fermer sa gueule » lui semble-t-il, sinon, il va la tuer. Manon a toujours sa carte de bus à la main. Il la lui arrache et lui dit de faire attention car désormais il sait qui elle est, où elle habite, et peut la retrouver. Puis il la soulève en l'étranglant toujours et l'entraîne sur le chemin de halage, dont l'entrée est barrée aux voitures par une barrière métallique. Il la menace avec un couteau, elle a l'impression que c'est un couteau de l'armée.

Elle sent qu'elle commence à perdre conscience sous l'effet de la strangulation. Alors elle se débat, comme elle peut, c'est-à-dire avec ses pieds. Elle donne des coups. Et l'homme finit par la lâcher. Manon tombe à genoux sur le sol. L'homme est énervé. Il lui crie dessus, elle ne se souvient plus de ce qu'il lui dit exactement. Lui donne à son tour des coups de pied. Manon est couchée sur le côté, la Sambre est juste à côté, elle a peur du viol, elle a peur aussi qu'il la pousse dans l'eau. Alors elle s'accroche à ce qu'elle peut, c'est-à-dire à des touffes d'herbes. Elle voudrait crier mais elle n'y arrive pas. Elle ne retrouve pas sa respiration. L'homme continue à l'insulter et à frapper encore et encore. Puis, enfin, la souffle sort de sa gorge et Manon crie. L'homme panique et s'enfuit en courant, la laissant défaite dans ce décor bucolique. Elle reprend petit à petit ses esprits. Ses affaires sont éparpillées sur plusieurs mètres. Ses vêtements sont couverts de terre et d'herbe mouillée. Manon ramasse une à une ses affaires et se dirige, hagarde, vers chez elle. Il lui manque une basket.

Dans le parc, elle entend des branches craquer, elle panique et se met à courir comme elle n'a jamais couru. Arrivée chez elle, Manon n'a plus de force, elle parvient à peine à frapper à la porte. Sa mère finit par ouvrir. Et la découvre, roulée en boule devant la porte. En la voyant dans cet état, elle pense d'abord qu'elle s'est fait renverser par une voiture. Manon n'arrive à rien lui expliquer. Elle est incapable de répondre aux questions de sa mère. Seules les larmes sortent. La mère appelle le père à son travail, il lui conseille de l'emmener immédiatement chez le médecin, avant d'aller au commissariat. Manon s'aperçoit seulement à ce moment-là qu'elle tient encore serré dans sa main son briquet. Elle se souvient qu'elle voulait s'allumer une cigarette avant que l'homme ne surgisse. Elle n'a pas desserré le poing depuis.

Chez le docteur, son médecin de famille, les mots restent bloqués. Le médecin constate des « traces de strangulation, morsure de la langue, ecchymoses lombaires, sous le sommet de l'épaule et un gros traumatisme psychologique à type d'attaque panique ». Il prescrit une ITT de 10 jours. Manon n'a pas parlé, seulement pleuré. Mais le médecin a compris, sur ses notes, il écrit « tentative de viol ».

C'est seulement au commissariat de Jeumont, seule face à deux jeunes policiers qu'elle ne connaît pas, que Manon parvient à raconter ce qui lui est arrivé. Elle est calme, son récit est froid, comme si elle ne parlait pas d'elle. Les deux policiers qui prennent sa déposition vont aussi prendre en photo les traces sur son corps, traces de strangulation sur le cou et nombreux hématomes, notamment sur le dos. Elle est toujours maculée de boue. Les policiers sont gentils mais elle ne comprend pas où ils veulent en venir. Ils la croient, mais ils pensent qu'elle ne s'est pas fait agresser par un inconnu, mais par des jeunes qu'elle connaîtrait et qu'elle ne voudrait pas dénoncer. D'autant que Manon a du mal à décrire son agresseur, elle se souvient juste d'un homme trapu, habillé de noir. Elle n'a pas vraiment vu son visage. Les deux policiers retournent avec elle et sa mère sur les lieux, mais Manon ne veut pas descendre de la voiture de police, elle reste assise sur la banquette arrière pendant qu'ils prennent des photos des lieux. L'herbe est couchée, ils retrouvent certains de ses effets personnels. Lorsqu'ils remontent dans la voiture, Manon a l'impression qu'ils croient enfin à sa version. Elle n'a jamais entendu parler d'un violeur en série dans le coin. Elle a 15 ans, elle ne s'intéresse pas à ça. Au commissariat, sa mère surprend cependant un échange entre les policiers. Ils disent quelque chose comme « ça ressemble… ». À quoi, elle ne sait pas.

Sur les conseils des policiers, Manon est allée voir une psychologue à l'hôpital de Maubeuge, mais elle n'a pas aimé l'entretien. Elle attendait qu'on évoque l'agression mais elle cherchait à la faire parler de sa famille, Manon a préféré arrêter. Dans les semaines et les mois qui ont suivi, les parents de Manon ont cherché à savoir où en était l'enquête. Au commissariat, on leur a répondu qu'elle suivait son cours. Qu'il faut être patient. Ils ont fini par abandonner. D'autant que Manon, pendant tout ce temps, ne va pas bien.

Dans les semaines qui suivent, elle reste en état de choc. Incapable de sortir de la maison. Des heures durant, elle fixe la porte d'entrée, qui lui apparaît soudain comme une infranchissable barrière. Son agresseur a vu son adresse, il est peut-être là, dehors à l'attendre. Les premières sorties, à Carrefour avec sa mère, sont insoutenables. Trop de monde, trop d'hommes qui la frôlent. Et puis, au bout de quelques semaines, elle décide de se reprendre en main. Elle retourne au collège, elle veut oublier. Mais l'agression s'est sue. On lui fait de mauvaises blagues qui finissent mal. Une fille prétend qu'elle vient d'apercevoir un exhibitionniste dans le parc, et Manon a une crise de panique. Des garçons se moquent. Personne ne comprend ni ne mesure le traumatisme de Manon. Après tout, lui répète-t-on, elle a eu de la chance.

Un an après l'agression, le commissariat appelle pour informer les parents de Manon que la plainte a été classée et qu'elle peut récupérer les vêtements saisis. Manon n'en veut pas. Sa mère finit par jeter le double carbone de la plainte, pour que sa fille ne tombe pas dessus. Elle ne le dit pas à Manon, mais cette femme sait qu'on ne se remet pas d'un viol.

Les années qui suivent, Manon s'enfonce. La jeune fille blonde aux yeux bleus, si mince, si riante, est méconnaissable. Elle prend 30 kilos, arrête la gymnastique (elle faisait alors beaucoup de compétitions) car la salle de sport se trouve sur le chemin de halage le long de la Sambre. Ses crises de boulimie la dévorent. Puis, elle se met à boire, comme elle mange, d'énormes quantités en très peu de temps. Les comas éthyliques se succèdent. Mais cela ne suffit pas à panser la peine. Elle se met à fumer, à prendre du speed, puis de la coke. La coke la rassure, elle lui donne l'illusion de maîtriser, de voir venir les dangers. Il faudra de longues années pour qu'elle commence à aller mieux, lorsqu'à l'âge de 22 ans, elle rencontre celui qui va devenir son compagnon, puis le père de son fils. Elle ne se drogue plus, ne boit plus. Mais la douleur est toujours là. Chaque fin d'année est une période difficile. Elle continue d'avoir peur des gens derrière elle, des bras des autres. Elle a du mal à laisser son fils jouer dehors dans le jardin seul. Et les crises de boulimie surgissent encore de temps en temps. Elle pense qu'elle ne retrouvera jamais le morceau d'elle-même arraché à ses 15 ans.

La plainte de Manon n'a jamais été transmise aux enquêteurs du SRPJ qui enquêtaient à cette époque sur le violeur de la Sambre. Cette plainte ne sera d'ailleurs jamais retrouvée. La procédure a disparu. Un ami policier essayera de la rechercher dans les archives, en vain. Manon a l'impression d'avoir été effacée.

La juge Laurence Delhaye quitte le tribunal d'Avesnes-sur-Helpe à cette époque-là, pour le tribunal d'Arras, dans le département d'à côté. Elle est remplacée par Armelle Briand. Une jeune juge qui sort tout juste de l'École nationale de la magistrature, Avesnes est son premier poste. L'affaire du violeur de la Sambre est au point mort. Il n'y a plus d'agressions.

Rien ne se passe, mais tous les six mois, la nouvelle juge ordonne d'un coup de tampon la poursuite de l'information judiciaire contre X. Cela permet de laisser l'enquête ouverte même en l'absence d'éléments nouveaux, ce qui évite la prescription et l'extinction naturelle de la procédure. Une forme de coma artificiel, au cas où, un jour… La juge ordonne aussi que le profil ADN du violeur de la Sambre soit enregistré dans le tout nouveau fichier national automatisé des empreintes génétiques.

Le FNAEG a été créé après l'arrestation, en 1998, du violeur et tueur en série Guy Georges. Un autre fait divers, moins médiatique, en a été également à l'origine : le viol et le meurtre de la jeune Angélique Dumetz en 1996 dans l'Oise. Une association, portée par la mère de la victime, milite pour que ce fichier soit élargi. En ce tout début des années 2000, son usage est encore très restreint, n'y sont en effet enregistrés que les délinquants sexuels et les criminels graves. L'ADN du violeur de la Sambre porte le nom de code 400030975000 et fait partie de la quarantaine d'ADN anonymes alors enregistrés dans la base. Des ADN sans propriétaires.

Seule la directrice d'école, unique victime à avoir un avocat et à s'être constituée partie civile dans le dossier, est tenue informée de la poursuite de l'information judiciaire. Les seize autres ignorent tout de la procédure en cours, elles ignorent l'existence d'une enquête et, pour plusieurs d'entre elles, ne savent même pas qu'elles ont été victimes d'un violeur en série. Elles pensent que leur affaire a été oubliée. Qu'elles ont été oubliées.

La deuxième fille de Dino Scala joue au basket. Il l'accompagne régulièrement jouer au gymnase municipal de Louvroil, un bourg industriel à côté de Maubeuge.

La maire

Il est tôt lorsque son téléphone sonne. Aux alentours de 7 heures du matin, le vendredi 8 février 2002. Annick Mattighello, la maire de Louvroil, est encore chez elle. Au bout du fil, le concierge du stade municipal. Son propos est confus. Il s'agit de Monique, une des dames qui font le ménage au gymnase le matin. L'élue s'habille en vitesse, monte dans sa voiture et fonce au stade municipal. Le gymnase de Louvroil est un curieux bâtiment en forme de demi-cylindre, coiffé d'un toit de taule ondulée. Lorsqu'Annick Mattighello pousse la porte du bâtiment, il y a déjà du monde, le concierge, deux agents de police, une autre femme de ménage employée municipale, le mari de Monique. Un début d'agitation. Mais Annick ne voit qu'elle. Elle est assise dans un coin, à côté des piles de tapis de gym en mousse. Elle est torse nu et prostrée, immobile dans la lumière crue des néons du gymnase. Le temps s'est pétrifié sur cette femme. Il y a dans sa détresse un sentiment qui lui est familier. Mais elle n'y pense pas. Pas à ce moment-là. Elle se dit juste qu'il faut s'occuper d'elle. Elle s'en sent responsable. En tant que maire. En tant qu'employeur. Alors elle s'approche de Monique et elle va lui parler, doucement.

Annick Mattighello est une petite femme puissante. Elle est « le patron » de la ville. C'est ainsi qu'elle voit son rôle de maire. Cela fait à peine six mois qu'elle a été élue à la tête de la ville ouvrière de Louvroil. Elle est une des rares maires femmes du Val de Sambre. Ici comme ailleurs en France, la loi sur la parité mise en œuvre aux dernières élections du printemps 2001 a féminisé les assemblées municipales mais rarement leurs têtes : presque partout, les maires sont demeurés hommes. Annick Mattighello fait exception. Elle est singulière. Derrière son franc-parler et ses responsabilités qui en imposent au parti, l'élue au carré blond et aux yeux clairs incarne une forme de modernité. La vie ne lui a pas laissé d'autres choix.

Annick Mattighello a grandi 100 kilomètres au nord de la Sambre, dans la banlieue lilloise. Une fratrie de huit frères et sœurs où l'on craignait les huissiers et les fins de mois. Elle n'avait pas 10 ans lorsque le père a disparu de leur vie. Annick a toujours dit qu'il était mort. C'était la version officielle. Il a fallu survivre sans son salaire. Annick était l'aînée. Durant ces années, elle a volé du bois sur les chantiers qu'elle cachait dans le landau de sa petite sœur. Elle a organisé de fausses quêtes au nom du curé de la paroisse pour soi-disant envoyer une fillette malade guérir à Lourdes. Ça payait le pain quotidien « de quinze cent » pour nourrir la fratrie. À 14 ans, elle a enchaîné les petits boulots. Elle a été serveuse dans un chic salon de thé lillois, où elle se rendait à pied faute d'argent pour prendre l'autobus, et où elle, qui ne mangeait pas à sa faim, servait parfois écœurée des pâtisseries aux petits chiens de grandes dames. À 16 ans, elle a eu son premier enfant. À 18, elle a caché qu'elle attendait le second pour pouvoir entrer à la

Thomson à Lesquin, où l'on fabriquait des réfrigérateurs et des congélateurs. Elle était ouvrière sur la chaîne de montage, une bonne place. Si ce n'est ce chef d'atelier qui se croyait tout permis, avec elle et avec d'autres filles de l'atelier. Si on refusait de « passer à la casserole » comme elle dit, on se retrouvait aux pires postes. Elle a compris que les femmes pouvaient aussi être la proie des hommes au travail. La colère a jailli. Et la jeune ouvrière a découvert le syndicalisme. La militante est vite repérée par les collègues. Au début des années 70, Annick Mattighello est la première femme secrétaire de la très mâle CGT des métallos. Elle impose le respect, construit de puissants réseaux, fait oublier qu'elle est femme. Durant ses trente-sept années à la chaîne et à la CGT, elle a été de toutes les grèves, de toutes les occupations. C'est ainsi qu'elle a connu cette terre d'acier qu'est la Sambre, au contact des métallos et de leurs luttes.

Annick Mattighello a pris des responsabilités à la CGT métallos l'année de la crise pétrolière. Elle a passé sa vie à colmater le drame industriel, à voir s'éteindre une à une les cheminées des hauts-fourneaux, et s'enfoncer dans la misère des milliers de familles d'ouvriers dont les emplois ont été délocalisés loin de la Sambre. De la CGT, elle a franchi le mince ruisseau vers le PCF pour se lancer en politique. Elle est élue à Lille au conseil municipal de Pierre Mauroy, puis à la vice-présidence de la région Nord-Pas-de-Calais. Elle sera surtout première secrétaire de la puissante fédération communiste du Nord.

Elle aurait pu en rester là, assise sur de désormais confortables sièges politiques lillois. Mais élue, elle observe dans ces années, impuissante, la gangrène du Front national ronger les terres ouvrières en friche. Elle flaire le danger. Il lui suffit de discuter avec les gens, elle reste une ouvrière parmi les ouvriers, pour entendre distinctement les discours et les valeurs craqueler sous les coups de la colère et de la misère. Le mal se déplace des grandes zones urbaines vers les régions industrielles et les campagnes. Alors, dans les années 90, elle plaque Lille, puis la fédération communiste et part en croisée dans la Sambre. Elle pense que la reconquête passe par du sang nouveau. Elle veut montrer l'exemple en descendant dans le Val de Sambre. Personne au parti ne comprend ce qu'elle fait. On lui prédit une gifle électorale qu'elle ne prendra pas. Elle lâche tous ses mandats, devient conseillère générale du canton de Maubeuge. Jusqu'en 1997, elle reste cependant ouvrière à la Thomson. Elle fait les allers-retours, jusqu'à la fermeture définitive de l'usine et son licenciement. En 2001, elle est élue maire de Louvroil. Elle entreprend de rénover toutes les écoles de la commune, prévoit de construire une médiathèque, une salle socio-culturelle, de lutter contre le mal-logement... À Louvroil, une deuxième génération de chômeurs a poussé sur la première depuis la crise de la sidérurgie. La misère est partout, le chantier est immense.

Mais en ce début d'année 2002, la maire est foudroyée par une tragédie personnelle. Pour la première fois, elle a, dit-elle, « un genou à terre ». Annick Mattighello vient de perdre brutalement sa fille aînée. La douleur est insondable. Le deuil impossible. Alors elle se noie dans son mandat. Changer le monde autour d'elle est désormais devenu une question de survie.

Le 8 février au matin, lorsqu'elle reçoit le coup de fil du concierge du stade municipal, Annick Mattighello erre quelque part dans ce supplice. Tentant de se relever, coûte que coûte. La maire ignore encore que trois autres femmes ont été attaquées sur sa commune ces dernières semaines par un homme avant l'aube. Dans ses fonctions de maire, elle a pourtant des réunions régulières sur les questions de sécurité avec le commissariat de Maubeuge, le procureur, le sous-préfet, les autres élus. Des réunions où l'on parle des trafics de drogues, de l'emprise des dealers, de la violence dans les cités. Jamais de la délinquance sexuelle, qui occupe pourtant le quotidien de l'activité policière et judiciaire. Ce n'est pas une préoccupation politique. En tant que première magistrate de sa commune, Annick Mattighello reçoit de la part du poste de police locale une sorte de listing recensant les faits de délinquance, vols à l'arraché, cambriolages, incivilités... Elle n'a pas souvenir d'avoir jamais vu figurer des faits de violences sexuelles.

Le premier viol cette année à Louvroil a eu lieu juste à côté du stade municipal. Une jeune femme de 22 ans qui souffre de troubles mentaux et n'avait rien dit à personne. Elle se rendait chez son kiné tôt le matin, il faisait encore nuit. La jeune femme souffre d'une obésité qui rend sa marche difficile, elle n'a pas pu courir lorsqu'un homme avec un bonnet noir sur la tête, blouson et jean, l'a attrapée par les cheveux, l'a fait chuter puis l'a entraînée vers des bacs à fleurs sans fleurs, de gros blocs de béton blancs posés au bout d'une impasse. Un endroit isolé derrière le stade. L'homme l'a violée sous la menace d'un couteau, en la tenant par sa queue de cheval. La jeune femme n'avait jamais eu de relations sexuelles, elle a eu mal, elle a perdu du sang. Pourtant, lorsqu'il est parti, elle s'est rendue comme prévu chez son kiné, où elle s'est nettoyée discrètement aux toilettes. Elle a dit qu'elle n'était pas bien à cause de ses jambes qui la faisaient souffrir. De retour chez elle, elle a pris plusieurs douches, a jeté sa culotte, nettoyé ses vêtements et s'est tue.

Trois semaines plus tard, ce fut une femme de ménage de l'hypermarché Auchan de Louvroil, attaquée en sortant de son travail à 8 heures du matin. Il pleuvait. Elle se dépêchait de rentrer de sa nuit de travail pour aller amener ses enfants à l'école. L'homme a surgi de nulle part, il l'a aussi attrapée par la queue de cheval, lui a mis un couteau sous la gorge et l'a tirée à l'écart de la route, sur près de 30 mètres. Avec une violence telle que les talons de ses chaussures se sont décollés de leur semelle. Puis il lui a bandé les yeux et lui a attaché les mains avec du filin. Il lui a raconté qu'il sortait de prison et qu'il était en manque de femmes. Il a essayé de lui imposer une fellation. Après son dépôt de plainte, les policiers ne l'ont pas envoyée voir de médecin pour expertise. « Ils m'ont laissée comme de la merde », racontera-t-elle encore vingt ans plus tard, rage au ventre. La femme était alors enceinte de plusieurs semaines, elle perdra un des jumeaux qu'elle portait. Elle perdra aussi son travail, incapable d'y retourner après l'agression. Elle n'a plus jamais travaillé après ça.

Dix jours plus tard, et quatre kilomètres plus loin, sur la commune mitoyenne d'Hautmont, une lycéenne qui marchait pour aller prendre son bus a été à son tour attaquée par derrière. Mais la jeune fille avait une cigarette dans la main, dont elle s'est aussitôt servie pour essayer de brûler le visage de l'homme qui tentait de l'étrangler. Il a lâché le foulard avec lequel il lui enserrait la gorge, lui a mis un coup de poing au visage, et s'est enfui.

Durant toutes ces semaines, Annick Mattighello n'a rien su de ces différentes affaires. Les policiers, n'ayant connaissance que des deux derniers cas, n'avaient pas fait le rapprochement entre elles. Ils ont réalisé lorsque la première victime, celle des bacs à sable, plusieurs semaines après son viol, est venue à son tour pousser la porte du commissariat pour raconter son histoire.

La jeune femme venait de faire une crise d'angoisse avec ses parents. « J'ai dû avouer », dit-elle. Avouer qu'elle avait été violée. Avouer qu'elle était victime. Ses parents l'ont accompagnée porter plainte. Plusieurs semaines avaient passé, mais elle avait encore d'énormes hématomes bleus sur le ventre, causés par le bac à fleurs en béton. Les policiers ont ordonné une expertise gynécologique et une expertise psychiatrique. La première a été confiée à un médecin généraliste, qui n'a rien vu de particulier à signaler, il était trop tard. La seconde, menée par un psychiatre, a établi que la jeune femme, du fait de ses troubles mentaux, « éprouve un certain plaisir à attirer l'attention des hommes ». Qu'elle recherche « une érotisation de sa relation » aux hommes pour combler un besoin d'amour. Les personnes comme elle, a expliqué le médecin, « sont souvent victimes de l'ambiguïté de leurs relations avec les hommes ». Le psychiatre a conclu en conséquence que les propos de cette victime étaient peu crédibles.

Les policiers de Maubeuge ont tout de même montré à la jeune femme un album photo avec près de 200 suspects. Ils disposaient d'une description sommaire à partir du témoignage des deux autres victimes : un homme entre 30 et 40 ans, de corpulence normale ou trapue, et de « type européen, méditerranéen ou gitan ». Mais sur leur album photo, figuraient des hommes beaucoup plus jeunes, et pour la plupart maghrébins. À aucun moment, ils n'ont soumis aux victimes de Louvroil le portrait-robot du violeur de la Sambre, dont ils disposaient pourtant depuis cinq ans. Une fois encore, ils n'ont pas fait le rapprochement. Les équipes avaient en partie changé depuis, au commissariat de Maubeuge, comme au parquet d'Avesnes. L'affaire du violeur de la Sambre était déjà loin. Personne n'a d'ailleurs songé à prévenir de cette nouvelle série le SRPJ de Lille, officiellement toujours sur l'enquête.

Dix jours après son agression, les policiers de Maubeuge ont demandé à la femme agressée vers l'hypermarché Auchan, désormais cloîtrée chez elle, les vêtements qu'elle portait alors, afin de les placer sous scellés. Mais il était déjà trop tard pour qu'ils soient exploitables.

Ils ont repris les enquêtes de voisinage qu'ils avaient un peu survolées. Ils ont organisé dans Louvroil des surveillances matinales depuis leur « sous-marin », une voiture banalisée, ou à pied, « en tenues bourgeoises », c'est-à-dire en civil. Ils se sont attardés le matin à Hautmont et Louvroil. La police aux frontières a même prêté des voitures au commissariat de Maubeuge pour leur permettre de multiplier les patrouilles.

Le vendredi 8 février deux gardiens de la paix de Maubeuge patrouillaient dans une de ces voitures de la PAF aux abords du stade de Louvroil. La bruine ce matin-là est épaisse. Les deux policiers n'ont pas remarqué la femme qui pressait le pas en direction du gymnase municipal. Monique, 44 ans, femme de ménage employée de la mairie de Louvroil, ouvre le gymnase à 6 h 45. Normalement, elle travaille à la piscine Tournesol, mais celle-ci est fermée pour travaux en ce moment. Alors, depuis 15 jours, on l'a placée au gymnase. Monique est cette petite femme toujours gaie que l'on surnommait « la tornade ». Elle n'a pas long comme trajet. Depuis sa maison, on voit la salle de sport. Elle n'a pas remarqué les jours précédents l'homme tapi dans l'ombre qui repérait ses habitudes. Et qui, quelques minutes avant qu'elle n'arrive, a essayé d'ouvrir la porte à l'aide d'un pied-de-biche, avant de renoncer, de peur, expliquera-t-il plus tard, d'abîmer la porte. Lorsque Monique passe la grille du parc, puis pénètre dans le bâtiment, il l'attend. À l'instant où elle s'apprête à appuyer sur l'interrupteur, il la saisit, « comme un lapin » dira-t-elle plus tard, et la tire jusqu'au milieu de la salle de sport. Ses pieds ne touchent plus le sol. Elle crie. L'homme la menace : « Ferme ta gueule, je vais te violer mais si tu fermes pas ta gueule je vais te tuer. » Puis il la tire par les cheveux.

Monique est entraînée dans un coin sombre du gymnase, là où se trouvent les hautes piles de tapis en mousse. Il la plaque au sol, puis tente de lui lier les poignets. Mais elle se débat. C'est à ce moment qu'il lui plaque un couteau sous la gorge. Une sorte de canif. Il prétend qu'il sort de prison et n'a pas touché de femme depuis six mois. Il lui demande de se déshabiller. Elle remarque alors qu'il porte une sorte de bandana « comme Rambo » sur son visage, pour qu'elle ne voie pas son visage, pense-t-elle. Il essaye aussi de lui mettre un bandeau sur les yeux, mais il n'y parvient pas. Finalement, il remonte son pull et le retourne sur son visage. Il la frappe violemment au visage, en lui hurlant de se laisser faire. Il commence par lui toucher la poitrine. Puis la met à genoux et lui intime l'ordre de lui faire une fellation. Elle résiste, tente de l'effrayer, lui disant qu'elle est malade du cœur, qu'un de ses collègues va arriver… Mais il la roue de coups. Encore. Puis l'allonge sur le sol, lui ligote les mains et les pieds. Et commence à l'étrangler.

Alors qu'elle pense mourir, le visage écrasé sur le sol glacé, Monique entend le bruit des talons de sa collègue, et soudain, les néons éclairent de leur halo jaune et cru le gymnase. L'homme s'enfuit en courant, tête baissée pour se cacher. Dans sa course, il bouscule la collègue, qui s'est mise à hurler de peur. Le concierge du stade, alerté par les cris, court vers le gymnase. Il y a quelques années, lui-même, ouvrant ce gymnase tôt le matin, y avait trouvé un homme pendu. C'est la première chose à laquelle il pense en entendant les hurlements. Mais en arrivant, il voit Monique, torse nu, recroquevillée sur elle-même, en pleurs. Répétant une phrase en boucle : « Il était sale, il avait un couteau. » Et sa collègue, à côté, en panique. Le concierge appelle la police, le mari de Monique, puis la maire.

À 6 h 55, les deux policiers qui patrouillent juste à côté dans la voiture prêtée par leurs collègues des frontières entendent l'appel du commissariat central. Annick Mattighello arrive quelques minutes plus tard. Monique ne parle toujours pas, ne bouge pas. L'élue prend la situation en mains. Elle la conduit elle-même à l'hôpital. Le médecin des urgences, après avoir examiné rapidement Monique, écrit son certificat médical au conditionnel : « Elle aurait été agressée. » Elle se plaint de fortes douleurs aux cervicales. Mais le médecin note sur son état physique qu'il n'a relevé « rien de particulier ». Il ajoute : « On ne retrouve pas d'hématomes, pas d'ecchymoses, pas de contusions. » La seule chose qu'il consigne est une griffure à l'avant-bras, d'un centimètre et demi. Le médecin prescrit une courte interruption de travail de 2 jours. À l'hôpital, des prélèvements sont réalisés sous ses ongles, pour une recherche d'ADN qui ne donnera rien. En sortant de l'hôpital, Annick Mattighello lui dit qu'il ne faut pas attendre, qu'il faut aller porter plainte, tout de suite.

Aux policiers qui l'entendent ensuite au commissariat, Monique décrit un homme « métis » avec un bandeau blanc sur le front pour cacher son visage et un bleu de travail. Sa collègue dit qu'il n'a pas la peau blanche mais n'est pas un Maghrébin non plus. Monique insiste sur l'odeur de son agresseur. Une odeur nauséabonde qu'elle a du mal à décrire, de « renfermé », dit-elle. Ou peut-être de graisse.

Les policiers vont retrouver le pied-de-biche dans le parc du stade attenant au gymnase. L'objet est sec alors que la pelouse est mouillée, il a donc été posé là il y a peu. Mais la porte n'ayant pas été forcée, l'objet n'est pas envoyé au laboratoire pour analyse. Y figurait pourtant certainement l'ADN de son propriétaire, celui du violeur de la Sambre.

À la mairie de Louvroil, l'histoire de Monique se propage parmi le personnel en quelques heures. La violence de l'agression, dans un local municipal, provoque un profond malaise.

Annick Mattighello tombe des nues en apprenant dans la foulée l'agression des trois autres femmes. Dont deux ont eu lieu sur sa commune, la troisième juste à côté, toujours de la même manière. Tôt le matin, par un homme surgissant par derrière et les menaçant avec un couteau. Personne ne l'a prévenue. Elle se souvient alors de cette vieille rumeur, celle du violeur de la Sambre. Elle en avait entendu parler vers 1996, 1997, au moment où elle était venue s'installer dans le Val de Sambre. Elle n'y avait alors pas prêté plus attention que cela. À vrai dire, elle avait même presque oublié cette histoire. C'était une rumeur comme il en circulait beaucoup à la campagne. Un peu trop d'ailleurs à son goût de citadine. Et puis, comme les viols semblaient s'être arrêtés, « les gens » disaient que l'homme avait dû quitter la région. Que c'était peut-être quelqu'un de la communauté du voyage. Les « rumeurs » dérivent un peu dans la même direction politique. Pas forcément celle d'Annick Mattighello. Mais en apprenant ces nouveaux viols, l'histoire lui revient. Un doute qui tend vers l'évidence.

Elle réalise qu'un prédateur rôde peut-être depuis des années dans la région. Dont les victimes sont certainement plus nombreuses qu'on ne le pense. Car elle sait que les victimes de viols et d'agressions sexuelles ne portent pas toujours plainte. Elle sait aussi que lorsqu'elles portent plainte, elles ne sont pas toujours écoutées. La maire de Louvroil ignore à ce moment-là que cette rumeur du violeur de la Sambre est bien plus qu'une rumeur, qu'elle fait même toujours l'objet d'une enquête judiciaire autour d'une vingtaine de cas, ouverte depuis plus de cinq ans, au tribunal d'Avesnes. Elle ignore qu'un portrait-robot de ce violeur est affiché dans tous les commissariats de la région. Elle se dit juste qu'il y a urgence à agir. À prévenir.

Elle rassemble les trois femmes victimes de sa commune. Elle veut les convaincre de parler pour protéger les autres femmes, éviter qu'il y ait d'autres victimes. Au départ, toutes trois sont réticentes. Les plaies sont encore à vif. Elles n'ont aucune envie d'exposer cette blessure intime à leurs proches, leurs familles, leurs voisins, leurs collègues. Ce ne sont pas des choses dont on parle. Annick Mattighello insiste, quitte à les bousculer, persuadée que non seulement l'homme va recommencer, mais qu'il ira plus loin, qu'il tuera peut-être. Il a un couteau, il est menaçant… Elle leur explique aussi que parler ensemble conforte leur statut de victimes, statut tellement fragile en matière d'agression sexuelle. Elle est persuadée que cela peut les libérer de la culpabilité qui les ronge. Le mari de Monique la soutient et l'encourage. Après des heures et des heures de discussion, la maire arrive à convaincre les trois femmes. À quelques conditions : rester anonymes et ne pas être prises en photos. La maire organise aussitôt une conférence de presse dans les locaux de la mairie, une grande bâtisse de briques rouges. Les journalistes locaux, *La Voix du Nord*, *La Sambre*, RadioCanalFM, France 3 région sont présents.

Jusqu'ici, aucune des tentatives de viol des semaines précédentes n'avait été rendue publique. Aucune d'entre elles n'a fait l'objet ne serait-ce que d'un entrefilet dans les pages faits divers. En ce début des années 2000, douze ans après la première série d'agressions à Maubeuge, la délinquance sexuelle est encore largement dans l'angle mort du récit médiatique. Sans que l'on sache qui de la source ou de la plume choisit de taire ces faits, ni d'ailleurs pour quelles raisons. Une pudibonderie qui se refuserait à la description d'actes sexuels ? Un mépris pour des faits estimés peu importants ? Ou plus simplement du déni ? La délinquance sexuelle est aussi dans l'angle mort du discours politique, elle ne fait pas débat public. Il y a cette phrase qui revient toujours et qui hante Annick Mattighello : « Il n'y a pas mort d'homme. » Entre eux, les élus n'en parlent pas. Pour les agressions en série de la Sambre, des autres couches de censure viennent se superposer à celles-ci, de la part des autorités cette fois-ci : le souci de ne pas troubler l'ordre public et celui de ne pas gêner l'enquête en révélant des éléments qui pourraient pousser le violeur à adapter son comportement et sa stratégie. Celui, enfin, de ne pas donner une mauvaise image de la région. Un raisonnement alors incompréhensible pour Annick Mattighello au regard du risque encouru par ses administrées.

« Il est de mon devoir d'alerter les femmes de ma commune. Je ne peux laisser faire. Car se taire, c'est se rendre coupable. » Lors de la conférence de presse, assise entre un policier municipal et un pompier, ce matin froid de février, Annick Mattighello a du mal à cacher sa colère. Elle explique vouloir parler pour que les femmes « se protègent ». « Nous avons à Louvroil depuis le début de l'année un maniaque, un fou, un dangereux personnage qui s'attaque aux femmes, le matin. Trois femmes ont été agressées sur trois lieux différents. Le dangereux individu menace toujours d'un couteau sous la gorge ses victimes et leur demande de se dévêtir ». Annick Mattighello raconte en détails la dernière tentative de viol au gymnase, elle pose des mots sur les faits, elle parle de « fellation ». Elle fournit à la presse des éléments précis, comme ces justifications de l'agresseur pour expliquer ses attaques : une fois il sort de prison, une autre fois d'hôpital psychiatrique. Elle a remarqué que ces trois femmes semblaient avoir été repérées, que les agressions avaient eu lieu dans des lieux et à des heures où elles étaient seules. Elle appelle à ce que « les femmes de Louvroil » essaient de ne pas se retrouver dans ces situations de vulnérabilité. Évitent les chemins isolés, les endroits mal éclairés et déserts. Elle donne l'exemple dans sa mairie en exigeant que les employées municipales soient désormais accompagnées au travail, quitte à ce que des agents hommes aillent les chercher, elle change les horaires matinaux des femmes de ménage… Elle monte une cellule de crise à la mairie pour recueillir la parole. Elle sait que l'on tait parfois ces choses.

Annick Mattighello est la première à appréhender cette série d'agressions et de viols sous un angle préventif. À penser qu'il faut communiquer. À introduire l'idée de protection des victimes potentielles, et à prendre des mesures concrètes pour cette protection. À tenir compte, aussi, de l'ampleur de la déflagration psychologique chez les victimes. Sa démarche est avec le recul d'une troublante modernité. Mais, à ce moment-là, elle est jugée totalement incongrue par toutes les autres autorités qu'elle : la police, la justice, les autres élus…

Lors de cette conférence de presse, la maire fait publiquement le parallèle avec cette vieille affaire non résolue du violeur de la Sambre. Le lendemain, samedi 15 février, *L'Observateur de l'Avesnois* titre sur « Le retour du violeur en série ? ». « L'ombre d'un violeur en série plane à nouveau sur le Val de Sambre », prévient le journal en sous-titre. Au vu des détails révélés par la maire de Louvroil, la journaliste note une « multitude d'indices laissant à penser qu'il s'agit du "violeur de la Sambre" » et fait le lien avec l'enquête ouverte ouverte en 1996. Ce pervers qui, rappelle-t-elle, avait « commis il y a cinq ans plus de 20 agressions sexuelles sur le territoire sambrien sans avoir été arrêté ». Le 15 février, l'hebdomadaire *La Sambre* titre : « Peur sur la ville, Louvroil en proie à la panique ». France 3 région, puis le 20 heures de France 2 réalisent aussi un sujet. L'affaire prend un tour national. David Pujadas parle de Louvroil comme d'un « village en proie à la psychose ». Monique témoigne, le visage masqué par l'obscurité d'un contre-jour.

Interrogé par les journalistes, Éric de Valroger, le procureur d'Avesnes, ne peut que confirmer l'existence d'une enquête, mais il précise que les informations sont « confidentielles ». Le commissaire du district rabroue aussi l'élue. On lui explique qu'elle entrave le bon déroulement de l'enquête et serait tenue pour responsable si l'enquête devait s'arrêter là par son inconséquence. Le procureur lui passe un coup de téléphone pour lui dire qu'elle pourrait être poursuivie pour entrave à l'exercice de la justice.

Annick Mattighello cherche un soutien chez les autres élus de la région, qui lui répondent globalement de « laisser faire la police », voire de se mêler de ses affaires. Les relations se tendent avec ses collègues communistes, ceux avec qui elle est le plus en contact. Ils lui reprochent de mettre à mal leurs efforts collectifs pour « valoriser le territoire ». La maire de Louvroil est marginalisée, elle est celle qui sème la panique et qui ternit l'image d'un Val de Sambre déjà bien à la peine. Celle qui exagère, qui monte en épingle quelques agressions sexuelles. Certains de ses collègues prétendent qu'avec ses histoires de violeur en série, elle va faire fuir les « investisseurs », ces bienfaiteurs que chacun espère mais que personne ne voit jamais venir. Aucun autre élu de la Sambre ne l'avait informée que, lui aussi, sur sa commune, a eu des femmes agressées et violées, et très visiblement, par le même agresseur. Elle leur en voudra longtemps. Pourtant certains savaient qu'un violeur rôdait. Ils savaient, sans savoir que faire de ces informations, à part les taire.

Grâce à cette conférence de presse, certaines victimes apprennent qu'elles ne sont pas seules, que d'autres femmes ont été agressées ou violées de la même manière qu'elles. Dalila tombe sur le reportage en regardant la télévision. Elle fait immédiatement le rapprochement. Il y a trop de détails qui ressemblent à ce qui lui est arrivé six ans plus tôt. La strangulation, l'heure matinale. Elle ne sait pas quoi penser de ces coïncidences. Elle pense que son affaire est classée depuis longtemps. Elle ignore qu'une information judiciaire est toujours ouverte, que des policiers de Lille travaillent encore régulièrement dessus. Elle n'a plus de lien avec le commissariat de Maubeuge depuis que les policiers de la brigade des mœurs ont changé et elle pense son affaire classée depuis longtemps. Il faut dire que personne n'a jamais pensé à l'informer de quoi que ce soit. Elle ne songe pas à rappeler la police. Elle se dit juste qu'elle a bien raison de se méfier de tout le monde, tout le temps. Que ce soit le même homme ou un autre, cette histoire de Louvroil la conforte dans la peur qui l'accompagne depuis maintenant six ans. Entre-temps, Dalila a eu une fille, devenue le centre de sa vie. Le viol est toujours là. Comme une ombre derrière elle. Mais elle pense que personne n'y peut rien. Il faudra vivre avec cette ombre.

Au SRPJ de Lille, chargé par la nouvelle juge d'instruction d'Avesnes de l'enquête sur les agressions et viols de Louvroil, le commandant Hostekint hésite à faire formellement le rapprochement avec le violeur de la Sambre. Selon lui, le profil décrit par les victimes de Louvroil peut correspondre à celui qu'il recherche. L'horaire est le même. Mais le commandant doute, car quelques éléments diffèrent. Pas de R21, une des victimes croie même avoir vu une R9. Et la présence du couteau semble le chiffonner. Il ne le sait pas, mais l'usage de ce couteau deviendra presque systématique dans les années qui suivent. Les rares vêtements de victimes sont inexploitables pour le laboratoire de police scientifique de Lille. Certains avaient été placés sous scellés plusieurs jours après, et après avoir été lavés. Il n'y a plus d'ADN à comparer.

Tout le monde a oublié le pied-de-biche. Les policiers perdent du temps à vérifier les hommes sortis récemment de prison pour faits sexuels puisque l'auteur a plusieurs fois prétendu qu'il sortait de prison. Ils les auditionnent tous. C'est long. Et cela ne donne rien. Ils entendent aussi les employés des sociétés de ramassage des ordures à cause de l'heure et de l'odeur désagréable signalée par certaines victimes. Font des surveillances et filatures matinales autour des zones d'agression. Enquêtent sur les pensionnaires de la clinique du Bocage, une unité de soins à Louvroil où l'on traite les problèmes d'alcoolisme et psychiatriques.

Après la conférence de presse et les reportages télé, la maire de Louvroil reçoit des dénonciations, anonymes la plupart du temps. Les policiers prennent la peine de vérifier. Mais la plupart sont des vengeances personnelles ou des déclarations fantaisistes. Un seul témoignage semble intéressant : une femme signale qu'un homme a essayé de l'agresser un matin de janvier dans les rues de Louvroil, mais elle n'avait pas porté plainte car il s'était aussitôt enfui. L'homme correspond au profil du violeur. Annick Mattighello se dit qu'il y a peut-être d'autres victimes.

Les mois passent. Le bruit s'efface. Monique, « la tornade » de la piscine de Louvroil, est figée dans la peur de tout, elle imagine son agresseur partout. Elle ne fait plus rien sans son mari. Sa santé vacille.

Annick Mattighello n'entendra plus jamais parler de cette affaire jusqu'en 2018. Elle se rappellera alors qu'un soir de 1960, elle n'avait pas 10 ans, une autre femme, sa mère, l'avait sauvée en osant la première briser le silence.

« Les repérages c'était partout et tout le temps. Même le soir. »

Le pantalon rose

Blandine a 13 ans, bientôt 14. Elle habite Bachant, à côté d'Aulnoye, avec ses deux parents, et sa grande sœur. Elle s'entend mal avec son père. Il a tendance « à gueuler ». Blandine est en troisième au collège Pablo Picasso d'Aulnoye-Aymeries. Elle n'y est pas très heureuse. Blandine est ronde et elle se fait régulièrement charrier par les bandes de garçons sur son physique. Et avec les copines, il y a des hauts et des bas. L'adolescence en somme. Ces derniers temps, elle fréquente une certaine Jennifer que ses parents n'aiment pas. C'est peut-être pour ça qu'elle traîne avec elle. Blandine est dans sa période « rebelle », elle est assez influençable. Les deux copines viennent de se faire prendre par un vigile à voler des CD deux titres au Auchan de Louvroil, une idée de Jennifer selon Blandine. Le vigile a appelé la police. Son père a encore crié. Et Blandine en veut à Jennifer. Normalement, le matin, les deux copines se retrouvent à l'arrêt de bus devant la mairie de Bachant pour partir au collège d'Aulnoye. Mais, quelques jours après l'histoire du vol à Auchan, Blandine décide de poser un lapin à Jennifer. Elle voudrait que Jennifer s'inquiète de ne pas la voir. Bisbilles d'adolescentes. Le mercredi 16 octobre 2002, évitant donc le centre du village, Blandine prend à pied la rue de la Cavée en direction d'Aulnoye. À l'époque, il n'y a aucune habitation le long de cette route boisée qui longe la Sambre.

À cette heure, la lumière des quelques lampadaires diffuse leur brouillard orangé dans la bruine matinale. Blandine a déjà pris ce chemin à pied, mais jamais seule de nuit. La route est déserte. Elle n'est pas rassurée, sans savoir pourquoi. Elle n'a jamais entendu parler d'agresseur sexuel dans la région. À part l'histoire de Dutroux juste de l'autre côté de la frontière, qui lui faisait peur quand elle était petite. Elle se souvient de ces deux prénoms : Julie et Mélissa. C'était il y a longtemps, elle était en CE2. Elle ne pense plus à ces histoires de pervers. L'affaire des femmes de Louvroil au début de cette année 2002 lui a échappé. Elle ne regarde pas vraiment les informations. Sa peur ce matin-là sur la route du collège est une peur abstraite, c'est la peur banale du noir et du silence. Cela fait une vingtaine de minutes qu'elle marche, il doit être 7 h 20. Blandine remarque une Clio bleu foncé, un peu comme celles qu'ont les gendarmes, sur sa gauche, garée en perpendiculaire à la route, sur un chemin de tracteur qui mène à un champ. Elle entend un bruit de portière. Elle ne fait pas attention. Elle continue son chemin.

Quelques secondes plus tard, un homme arrive en courant par derrière, l'attrape et la jette dans le fossé. Il s'assoit sur elle, elle est sur le dos, il la retourne et n'arrive pas à lui baisser son pantalon. Elle est pétrifiée. Elle ne comprend pas ce qu'il fait. Blandine n'a qu'une très vague idée de ce qu'est un acte sexuel. L'homme frotte son sexe contre elle. Dans son esprit, il la viole. Plus tard, elle reconstituera la scène, mettra des images et des noms sur des gestes et reconnaîtra cette odeur qui ne l'a jamais quittée, celle du sperme. Elle mettra longtemps à réaliser ce que cet homme lui a fait : il s'est masturbé sur elle. Tout le long, elle ne bouge pas, ne le regarde pas, elle fait la morte. Lorsqu'une voiture passe, l'homme semble prendre peur et s'enfuit. Elle pense qu'il est parti avec la Clio. Blandine se relève et reprend son chemin, comme si de rien n'était.

Son idée, fixe, c'est de reprendre le cours normal de cette journée. Aller au collège, aller en cours. Faire que cela n'ait pas existé. Elle marche donc comme si de rien n'était les 500 mètres restant, son pantalon rose vif sali de terre. Lorsqu'elle arrive au collège, elle se précipite aux toilettes pour mettre des serviettes hygiéniques. Elle en a toujours dans son cartable, même si elle n'est pas encore réglée. Elle pense qu'il faut faire ça après un viol. Elle en met deux pour être plus sûre. Sûre de quoi ? Elle ne sait pas. Puis elle rejoint le rang de sa classe pour rentrer en cours. Il y a là sa copine Sarah, qui regarde son pantalon rose maculé de traces de terre. Elle demande ce qui lui est arrivé. « Je me suis fait violer. » Le son de la phrase l'extirpe soudain de l'état de choc. Elle prononce les mots, et éclate en sanglots. La copine est paniquée. Une autre s'en mêle. Mais Blandine décide d'aller quand même en cours de français. Il y a contrôle de conjugaisons ce matin-là. Et elle aime bien cette prof de français. Elle ne veut pas la décevoir. À la fin de l'heure de cours, les copines accompagnent finalement Blandine dans le bureau des surveillantes. Blandine répète la même phrase : « Je me suis fait violer. » Et repleure. Une surveillante l'accompagne à l'infirmerie en attendant que la police arrive.

Ce sont deux policiers, deux hommes, en tenue. Ils ont la quarantaine peut-être. Ils la font monter dans la voiture.

Eux devant, elle toute seule sur la banquette arrière, ils se rendent directement rue de la Cavée, le long de la Sambre. Ils ne posent aucune question sur les faits. L'un d'eux rompt le silence et lui demande quel genre de fille elle est, si elle a déjà eu des problèmes avec la police. Blandine se dit qu'ils savent peut-être pour le vol des CD à Auchan, et s'ils ne savent pas, ils l'apprendront tôt ou tard. Elle se sent coupable, alors elle raconte qu'elle a effectivement eu un problème récemment, qu'elle a volé des disques avec sa copine Jennifer. Avec le recul, elle pense que son sort s'est scellé à ce moment-là. Celui où elle est devenue dans l'esprit du policier une délinquante, une mauvaise fille. Pas une victime en tous cas.

La voiture de police s'arrête à hauteur du chemin où elle a vu la Clio. Le policier qui lui a posé la question inspecte le chemin. Il revient vers Blandine et lui dit qu'il n'y a aucune trace de voiture, juste des traces de tracteur. Il est formel. Il regarde le talus avec l'herbe écrasée où elle a été plaquée au sol, et lui explique qu'elle aurait pu fouler cette herbe toute seule avec ses pieds. Alors Blandine comprend qu'elle bascule dans autre chose. Ce qu'elle appellera des années plus tard « le deuxième viol ». Ce cauchemar où elle est une menteuse, une fille pas crédible. Elle a l'impression que les policiers la poussent dans ce rôle. Sur le chemin à leurs côtés dans la voiture, Blandine ne pleure plus. Elle sait désormais que ça va être compliqué. Qu'une autre guerre commence.

Au commissariat d'Aulnoye, l'un des policiers la fait monter dans un bureau à l'étage. Le commissariat n'a pas changé, c'est toujours cette maison mal aménagée où tout est exigu. L'officier l'informe que son audition va être filmée. Il lui explique que c'est pour vérifier qu'elle dit bien toujours la même chose, qu'elle ne se contredit pas. C'est faux, mais Blandine le croit. En réalité, c'est juste la loi. En l'occurrence la loi Guigou de 1998, sur la délinquance sexuelle et la protection des mineurs, qui prévoit de filmer leurs dépositions. Mais Blandine ne le sait pas. Et le policier ne le lui dit pas.

Dans ce cauchemar, pour l'adolescente, tout est piège, tout est test. Elle a peur d'être prise en défaut. Elle est sur ses gardes. Quand elle m'en parlera, des années plus tard, elle ne dira jamais le « dépôt de plainte », mais « l'interrogatoire ». Au policier, Blandine raconte la route sombre, la Clio, le bruit de portière, les pas d'un homme qui court, le talus, l'homme sur elle dont elle ne voit pas le visage et puis les gestes. Le policier lui demande si elle a été « pénétrée ». Blandine ne sait pas répondre. Elle ne connaît pas les mots du policier : « pénétration », « érection ». Il lui explique que l'érection, c'est comme « un manche à balai ». Alors elle dit que non, qu'elle n'a pas été pénétrée. Il lui répond qu'alors ce n'est pas un viol mais une agression sexuelle. Le policier la fait répéter et re-répéter son histoire, elle a l'impression qu'il la manipule pour lui faire avouer qu'elle ment. Blandine résiste, mais le doute s'insinue en elle aussi. Et si elle avait rêvé ? Si ça n'était pas arrivé ?

Après la déposition, elle retrouve sa mère, Fabienne, qui l'attend en bas à l'accueil, et la prend dans ses bras. Puis, deux autres policiers emmènent Blandine en voiture aux urgences de Maubeuge. Ils mettent la sirène. Sa mère suit avec sa voiture. Aux urgences, on lui prend ses vêtements. Elle ne comprend pas pourquoi, personne ne lui explique que c'est pour les placer sous scellés et voir s'il y a des traces d'ADN exploitables. À 13 ans, bientôt 14, Blandine passe le premier examen gynécologique de sa vie, elle n'a jamais vu de table gynécologique, ne sait pas à quoi servent les étriers dans lesquels on lui demande de coincer ses pieds. Le médecin est un homme. Il lui confirme qu'il n'y a pas eu de pénétration. Mais, pourtant, il lui prescrit la pilule du lendemain. Sa mère patiente, encore, dans la salle d'attente. Blandine se rappelle d'une piqûre dans les fesses. Et d'une psychologue devant qui elle n'arrive pas à sortir un mot, et réciproquement. Il y a entre elles un silence, et puis rien. Après, il y a des prises de sang. Il y en aura tous les six mois, Blandine n'a jamais su pourquoi. Personne n'a songé à le lui expliquer. Elle n'a pas osé demander.

Dans les jours qui suivent l'agression, elle se rend elle ne sait plus combien de fois au commissariat d'Aulnoye pour raconter encore et encore son histoire. Face à elle, toujours le même policier, toujours le même bureau, toujours le même récit. La route sombre, la Clio bleue, l'homme qui court, le talus, les gestes… Elle pense encore qu'on la teste. Elle tente de résister. Mais parfois, elle doute d'elle-même. L'adolescente se dissocie, elle est partagée entre prouver au policier qu'elle ne ment pas et abandonner. Parfois, elle a quand même l'impression que les policiers la croient. Car ils mènent quelques investigations. C'est en tout cas ce qu'ils lui disent. Un matin, par exemple, ils contrôlent toutes les Clio bleues autour d'Aulnoye. Mais comme ça ne donne rien, Blandine a le sentiment qu'ils lui reprochent de leur faire perdre leur temps. Au bout de quelques jours, un policier lui montre des photos d'hommes sur l'ordinateur. Mais le policier la met aussitôt en garde : si elle dénonce quelqu'un à tort, il fera vingt ans de prison par sa faute. En observant les visages d'hommes, l'adolescente comprend qu'il ne faut désigner personne. De toute façon, elle n'a pas vu son agresseur.

Blandine ne va plus au collège, elle ne dort plus la nuit. Sa mère lui donne des médicaments à base de plantes, et aussi un sirop qui la plonge un peu dans le brouillard.

Selon sa mère, une psychologue de la police vient aussi lui parler pour la convaincre de dire la vérité, elle lui dit qu'elle fait du mal à ses parents par son entêtement. Blandine ne se souvient pas de cette psychologue. Mais elle se souvient du doute qui s'est insinué chez sa mère. « On racontait que j'avais un petit ami qui m'avait forcée à aller dans la voiture pour faire des choses, c'est une dame de Bachant, une ancienne collègue de ma mère qui avait dit ça. »

Puis arrivent les vacances de Toussaint. Blandine se retrouve seule avec son père, qui est en congé. Ils ne parlent pas de ce qui s'est passé mais elle pense que lui non plus ne la croit pas. Elle est mal à l'aise. Les vacances lui paraissent longues. Lorsqu'elle retourne au collège début novembre, son père l'emmène en voiture. Ils ont pris cette décision sans vraiment en parler. Pour le reste, tout le monde, elle comprise, fait comme si de rien n'était. Comme si ça n'avait pas existé. Blandine n'en reparle plus avec ses copines. Ni avec personne d'ailleurs. Certains savent cependant. La prof de français ne lui a pas compté sa mauvaise note du contrôle de conjugaison du jour de l'agression. Blandine accueille ce geste comme une rare bienveillance à son égard. Elle sait que la prof a demandé à ses copines des nouvelles d'elle durant son absence. Elle n'en parle pas avec elle non plus, mais connaître ces détails la réconforte. Car avec les autres élèves, c'est plus compliqué. D'autant qu'une rumeur finit par circuler au collège : elle aurait mis du dentifrice sur son pantalon pour faire croire qu'elle a été violée. Blandine ne comprend pas cette histoire de dentifrice. Elle a juste le sentiment qu'on se moque d'elle derrière son dos.

Trois mois plus tard, un drame frappe sa famille. Sa sœur aînée meurt dans un accident de voiture. Au collège, la mort de sa sœur fait taire les rumeurs autour du viol et crée une empathie inédite autour de Blandine. Les copines, les professeurs la regardent autrement, s'occupent d'elle. « L'affaire » du viol s'efface de la mémoire collective. Elle demeure dans celle de Blandine, sans qu'elle ne sache qu'en faire.

Elle continue son chemin. S'éloigne un peu du Val de Sambre et de sa famille que la douleur déchire. Elle part en BEP dans un lycée de Le Quesnoy, puis en bac pro à Sains-du-Nord, vers Avesnes-sur-Helpe. Elle rencontre un amoureux et découvre la sexualité. C'est compliqué, impossible même au début, parce qu'elle comprend seulement à ce moment-là ce qui s'est passé ce matin d'octobre 2002 sur le bord de la route. Elle met des mots et des images sur les gestes de son agresseur. C'est à partir de là qu'elle cesse de douter d'elle-même. Qu'elle s'autorise à penser qu'elle n'a pas rêvé. Peut-être même qu'elle n'est pas une menteuse.

Elle en est là, peut-être deux ans après l'agression, lorsqu'elle est reconvoquée au commissariat. Un policier l'informe que l'enquête est terminée, qu'ils n'ont rien trouvé. Le policier en charge de son affaire est toujours le même mais quelque chose a changé dans leurs rapports : il est l'oncle de son petit ami, ils se croisent parfois dans des réunions de famille. Peut-être à cause de cette proximité, Blandine a l'impression qu'il la regarde désormais autrement. Ils ne reparleront jamais de cette histoire. Blandine en veut toujours à la police. La colère n'est jamais vraiment partie.

Toutes ces années, Blandine va garder cette histoire pour elle, en elle. Et la vie va être compliquée. Pendant des années, après l'agression, elle n'aura pas ses règles.

Elle pense à lui, tout le temps. Elle se figure son agresseur comme quelqu'un qui venait d'ailleurs. Quelqu'un qui passait par là. Et pourtant, elle a peur, tout le temps. Surtout la nuit, quand son fiancé, pompier, quitte la maison. Alors, elle prend un chien et ça commence à aller mieux. Elle se met aux médecines parallèles, le Reiki, puis l'hypnose. Au départ, pour soigner ses problèmes de santé et d'infertilité. Mais elle découvre que cela l'aide à faire face au traumatisme. Contrairement à la plupart des autres victimes, Blandine suivra plusieurs psychothérapies.

L'institution, elle, a oublié l'agression de Blandine. La procédure ne sera jamais retrouvée dans les archives de la police. Elle n'a pas été signalée à l'époque aux enquêteurs du SRPJ. On ignore même si elle avait été transmise au parquet d'Avesnes. Elle passe parfois sur cette route. Petit à petit, des maisons y ont été construites. Elle aurait préféré que l'endroit reste tel quel. Elle a l'impression que l'urbanisme aussi efface son histoire.

Finalement, Blandine est devenue hypnothérapeute et réflexologue. Elle a installé son cabinet au premier étage de sa maison, rue Jean-Jacques Rousseau, juste en face du commissariat d'Aulnoye-Aymeries.

Le père de Dino Scala monte une entreprise avec Mario le frère. Dino se sent floué. Ça fait encore des histoires.

Les genoux propres

Betty, 17 ans, est en BEP services à la personne dans un lycée à Avesnes-sur-Helpe. C'est une grande fille qui aime la coiffure et le maquillage. Elle habite une maison juste à côté d'Avesnes, dans le village d'Avesnelles, avec ses parents et ses trois frères et sœurs qui portent tous des prénoms avec un « y » à la fin.

Ce matin, son père ne l'accompagne pas en voiture, Betty part vers 7 h 15. Elle longe la rue du Moulinet vers Avesnes, passe sous la voie ferrée à hauteur de la Carrosserie moderne, puis fait un crochet à la gare où elle récupère ses copines pour aller ensemble au lycée professionnel du Clos-Fleuri. Parfois, elle fait le chemin avec sa sœur Candy, qui a un an de moins. Mais ce matin-là, 5 décembre 2002, elle est seule. Candy commence plus tard. La route qu'elle longe est bordée de maisons d'un côté, de l'autre, il y a des prairies de bocage. Betty a mis son pantalon pattes d'eph' préféré.

Une bruine dense détrempe l'air, il gèle. Elle est à moins d'un kilomètre de chez elle lorsqu'elle entend quelqu'un courir derrière elle puis la saisir avec ses bras par le cou. L'homme l'entraîne dans la pâture attenante, il la pousse en lui demandant de se taire. Sinon, il la tuera. Il lui passe son écharpe en bandeau autour des yeux. Une fois au fond du pré, elle lui demande s'il va la violer, ou l'égorger. Il lui pose des questions : son nom, son prénom, où vit-elle, où va-t-elle à l'école, son âge, si elle est vierge. Elle lui donne tous ces renseignements. Il ouvre son blouson, soulève ses pull et tee-shirt, dégrafe son soutien-gorge et touche sa poitrine en la complimentant. Il trouve d'ailleurs que cela ne sert à rien qu'elle mette des soutiens-gorge rembourrés. Puis il pose sa bouche sur sa poitrine. Betty le supplie de la laisser partir, elle dit qu'elle a un examen à passer. Mais il ne l'écoute pas, et lui enlève son sac à dos, tout en s'inquiétant de savoir si des choses se cassent à l'intérieur et le place sur le sol pour qu'elle s'agenouille dessus sans se salir. Il se place face à elle. La force à le masturber, puis à lui faire une fellation. C'est son premier contact avec la sexualité. Et elle a peur de mourir.

Et puis un chien aboie, tout proche. L'homme lui demande de ne plus bouger. Puis de compter jusqu'à 50. Elle l'entend partir. Mais attend d'être arrivée jusqu'au chiffre indiqué pour ôter l'écharpe qui lui couvre le regard. Elle reprend son sac et part en courant en direction du lycée. Elle ne retourne pas vers chez elle, car elle a peur qu'il la suive. Sur le chemin, après le pont des voies ferrées, elle rencontre un camarade à vélo, lui raconte qu'elle vient d'être agressée, il ne la croit pas, jusqu'à ce qu'elle fonde en larmes. Arrivée au lycée, elle fonce en salle des professeurs. Elle est confuse. N'ose pas mettre des mots. « On a voulu me tuer », dit-elle d'abord. Elle a peur que sa sœur qui devait partir après elle soit attaquée elle aussi. Une enseignante essaie de la calmer, la fait asseoir et Betty parvient à lui expliquer. Les enseignants préviennent la gendarmerie et l'un d'entre eux ramène Betty en voiture chez elle.

Valérie, sa mère, est assise sur son lit à l'étage. Elle boit son café en sortant de la salle de bains, comme tous les matins. En bas, soudain, des hurlements. Une des filles répète « On a violé Betty, on a violé Betty ! ». Valérie descend. Dans l'entrée, il y a l'enseignant de Betty. « Votre fille a été violée le long de la route, je vous emmène à la gendarmerie. » Betty pleure. Elle est prostrée. Betty est prise de tremblements, ses cheveux sont trempés, du maquillage a coulé sur ses joues, son pantalon pattes d'eph est mouillé jusqu'aux genoux.

Valérie a du mal à réaliser ce qu'il est arrivé à sa fille. Les gendarmes d'Avesnes-sur-Helpe les reçoivent toutes les deux dans un bureau. En face d'elles, il y a deux hommes en uniformes. L'un d'eux leur explique que l'audition peut être filmée en vertu de la loi sur la protection des mineures mais Betty, sur les conseils de sa mère, refuse. Sa mère reste avec elle pour la déposition. Betty est mal à l'aise. Elle ne comprend pas certains termes employés. L'un des gendarmes lui parle « d'érection » mais elle ne connaît pas ce mot. Le gendarme esquisse un sourire et Betty a l'impression qu'il se moque d'elle. Il lui demande alors : « Est-ce que son sexe était dur ? » Les questions gênantes s'enchaînent, sur la pilosité de son agresseur, la taille de son sexe, son odeur… Betty ne sait pas quoi répondre. Elle ne pense qu'à sa mère assise juste à côté et qu'elle n'ose pas regarder. À la maison, personne ne parle jamais de sexualité. Et elle n'en a pas la moindre expérience. Elle a aussi peur qu'on ne la croie pas. Un gendarme s'est étonné qu'elle n'ait pas les genoux sales, ce qui ne collerait pas avec une fellation. Betty avait oublié de préciser dans sa première version qu'il lui avait fait mettre son cartable sous les genoux. L'audition est longue. Il faut ce temps pour qu'elle se rassure, un peu. Qu'elle finisse par comprendre que ces gendarmes la croient. Que leurs questions sont nécessaires. Malgré la précision des questions et des réponses, la plainte de Betty est enregistrée sous le simple qualificatif d'agression sexuelle. On est en 2002, plus de vingt ans après la loi reconnaissant la fellation imposée comme un viol. Les gendarmes qui prennent la plainte ne peuvent l'ignorer. Contrairement à Betty et sa mère, qui signent le dépôt de plainte en l'état.

Après que Betty a raconté son histoire, des gendarmes de la brigade, accompagnés d'un maître-chien emprunté à une brigade voisine, se rendent dans la prairie. La bruine s'est transformée en pluie glaciale. Les rares traces de pas ne sont pas exploitables. Le chien s'arrête dans un abri en tôle qui a pu servir à l'agresseur pour guetter sa proie et s'arrête à un carrefour non loin de là. Puis rien.

Puis Betty est conduite à l'hôpital de Maubeuge pour un examen gynécologique et des prélèvements buccaux. Une sage-femme est présente avec l'expert gynécologue, la présence de cette femme rassure l'adolescente. Le gynécologue effectue des prélèvements buccaux. Et les tests de détection habituels pour les maladies sexuellement transmissibles. Betty est marquée par le test « sida ». Elle a peur des résultats. En rentrant de l'hôpital, elle remet tous ses vêtements aux gendarmes, qui les placent sous scellés. Puis elle voit un psychiatre, à la demande des gendarmes. Il doit déterminer si elle a des tendances affabulatrices.

La semaine suivant le viol de Betty, un article paraît dans l'hebdomadaire local, *L'Observateur de l'Avesnois*, à propos de « l'agression sexuelle » d'une adolescente d'Avesnelles. L'entrefilet fait mention d'une rumeur qui avait circulé « mettant en doute la crédibilité de la jeune fille ». Le père de Betty est impulsif quand on touche à ses filles ou à sa femme. Une fois, Valérie avait été agressée dans la rue, il avait sorti le fusil et tiré en l'air, les gendarmes l'avaient arrêté. En découvrant l'article et la mention de cette rumeur sur Betty, son sang ne fait qu'un tour. Les deux parents débarquent dans les bureaux de l'agence locale de l'*Observateur* à Avesnes. Le ton monte, le père secoue physiquement un employé. Dans le numéro suivant, le journal publie des « précisions », relayant la colère des parents de Betty concernant cette rumeur. Le journal se défend de toute ambiguïté dans son précédent article. Vingt ans plus tard, en feuilletant ces anciens numéros dans la petite salle des archives de l'*Observateur de l'Avesnois*, je tombe par hasard, à quelques pages de l'article à propos du viol de Betty, sur le nom d'un certain Dino Scala. Son club de foot, Berlaimont, a « créé la surprise » en battant un club deux divisions au-dessus. « Une belle satisfaction pour Dino Scala », conclut l'article.

Dans le cadre de leur enquête, les gendarmes réentendent Betty pour essayer de glaner des éléments plus précis sur l'agresseur. Betty leur dit juste qu'il avait une sorte de voix cassée. Ils lui demandent si elle connaît quelqu'un, dans son entourage, qui aurait cette même voix. Elle cite le nom d'un garçon qu'elle connaît. Comme ça, juste pour dire que c'est ce genre de voix. Mais elle se fait mal comprendre. Les gendarmes vont aussitôt arrêter le garçon chez lui, et l'emmener au poste. Il est interrogé sur ses liens avec Betty. Il dit qu'ils se connaissent, qu'ils ont même déjà discuté à la discothèque « Le Jet Set », sur la grand route qui va de Maubeuge à Avesnes. Oui, il la trouve mignonne. Ils se sont déjà échangé des messages. Sans plus. Il précise aux gendarmes qu'il ne lui a « jamais déclaré sa flamme ». La famille du garçon va aussi être interrogée. Lorsque les gendarmes comprennent qu'il n'a rien à voir avec le viol de

Betty, il est trop tard, le bruit a circulé dans le village. La famille du garçon ne cessera d'en vouloir à celle de Betty. Et elle, n'a jamais su comment rattraper le coup.

Entre-temps, le psychiatre qui a examiné Betty a rédigé un bref rapport. Selon lui, l'adolescente présente tous les signes cliniques d'un choc post-traumatique et pas ceux d'une personnalité affabulatrice. Betty va garder longtemps avec elle cette feuille simple où il est écrit qu'elle dit la vérité. C'est la seule pièce qu'elle va conserver de cette procédure. Ce papier sera son bouclier contre le doute.

Au tribunal d'Avesnes, la nouvelle procureure, Fabienne Roze, qui était déjà en poste à Avesnes en 1997 comme substitut, a gardé la mémoire des affaires précédentes. En découvrant le viol de Betty, elle informe aussitôt les gendarmes d'Avesnes de l'existence de deux vagues de viols dans la région, en 1996-97 et au début de l'année à Louvroil. Elle rectifie aussi la qualification des faits, ouvrant une information judiciaire pour viol et non pour agression sexuelle.

Mais c'est encore une nouvelle juge d'instruction qui hérite du dossier. Elle confie l'enquête judiciaire aux gendarmes d'Avesnes, puisqu'ils avaient commencé l'enquête. L'information judiciaire n'est pas jointe à celle dite du violeur de la Sambre. Ils n'ont pas accès à la procédure sur les viols de 1996-97, ni sur ceux des femmes de Louvroil quelques mois plus tôt. Ils pensent d'ailleurs plutôt qu'il s'agit là d'un acte « isolé et local ». Ils rendront leur conclusion à la juge au bout de dix mois, de manière assez succincte : « Aucun élément positif n'a pu être recueilli nous permettant d'orienter notre enquête. De nombreux contacts téléphoniques ont été maintenus avec la mère de la victime, mais aucun élément nouveau n'est apparu. » L'enquête est close, le viol de Betty ne sera pas relié à l'affaire du violeur de la Sambre.

En réalité, c'est surtout Valérie, la mère de Betty, qui a beaucoup appelé la gendarmerie pour essayer de prendre des nouvelles dans les mois qui ont suivi. Le viol de Betty a bouleversé toute la famille. Le père culpabilise de ne pas avoir accompagné sa fille au lycée ce matin-là. Il sombre dans la dépression. La mère a pris une avocate, pour que sa fille, devenue majeure entre-temps, puisse se constituer partie civile. Pendant que sa mère se démène pour obtenir des informations qui n'existent pas, que son père s'englue dans la culpabilité et la colère, Betty, elle, s'enfonce.

Lorsqu'elle retourne enfin au lycée en janvier 2003, l'adolescente est une autre. Elle ne veut plus sortir aux récrés, demande à rester enfermée dans une salle. Désormais, elle a peur de tout. Elle est obsédée par les faits divers à la télé. Dort avec la lumière et la télé allumées 24 heures sur 24. Elle change de look. Ne met plus que des joggings informes. Se coupe les cheveux. Les teint. Ne se maquille plus. Et commence à grossir. Au lycée, cette année-là, elle décroche. Lorsqu'elle est chez elle, elle pleure toute la nuit, un de ses frères dormira au pied de son lit durant des années.

Chaque 5 décembre, elle imagine que son violeur va venir la retrouver. Qu'il la surveille.

Après le viol, Betty avait quitté son village pour aller quelques temps chez une tante à Aulnoye-Aymeries. Puis elle s'est mise en ménage, elle a fait installer des verrous partout dans la maison. Le dimanche, elle a continué à aller parfois en famille aux matchs de foot à Pont-sur-Sambre. Son frère et un de ses oncles jouent régulièrement là-bas. Ils connaissent son violeur. Elle l'apprendra seize ans plus tard.

Dino Scala se dispute avec le président de son club de foot, l'US Berlaimont. Vingt joueurs quittent le club à sa suite. En solidarité avec leur entraîneur.

Affaires classées

En mai 2003, Patricia, la directrice d'école de Maubeuge, est avec son mari à l'hypermarché Auchan de Louvroil, rayon céréales et sucres. Elle se sent soudain observée, se retourne : un homme la fixe. Il ressemble à cet homme venu rôder chez elle une semaine avant son viol, cet homme trapu aux cheveux dégarnis dont le portrait-robot orne depuis maintenant près de sept ans les murs des commissariats du coin. L'homme est accompagné d'une femme qui semble plus âgée que lui. Patricia est très troublée, fait part de ses doutes à son mari. Ils filent à la caisse régler leurs achats et attendent discrètement dans le hall que l'homme sorte. Ils le suivent sur le parking. L'homme charge ses courses dans une R21 grise. Ils notent la plaque.

Patricia hésite cependant, elle attend plusieurs jours avant d'appeler le commandant Hostekint à Lille. Il descend aussitôt à Maubeuge, accompagné d'un de ses hommes et ils se rendent directement à l'école où elle travaille pour entendre son témoignage. Les policiers retrouvent sans peine l'homme du supermarché, ils le convoquent et le prennent en photo. En observant sa photo, la directrice d'école a un doute : il ressemble à son violeur mais… il semble plus jeune. L'homme est un employé de la mairie de Louvroil. Il dit n'avoir rien à voir avec ces viols et accepte tout de suite que l'on prenne son ADN. L'analyse le met finalement hors de cause.

Au tribunal d'Avesnes-sur-Helpe, une nouvelle juge d'instruction est nommée, tout juste sortie de l'école nationale de la magistrature, comme ses prédécesseuses. Mais à peine arrivée, elle informe le commandant du SRPJ qu'elle souhaite clore l'information judiciaire de l'affaire dite violeur de la Sambre. L'enquête est ouverte depuis maintenant sept ans, dont cinq années dans les mains du SRPJ de Lille, et il ne se passe plus rien. Le violeur semble avoir disparu, il est temps selon la magistrate de refermer le dossier. Le Grincheux traîne la patte. Il prétexte de nouvelles recherches pour tenter d'empêcher la clôture.

Durant l'été 2003, il finit par rédiger le rapport clôturant toutes ses années d'enquête. Le dossier initial regroupe 11 agressions et viols, commis entre 1996 et 1998. Les multiples agressions sexuelles et viols commis entre 1988 et 1996, repérés et classés dans l'armoire de Christine Andrieux, la minutieuse archiviste de la PJ de Lille, ne sont pas reliés à l'information judiciaire. Ce sont des affaires classées. Et pour la plupart, surtout, des non-affaires. Des plaintes oubliées dans les limbes de la mémoire policière et judiciaire. Le passé est un angle mort. Mais le présent aussi. À partir de 1998, alors que les viols continuaient, plus aucune agression n'a été jointe à l'enquête initiale. Des procédures ont disparu, d'autres ne sont simplement pas remontées au SRPJ, d'autres enfin ont été traitées à part, comme les femmes de ménage de Louvroil, pour lesquelles

Hostekint pense qu'elles sont peut-être le fait d'un auteur différent.

En rédigeant son rapport d'enquête, le commandant décrit un mode opératoire précis et quasi constant. Une zone : le violeur agit sur un axe routier particulier, celui de la D959. Il est fort probable qu'il roule dans une Renault 21 de couleur claire. Hostekint considère avoir un portrait-robot « relativement fiable », celui réalisé par la directrice d'école à l'automne 1997. Ce portrait-robot d'un homme brun au visage rond et au crâne dégarni qui est resté longtemps affiché dans les commissariats de la région. En 2003, beaucoup l'ont déjà décroché.

Les enquêteurs ont un ADN. Mais il ne leur est pour l'instant que d'une utilité limitée. Cet ADN ne parle pas, il ne permet pas de donner des indications sur la personne à qui appartient ce profil. C'est un code d'identification unique, mais muet. Il a tout de même permis d'établir des rapprochements formels entre des affaires différentes. Et, surtout, d'exclure les uns après les autres la quinzaine de suspects arrêtés durant ces cinq années. L'ADN est désormais rangé dans le fichier national des empreintes génétiques, le FNAEG. Mais le fichier, encore récent, ne compte en cette année 2003 « que » 16 000 profils enregistrés, les deux tiers provenant de personnes déjà condamnées. Environ 700 profils inconnus comme celui du violeur de la Sambre sont stockés en attente, un jour, de matcher avec un autre[1].

À partir de l'automne 2003, la nouvelle juge d'instruction va prononcer des non-lieux les uns après les autres.

Dès septembre, elle informe la directrice d'école que l'information judiciaire concernant son viol se termine faute

1. À titre de comparaison, aujourd'hui, le FNAEG contient 3,5 millions de profils, dont 500 000 inconnus.

d'avoir retrouvé l'auteur. Elle est la seule des 17 victimes de 1996-1997 à en être informée. Par un courrier de quelques lignes : *Attendu qu'il n'existe dès lors pas de charges suffisantes contre quiconque d'avoir commis les infractions susvisées. Déclarons n'y avoir lieu à suivre en l'état et ordonnons le dépôt du dossier au greffe pour y être repris s'il survenait des charges nouvelles.* Les autres victimes ne s'étant pas constituées parties civiles (puisque personne ne le leur a proposé), elles ne sont pas tenues informées. Toutes pensent que leur affaire a été oubliée depuis longtemps.

Les femmes de Louvroil sont légèrement mieux traitées : la juge prend la peine de leur écrire pour leur demander si elles souhaitent se constituer parties civiles. Monique, la femme de ménage de la mairie de Louvroil, répond immédiatement. Elle envoie une lettre manuscrite sur un petit bout de papier quadrillé où elle confirme vouloir être partie civile. Une autre des victimes de Louvroil se constitue également via un avocat. Mais la proposition de la juge est en réalité de pure forme. Presque une fausse politesse. Les lettres des victimes n'ont pas le temps d'arriver que le procureur d'Avesnes a déjà signé une réquisition de non-lieu, le 7 novembre. Non-lieu qui sera prononcé officiellement par la juge d'instruction quelques mois plus tard.

Suivra un autre non-lieu pour le viol de Betty, mêmes motifs : « investigations vaines et auteur inconnu ». Puis un dernier pour Adeline, lycéenne victime d'un viol en 1998, dans un champ de maïs, alors qu'elle se rendait au lycée. Adeline est devenue adulte, elle a 22 ans, elle tente de se reconstruire en fondant une famille. Elle travaille. Elle est obsédée par l'idée d'aller de l'avant pour ne pas couler. Mais la pierre est lourde au fond de son ventre. Il faut vivre avec. La justice ne l'informe pas que l'enquête sur son viol vient de faire l'objet d'un non-lieu. Finalement, ce n'est peut-être pas plus mal. Elle n'aurait pas supporté le mot. « Non-lieu. »

Au moment où la justice choisit de refermer l'épais dossier du violeur de la Sambre, Dino Scala fait l'objet d'une minuscule procédure. Un différend avec ses voisins pour une dégradation de voitures, ou quelque chose comme ça. La banalité de l'affaire fait que personne ne semble s'en souvenir précisément. Mais les échanges sont suffisamment tendus pour que cette histoire de presque rien se termine au commissariat d'Aulnoye-Aymeries. Où Dino Scala est convoqué.

La date aussi est floue. On sait que cela correspond aux débuts de l'application de la loi sur la sécurité intérieure, dite loi LSI. Promulguée en 2003 par le ministre de l'Intérieur Nicolas Sarkozy, elle enjoint désormais les policiers à relever l'ADN de tous les « mis en causes », c'est-à-dire, potentiellement, de tous ceux qui passent dans leurs mains, soupçonnés, accusés, à tort ou à raison. Au commissariat d'Aulnoye-Aymeries, comme ailleurs, en ce début 2004, l'application de ces dispositions est flottante. Les consignes sont peu claires. Et il est assez courant, en témoignent les statistiques, que les policiers n'enregistrent pas les ADN. Ils n'ont pas le réflexe, ne sont pas à l'aise avec le geste. Il en est ainsi dans la plupart des commissariats. Le fichier national des empreintes génétiques peine d'ailleurs à s'épaissir ces premières années.

Le policier qui reçoit Dino ce jour-là ne lui prend pas son ADN. C'est compliqué. Il connaît personnellement l'entraîneur de foot et ne se voit pas lui demander de se prêter à ce prélèvement, et il n'a pas le matériel sous la main. À l'issue de sa déposition, Dino Scala rentre chez lui. Le policier est tout de même un peu embêté. Il en parle à l'un de ses collègues en lui expliquant qu'il ne lui a « pas fait l'ADN ». Il se demande s'il faut le reconvoquer. Son collègue hausse les épaules. Ce n'est qu'une banale histoire de voisinage. S'ils commencent à prendre l'ADN de tout le monde, ils ne s'en sortiront pas.

Si l'ADN de l'entraîneur de foot avait été prélevé ce jour-là, il aurait été envoyé au laboratoire de police scientifique de Lille, puis à celui d'Écully dans la région lyonnaise pour y être intégré dans le fichier national des empreintes génétiques. On aurait découvert qu'il y figurait déjà depuis la création du fichier, sous le numéro 400030975000. L'ADN inconnu n° 400030975000 aurait alors eu un prénom et un nom : Dino Scala. Il aurait été arrêté. Et l'histoire se serait terminée là.

Sandrine, la femme de Dino, perd sa mère. Et apprend que son père est atteint d'un cancer. Elle sombre dans la dépression. Dino s'occupe de la maison, des enfants, de son beau-père.

Belgique

La départementale D959 accompagne le cours de la Sambre, d'ouest en est, depuis Leval et Aulnoye-Aymeries, Maubeuge, jusqu'à Marpent puis Jeumont où elle vient soudain s'échouer sur un rond-point, à côté de la monumentale usine Jeumont-Electric. Passé le rond-point, on est en Belgique. La frontière a disparu depuis presque dix ans, après l'application des accords de Schengen. Des panneaux français et belges se contentent désormais d'indiquer que l'on est dans un pays ou dans l'autre. Un troisième panneau, européen, rappelle que cela n'a plus tant d'importance. La Sambre et la voie ferrée font trait d'union entre les deux villes frontalières, la française Jeumont et la belge Erquelinnes. L'une grise et industrieuse, l'autre colorée et commerçante. En voiture, on s'immisce du côté belge par une rue en enfilade de bureaux de tabac qui semblent se concurrencer à la taille de leur enseigne et à la couleur de leurs devantures. La bière et les cigarettes sont moins chères de ce côté-ci de la frontière. Les bars y sont plus nombreux, ouverts plus tard, et la répression moins sévère. Peu à peu, Erquelinnes est devenue un terrain de récréation pour les voisins français. C'est là qu'on va manger une frite ou boire un verre. Il y a parfois des sorties humidifiées par l'alcool qui dégénèrent. Les trafics et bagarres à la sortie des bars occupent d'ailleurs le gros de l'activité des policiers de la ville. En ce début des années 2000, les élus locaux d'Erquelinnes commencent à se poser la question d'installer des caméras de vidéosurveillance pour gérer cette petite délinquance transfrontalière. Le sujet fait un peu polémique. Les caméras attendront.

L'hôtel de police de la zone de police d'Erquelinnes est un peu excentré, perché à la sortie de la ville, sur la route de Mons. C'est un imposant bâtiment rectangulaire, il ressemble à une caserne. Mais on y rentre par un trou de souris : un hall d'accueil de la taille d'un intérieur d'ascenseur. Sur la droite, trois chaises collées au mur qui font office de salle d'attente. Sur la gauche, un comptoir protégé par un hygiaphone au travers duquel le visiteur explique le motif de sa venue. Il est à peine 8 heures du matin le 13 décembre 2004 lorsqu'une jeune femme de 20 ans se présente dans ce réduit, le manteau maculé de boue, des traces rouges autour du cou. Elle est en état de choc. Elle explique qu'un homme l'a attaquée une heure plus tôt et quelques centaines de mètres plus bas sur la route de Mons. Juste à côté du pont qui enjambe la Sambre. Il l'a entraînée sur un petit chemin qui descend vers la rivière. Elle décrit une tentative de viol et une agression sexuelle commis avec une extrême violence et sous la menace d'un couteau plaqué sur sa gorge. L'homme lui a expliqué qu'il venait juste de sortir de prison, qu'il n'avait pas touché de fille depuis longtemps. Elle a fini par pouvoir lui échapper, en l'aspergeant de déodorant. Elle n'a pas eu le temps de voir son visage. Elle sait juste qu'il est un peu plus petit qu'elle, qu'il portait un blouson synthétique noir, des chaussures de sécurité et des gants. Les policiers qui la reçoivent appellent aussitôt Patricia Petyt, la responsable de l'aide aux victimes dont les bureaux sont situés au deuxième étage de l'hôtel de police. Elle est là en quelques minutes. À compter de cet instant, Sabine, la victime, ne sera plus seule. Il en est ainsi de ce côté de la frontière.

Patricia Petyt travaille à l'hôtel de police d'Erquelinnes depuis 2001. Sa mission d'accompagnement des victimes est née d'une profonde remise en question des institutions policières et judiciaires belges après le scandale de l'affaire Dutroux à la fin des années 90. Derrière l'horreur des crimes ont été révélés des dysfonctionnements sur l'absence de communication entre les différents services de police, et sur la manière dont police et justice ont traité les victimes de violences sexuelles. Des dysfonctionnements aux conséquences dramatiques. La Belgique en a tiré leçon. Et du scandale a germé une réorganisation radicale de ces institutions, particulièrement ici, en Wallonie, devenue une région pilote dans la prise en charge des victimes.

Patricia Petyt est la première maille de ce filet de protection. Elle est présente aux côtés des victimes dès l'instant du dépôt de plainte. Parfois même, les prépare avant à l'inévitable violence du moment. Elle les prévient que les mots seront peut-être crus. Et les questions choquantes. Elle peut leur expliquer pourquoi le policier pose telle ou telle question. Elle accompagne les victimes lors de la reconstitution. Elle s'occupe aussi des à-côtés, ces petits détails qui, à ce moment-là, deviennent insurmontables. Prévenir les proches, s'occuper de trouver une garde d'enfants si besoin le temps des auditions et des examens, aller chercher de nouveaux vêtements si ceux de la victime doivent être placés sous scellés… À l'hôtel de police d'Erquelinnes, pas plus qu'en France, les effectifs de police locale ne sont très féminisés et tous ne sont pas formés à l'accueil des victimes de violences sexuelles, mais les tensions et les incompréhensions nées du face à face entre les policiers et la victime sont en partie évitées, ou en tous cas, atténuées par la présence de ces travailleurs sociaux et psychologues qui, pour leur écrasante majorité, sont des femmes.

Depuis qu'elle est installée dans ce commissariat, au milieu des policiers, Patricia Petyt reçoit régulièrement des victimes de violences sexuelles. La plupart du temps, il s'agit d'agressions et de viols intra-familiaux, des cas d'incestes. L'agression sexuelle que vient de subir Sabine, en plein jour, en pleine rue, par un inconnu, est un fait exceptionnel à Erquelinnes. Elle marque Patricia Petyt. La travailleuse sociale n'a jamais entendu parler du violeur de la Sambre qui sévit en France. La description de cet homme à la voix grave et au blouson noir, parlant français sans accent, qui étrangle sa victime, la menace d'un couteau, qui dit sortir de prison et semble obsédé par les poitrines n'évoque encore rien pour elle. L'enquête n'est par ailleurs pas son objet. Sa préoccupation, ce jour de décembre, est cette jeune femme en miettes qu'il faut amener chez le médecin, à qui il faut expliquer pourquoi elle va devoir raconter plusieurs fois ce qu'elle a subi, dans les moindres détails, donner aux policiers le tee-shirt qu'elle portait ce matin-là parce qu'il pourrait contenir des traces d'ADN. Il faudra l'accompagner dans les jours qui suivent, lorsque la culpabilité, la honte et les peurs s'abattront sur elle. Patricia Petyt connaît les mécanismes internes qui rongent les victimes. Elle sait aussi les réactions externes qu'elles doivent encore souvent affronter. Le lendemain de sa tentative de viol, Sabine est quittée par son petit copain. Il lui reproche ce qui lui est arrivé, il dit qu'elle provoque les hommes. Des années plus tard, après l'arrestation de son agresseur, Sabine se défendra encore de la tenue qu'elle portait ce matin-là. Elle insistera : « J'étais en doudoune. »

Patricia Petyt reste en contact avec Sabine dans les semaines et les mois qui suivent. Elle la tient au courant de l'avancée de l'enquête, lui explique les actes de procédures. Un gouffre culturel semble séparer la Belgique de la France. Un gouffre qui ne relève pas seulement de l'humanité ou de la bienveillance, mais, là encore, d'une forme de modernité dans le rapport de l'institution à ses administrés. Un souci de transparence, de clarté, d'informer qui donne aux victimes le sentiment d'être écoutées, respectées. Cela n'ôte ni la douleur ni la peur qui vient se coller sur les vies. Et pourtant, cela change tout.

Sabine sait que les policiers ont enquêté dans les mois qui ont suivi, même si cela n'a rien donné. Elle sait qu'ils n'ont finalement pas trouvé de traces exploitables sur son tee-shirt, elle sait qu'ils ont entendu une quinzaine d'hommes récemment sortis de prison. Elle est informée, fin août, qu'après huit mois d'enquête, les enquêteurs n'ont pu identifier son agresseur. Affaire classée.

Pour les policiers belges d'Erquelinnes, cette tentative de viol est un acte isolé. Presque déjà condamnée à n'être jamais résolue.

De longs mois s'écoulent. Presque une année. En novembre 2005, les policiers d'Erquelinnes enquêtent sur une affaire qui *a priori* n'a rien à voir : un vol avec violences au domicile d'une femme de 48 ans. La victime habite à Erquelinnes une maison tout près de l'hôtel de police. Les faits se sont déroulés peu après 7 heures du matin. Elle était seule chez elle, son fils venait de partir, quand un homme s'est introduit chez elle par le garage, l'a plaquée au sol et ligotée avant de relever son pull et de lui toucher la poitrine. Puis il lui a demandé de l'argent et pris 100 euros dans son sac. Malgré la peur, la femme a essayé de lui parler, elle lui a expliqué qu'elle avait l'âge d'être sa mère, ce qui a déclenché une réaction immédiate chez lui : il l'a giflée en lui demandant de se taire. Avant de partir, alors que le jour se levait, il lui a aussi dit qu'elle était plutôt bien foutue pour une femme de son âge. À l'hôtel de police, ni les policiers, ni la victime ne vont retenir la dimension sexuelle de l'agression, pour ne conserver que la qualification de « vol avec violences ». La victime a pu donner quelques éléments sur son agresseur : il s'exprimait avec un accent français et portait un bonnet noir. Un voisin déclarera avoir remarqué la présence inhabituelle d'une R21 blanche immatriculée en France à proximité de la maison. Les policiers ignorent que trois autres femmes ont été agressées chez elles exactement de la même manière ces dix dernières années, à quelques kilomètres de là, mais de l'autre côté de la frontière. Par un homme correspondant à cette même description. Probablement propriétaire aussi d'une R21. Ils ne font pas non plus le lien avec la tentative de viol de Sabine un an plus tôt à Erquelinnes. Aucun élément parmi ceux qui ont été retenus ne permet en effet de lier ces deux affaires.

Il faut attendre le début de l'année 2006 pour que l'existence d'un violeur en série à Erquelinnes commence à se dessiner comme une hypothèse possible, permettant de remonter aux deux précédentes agressions. Le 3 janvier 2006, une adolescente de 16 ans est agressée rue de la gare. Après l'avoir suivie durant plusieurs dizaines mètres, un homme l'a soudain saisie par le cou, et entraînée dans une maison délabrée située juste à leur hauteur, probablement repérée avant. Il a d'abord prétendu qu'il ne la violerait pas, avant de dégrafer son soutien-gorge et de procéder à des attouchements. Puis il lui a demandé de lui faire une fellation, et l'a finalement laissée partir après qu'elle s'y fut opposée. Une empreinte de pas sera relevée par les policiers dans cette maison. Une semelle de pied gauche marquée de stries en zigzag.

Une semaine plus tard, le 9 janvier 2006, 5 h 45, toujours à Erquelinnes, non loin de l'hôtel de police. Une autre adolescente, âgée de 15 ans, est saisie par derrière, et emmenée vers le dépôt du magasin Brico. L'agresseur la ligote avec une corde, pieds et mains, lui met un bandeau sur les yeux. Il lui enlève son soutien-gorge, lui touche la poitrine, puis la viole. Après avoir enfilé un préservatif. Il fait ensuite agenouiller sa victime sur une pierre et lui demande d'attendre deux minutes. Entendue d'abord chez elle, traumatisée, l'adolescente accepte tout de suite d'être accompagnée par Patricia Petyt. Elle décrit aux policiers un homme entre 30 et 40 ans, avec un peu de ventre, mesurant 1 m 70, portant une doudoune noire. Et un bonnet noir.

Les policiers font cette fois-ci le lien entre ce viol et les précédentes agressions. Ils en réfèrent au parquet de Charleroi le 17 janvier. La juge d'instruction Martine Michel est saisie des différents dossiers. Deux policiers sont en charge de l'enquête, les lieutenants Didier Blaise et Philippe Dethy. Ils commencent à réaliser des tableaux synoptiques très précis où ils notent les points communs à chaque agression, chaque viol.

Trois semaines plus tard, Jenny, une habitante d'Erquelinnes de 29 ans, est violée chez elle, juste après le départ de son compagnon. Le mode opératoire est une fois encore le même. La victime est ligotée, bâillonnée, son soutien-gorge découpé. La victime a parlé d'un homme à l'accent français du Nord, et d'un bonnet noir. Il semblait avoir repéré les lieux et les habitudes de sa victime. Les policiers d'Erquelinnes retrouvent une empreinte de pas qui correspond à celle qu'ils ont déjà. La semelle striée en zigzag. Ils retrouvent surtout des cheveux sur l'écharpe qui a servi à bâillonner la victime.

Jenny a une intuition dont elle fait part aux deux policiers. Elle est persuadée que son violeur, dont elle sait à son accent qu'il est français, travaille sur le tout proche site industriel de Jeumont. Parce qu'ils utilisent dans ces usines des gants de manutention identiques à ceux qu'il portait. Elle a aussi remarqué qu'en repartant de chez elle à cette heure-là, il serait arrivé à temps pour l'embauche.

Quelques jours plus tard, les policiers belges Blaise et Dethy demandent à leurs collègues de Jeumont s'ils ont eu connaissance de faits similaires de leur côté de la frontière. Réponse curieusement négative du commissariat de Jeumont : « aucun fait similaire » à Jeumont. Ils signalent simplement des agressions très ressemblantes datant de début 2002 à Maubeuge, faisant référence aux victimes de Louvroil. Ce que leur confirme en effet le commissaire de Maubeuge.

Le 28 février 2006, une note d'information arrive de Belgique au centre de coopération policière et douanière franco-belge, dont le siège français est à Tournai. La note est envoyée par l'inspecteur Didier Blaise de la police locale d'Erquelinnes. Il signale les quatre faits d'agressions sexuelles et de viols similaires entre novembre 2005 et février 2006 sur la commune d'Erquelinnes. Il détaille le mode opératoire, le matin, la strangulation, le couteau, les liens… La description, un homme européen le teint hâlé, accent du Nord, un peu de ventre. Et surtout l'étrange odeur de cambouis, ou de soudure, décrite par plusieurs victimes. Il évoque la R21 immatriculée en France. Précise que l'homme a prétendu être sorti récemment de prison. Sont joints à cette note l'empreinte de pas et un portrait-robot.

Jenny, bien que n'ayant pas vu le visage de son violeur, avait en effet accepté de se soumettre à une longue séance d'hypnose en vue de réaliser ce portrait-robot. Le résultat représente le croquis d'un homme assez jeune, au visage rond coiffé d'un bonnet foncé à large rebord. L'enquêteur Blaise joint aussi le tableau synoptique réalisé par ses services comparant chacune des agressions belges. Avec, à chaque fois, la description de chaque victime, les dates, les jours, les heures, les conditions météo, les scènes de crime, l'attitude des victimes, les mots précis prononcés par l'agresseur, les menaces, les violences, la fin de l'agression ou du viol… Didier Blaise demande aux Français de bien vouloir lui communiquer tous les renseignements sur les faits similaires commis en France qui pourraient l'aider dans son enquête.

À la suite de la diffusion de cette note, les policiers belges entrent en contact directement avec le commandant Hostekint du SRPJ de Lille. L'échange est fructueux. Ils apprennent ainsi que deux séries de viols (une entre 1995 et 1998 et une autre début 2002) correspondent au mode opératoire de l'homme qu'ils recherchent. Voilà pour les procédures officielles.

Mais les policiers belges reçoivent aussi un curieux tableau rédigé à la règle et au stylo feutre noir. Celui des archivistes de la PJ de Lille. En ce début 2006, Christine Andrieux a été rejointe par une nouvelle collègue, Lysiane Ducastel, une ancienne du service des écoutes téléphoniques. Christine Andrieux lui a parlé tout de suite du violeur de la Sambre. Elle lui a montré ses notes et ses tableaux. Lysiane s'est plongée dans les notes de sa collègue. Le violeur de la Sambre est devenu une obsession partagée entre les deux femmes. Les archivistes surveillent désormais la moindre information pouvant correspondre au profil du violeur. Le tableau des agressions et des viols s'étale maintenant sur une douzaine de pages collées ensemble avec du scotch, recensant des agressions et des viols dans le Val de Sambre depuis 1988 (année à partir de laquelle Christine Andrieux a commencé à recenser ces faits). Il y a plus de 50 cas. Dans la première case, figure l'agression de Marie, l'enseignante le 24 septembre 1988, vers l'hôpital de Maubeuge. C'est la première fois qu'apparaissent officiellement ces affaires antérieures à 1996 pour lesquelles aucun service de police judiciaire n'est saisi. Ce tableau n'existe pas dans la procédure judiciaire française. Procédure qui elle-même n'existe plus puisque les informations judiciaires ont fait l'objet de non-lieu trois ans plus tôt.

Le tableau qui arrive sur le bureau des enquêteurs belges détaille dans l'écriture ronde et appliquée de Lysiane pour chacune des victimes l'heure, l'adresse, le signalement, le mode opératoire, les mots prononcés par l'agresseur. Apparaît ce qui n'a jamais été établi officiellement nulle part : un violeur en série agit dans le Val de Sambre depuis… près de vingt ans. Au fil des cases, reviennent toujours le même mode opératoire, les mêmes obsessions sexuelles, les mêmes phrases, les mêmes descriptions, à quelques détails près. De case en case, d'années en années, les éléments évoluent. L'homme vieillit, sa calvitie avance, sa carrure s'épaissit. Le tableau est un récit, il raconte un parcours criminel de plus en plus audacieux et précautionneux. Au début, il apparaît peureux. S'enfuit à la moindre réaction de la victime, lorsqu'un chien aboie, lorsqu'un bruit de moteur ou des phares se rapprochent… Puis, petit à petit, il semble prendre confiance. Il s'arme aussi. D'un couteau, de liens, de bâillons. Puis, il se met à parler, à menacer. Plus tard, il semblera chercher à se justifier, « je sors de prison », pour en réalité mieux brouiller les pistes. Car l'homme est devenu prudent avec le temps. Il se sait recherché. Il sait que les techniques de police évoluent. Il emporte ses liens avec lui, il commence à enfiler des préservatifs, des gants. Mais il devient aussi de plus en plus violent. Il viole, aussi, de plus en plus. Ce tableau manuscrit pose l'air de rien case à case l'ampleur d'une affaire invisibilisée, celle d'un des plus importants violeurs en série jamais repéré en France.

Après ces échanges d'informations, les Belges demandent à la juge Martine Michel une commission rogatoire internationale pour pouvoir aller consulter les dossiers existants au tribunal d'Avesnes.

En attendant, ils se concentrent sur un « détail » récurrent. Le fait que l'homme ait à plusieurs reprises dit à ses victimes qu'il sortait de prison. La vérification des listes d'anciens détenus est assez simple. À tout le moins du côté belge. Dans la liste des anciens détenus en Belgique, le nom d'un certain Didier B. attire leur attention. L'homme est domicilié à Charleroi mais est très souvent à Erquelinnes où vit sa mère. Il était en liberté à toutes les dates correspondant aux agressions. Certaines sont troublantes. Lors de la première agression, en décembre 2004, l'agresseur avait expliqué à sa victime qu'il venait juste de sortir de prison. Or, ce Didier B. était sorti de prison cinq jours avant. Il y est retourné depuis, a été libéré le 28 septembre 2005 et le 30 novembre 2005, les agressions reprenaient. Ils convoquent Jenny, pour voir si elle reconnaît son agresseur. Mais elle ne le reconnaît pas.

Les policiers belges ne sont guère surpris, ils pensent depuis le départ qu'il s'agit d'un Français et non d'un Belge. Ils demandent aux autorités françaises, via le centre de coopération policière et douanière, la communication des identités des hommes récemment sortis de prison mais n'obtiennent aucune réponse.

Les inspecteurs Blaise et Dethy vont rencontrer d'autres déconvenues avec la France. Au vu des descriptions faites par les victimes de cet homme qui sentait tantôt « le cambouis », tantôt « la soudure » et portait des gants de manutention, ils pensent qu'il pourrait être métallo et travailler sur le tout proche site industriel de Jeumont. Ils demandent aux usines frontalières la liste de leur personnel. Une seule entreprise ne répond pas à leur demande… Jeumont S.A. Le chef du personnel prétexte qu'il doit avoir l'autorisation de son directeur général. La demande traîne, Jeumont S.A. ne leur répondra jamais.

Depuis son bureau à la PJ de Lille, le commandant Hostekint rédige un rapport à l'attention de la procureure d'Avesnes-sur-Helpe avec les nouveaux éléments en provenance de Belgique. Selon lui, on ne peut désormais faire autrement que de rouvrir l'enquête. Il fait peu de doutes pour l'enquêteur lillois que le violeur d'Erquelinnes est le violeur de la Sambre.

Le 5 avril 2006, la procureure d'Avesnes-sur-Helpe Fabienne Roze rouvre l'information judiciaire pour « charges nouvelles », mais seulement celle concernant la série de 1996 à 1998, soit 17 cas (la série de 2002 des femmes de Louvroil est laissée de côté). L'information judiciaire est confiée à la nouvelle juge d'instruction du tribunal d'Avesnes-sur-Helpe, Anne-Flore Bouvard. Il s'agit de son premier poste après l'école nationale de la magistrature. Elle est la quatrième juge d'instruction sur ce dossier et la quatrième femme[1].

Pendant ce temps, les policiers belges persistent auprès des autorités françaises pour obtenir la liste des hommes sortis de prison récemment. Ils relancent aussi l'usine de

1. En réalité, un magistrat homme a assuré quelques mois le remplacement de la juge précédente durant un arrêt de travail.

Jeumont pour obtenir la liste de leur personnel. Toujours pas de réponse. La coopération franco-belge ne semble pas simple. Chacun travaille de son côté de la frontière. En cette année 2006, les Français entreprennent d'utiliser Salvac, le logiciel de recoupement et d'analyse criminelle de la police judiciaire. Les Belges, eux, commandent une étude de sciences comportementales (mais uniquement sur la base des faits commis en Belgique) pour essayer d'établir un profilage du violeur. Une médecin et une psychologue sont mandatées pour cette étude. On leur confie les cinq dossiers belges et elles cherchent des liens comportementaux entre eux, elles se rendent aussi sur les lieux des crimes.

Outre les modes opératoires, les heures, les jours de semaine, les deux profileuses notent des ressemblances physiques entre les victimes : cheveux clairs, minces, 20-35 ans. Elles remarquent que l'agresseur semble planifier ses agressions : choix des lieux isolés, des moments, apports d'objets (cordes, bas, couteaux) pour l'agression, précautions pour ne pas laisser d'ADN. Ce qui, expliquent-elles, correspond à des personnes ayant des antécédents criminels. Il utilise la violence de manière « instrumentale » pour maîtriser ses victimes et pouvoir commettre son crime sexuel. Il menace sa victime mais la rassure aussi (« Je vais pas te violer ») afin de les instrumentaliser. Il les tutoie et parfois leur pose des questions, notamment sur leur âge. Elles notent son intérêt très appuyé pour les poitrines. Et pour le contact avec la peau : il soulève, dégrafe, voire découpe les soutiens-gorge.

L'étude conclut que l'agresseur est français, qu'il vit et travaille certainement juste de l'autre côté de la frontière à Jeumont, puisqu'aucun fait n'a été commis dans cette ville (ce qui est en réalité faux, mais ces faits n'ont pas été signalés aux Belges). Les deux profileuses en déduisent que l'agresseur évite Jeumont pour ne pas y être reconnu, qu'il s'agit donc de sa « zone de confort ». Sur ces premiers éléments, et malgré une carence d'informations de la part des Français, elles ne sont pas très loin de la réalité. Notamment en identifiant Jeumont comme point stratégique pour le violeur.

Le volet « personnalité » de l'étude comportementale est nettement plus incertain (il s'avérera même l'antithèse de Dino Scala). Les profileuses pensent en effet qu'il s'agit d'un homme d'une trentaine d'années. Qu'il vit certainement seul ou avec ses parents. Qu'il est solitaire, a peu ou pas d'amis, pas de relation sentimentale, et des « compétences sociales réduites ». Il a certainement des antécédents pour vols. Elles pensent que s'il a des hobbies, ce sont certainement des hobbies de « solitaire ». Qu'il ne peut pas travailler en équipe ou en contact avec le public. Qu'il ne doit pas être très athlétique car il utilise un couteau pour assurer sa force. Elles pensent enfin qu'il faut prendre très au sérieux ses déclarations sur le fait qu'il ait déjà fait de la prison.

Les policiers belges transmettent à leurs collègues français ce rapport de profilage.

Côté français, les enquêteurs ont donc fait tourner le Salvac, le logiciel d'analyse criminel, sur la base de 22 cas français (ceux répertoriés entre 1996 et 2005) et sur les 4 cas transmis par les Belges. Mais ils n'ont pas pris en compte les dizaines d'autres agressions et viols déterrés par les femmes du service de documentation de Lille. Les conclusions de cette enquête n'apportent absolument aucun élément nouveau si ce n'est une redite de ce que les enquêteurs savent déjà depuis des années que l'homme agit le matin, par derrière et par strangulation, qu'il utilise un couteau et semble « soucieux de son anonymat ». Le rapport Salvac fait en tout et pour tout deux minces pages. Où une poignée d'erreurs ont tout de même eu la place de se glisser.

Le rapport se trompe sur le nombre de profils ADN en commun, avance que le « vol de numéraire », c'est-à-dire d'argent, est à noter « dans la majorité des dossiers ». Le super logiciel enfonce des portes ouvertes : « Les éléments recueillis et enregistrés dans la base Salvac font apparaître un profil d'agresseur sériel. »

Le 15 juin, du côté belge, en accord avec les magistrats et les policiers belges, un appel à témoins est lancé via une émission de RTL-TVI « Affaires non classées » avec diffusion du portrait-robot et plusieurs témoignages de victimes. Le procédé est courant en Belgique. La juge d'instruction Martine Michel a l'habitude de procéder ainsi, elle appartient d'ailleurs à la commission « justice et médias » qui réfléchit sur la manière de collaborer entre journalistes et magistrats. Quelques réponses parviennent aux enquêteurs suite à cet appel à témoins. Une femme qui dit avoir subi des attouchements dix ans plus tôt par le compagnon de sa mère, qui ressemble au portrait-robot. Un homme qui décrit un Français venant régulièrement pêcher le long de la Sambre. Le pêcheur correspond lui aussi au portrait-robot et conduit une Renault 21 blanche. Enfin, deux personnes signalent séparément un même individu ressemblant au portrait-robot et propriétaire d'une R21 blanche. L'homme qu'ils désignent a été condamné pour des faits de nature sexuelle. Les policiers vont recouper tous ces témoignages, mais ce sera long. Et finalement vain.

Une semaine après l'émission, l'une des victimes belges pense reconnaître son agresseur sur une photo de rue prise lors du défilé de la Saint-Médar à Solre-sur-Sambre. Les recherches de la police permettent d'identifier un type un peu louche, connu pour des violences et incapable de donner un réel alibi. Mais ce n'est pas lui non plus.

À la PJ de Lille, on observe avec circonspection la méthode de communication belge. Hostekint le Grincheux, discret et avare de paroles, ne goûte guère l'intérêt de ces émissions sur des affaires encore en cours. Sur ce point-là encore, un gouffre culturel semble séparer les polices et justices belges et françaises.

Mais il va bien falloir s'accorder. Car, à l'automne 2006, les premières analyses ADN comparées entre les Belges et les Français tombent : les traces ADN relevées dans l'affaire du viol de Jenny matchent avec l'ADN relevé en France. Ils ont en main la même affaire.

Les deux juges d'instruction, la juge française Anne-Flore Bouvard et la belge Martine Michel, « échangent » des commissions rogatoires internationales pour obtenir la transmission officielle de leurs dossiers. La juge française demande que soit communiqué aux Belges le portrait-robot réalisé en 1997 par la directrice d'école, celui que les enquêteurs français estiment le plus fiable. Des enquêteurs du SRPJ de Lille se rendent à l'hôtel de police d'Erquelinnes pour récupérer copies des quatre dossiers belges.

Le violeur frappe à nouveau en Belgique quelques mois plus tard. Le 18 janvier 2007, à Erquelinnes, Marine, 15 ans, quitte son domicile vers 7 heures pour aller prendre son bus rue Albert Ier, vers la boulangerie. L'adolescente prend toujours le même chemin, par la résidentielle rue de Grand-Reng. Elle ne croise jamais personne par ici à cette heure-là. Mais à hauteur de la première maison de cette rue, un bras lui enserre le cou, elle se sent soulevée et entraînée dans un passage en contrebas de la rue, jusqu'à l'arrière du garage d'une maison, dans une sorte de remise ouverte. Un endroit isolé, avec une possibilité de chemin de fuite par l'arrière. Marine essaie de crier mais l'homme lui dit d'arrêter. Il a un accent français et une odeur particulière qu'elle ne parvient pas à définir. Il lui explique qu'il a des pulsions et se met à lui toucher la poitrine. Il lui demande son âge. Semble étonné qu'elle n'ait que 15 ans. Elle n'ose pas se retourner pour le regarder. Elle supplie qu'il la laisse partir à l'école. Il lui répond qu'il n'en a que pour deux minutes, qu'il ne va pas la violer. Elle répond « c'est gentil ». Il dit que non, qu'il n'est pas gentil, qu'il est méchant. Puis il lui demande de se rhabiller et de partir, sans crier, car, prétend-il, il est armé. Elle devra faire plus attention la prochaine fois, la prévient-il. Lorsqu'elle arrive vers l'arrêt de bus, Marine croise d'autres jeunes mais ne dit rien, elle laisse partir le bus et se réfugie chez une dame qu'elle connaît et qui habite dans la rue.

Deux policiers viennent prendre sa déposition, chez elle, comme ils en ont l'habitude en Belgique. Ils retournent très rapidement sur les lieux avec elle, où ils sont rejoints par deux policiers en civil, les enquêteurs Didier Blaise et Philippe Dethy qui, prévenus de cette agression, ont immédiatement fait le rapprochement avec les agressions des trois années précédentes. Ils reprennent l'enquête. Marine donne aux policiers une information intrigante : avant les vacances de Noël, par deux fois, elle avait remarqué un homme accroupi vers des garages le long de cette rue, comme tapi, mais, dans le noir, elle n'avait pas vu à quoi il ressemblait.

En février 2007, les deux policiers belges se rendent au nouveau tribunal d'Avesnes où la juge Bouvard les laisse consulter le dossier d'instruction français. Les deux policiers en civil pénètrent dans un tout nouveau palais de justice, inauguré quelques semaines plus tôt. Un très beau bâtiment de bois et de verre qui domine le bocage avesnois. Il a été conçu tout en transparence pour incarner une justice ouverte. Le geste architectural est à la hauteur du budget

(20 millions d'euros) et du temps d'attente (40 années). La dignité enfin recouvrée de la juridiction est cependant fragile. À peine a-t-il été inauguré que la garde des Sceaux Rachida Dati, présentant sa réforme de la carte judiciaire, annonçait la suppression du tribunal d'Avesnes-sur-Helpe. Il faudra la mobilisation des élus locaux, des avocats et des magistrats pour que soit sauvée la juridiction. À cette époque-là, plus personne de ce côté-ci de la frontière ne parle du violeur de la Sambre. Les deux policiers belges repartent du tribunal d'Avesnes-sur-Helpe sans en apprendre beaucoup plus.

Quelques mois plus tard, un matin du printemps 2007, un homme s'approche en voiture au ralenti de deux adolescentes qui se rendent à leur lycée. La scène se passe à Jeumont, juste à côté de la frontière. Il n'est pas encore 7 heures du matin. L'homme leur propose de monter avec lui en voiture. Mais elles refusent. Il leur répond qu'elles vont le regretter. Même si ses manières diffèrent, la description que donnent les deux adolescentes de cet homme au commissariat de Jeumont correspond au profil du violeur de la Sambre. Les policiers de Jeumont le retrouvent sans difficulté, dès le lendemain, à la même heure, à peu près au même endroit. Il circule cette fois-ci dans sa voiture… cagoulé. L'homme est un livreur de journaux, il distribue *La Voix du Nord* et est toujours sur la route à cette heure matinale. Dans sa voiture, les policiers trouvent un exemplaire de *Détective* dont un titre attire leur attention : « Pause viol pour le livreur ». Placé en garde à vue, il nie tout, y compris d'avoir abordé les deux adolescentes, qui l'ont pourtant formellement reconnu. L'individu est signalé au SRPJ de Lille. Une expertise psy est ordonnée, il en ressort que le livreur présente « des troubles sexuels ». Les enquêteurs lillois demandent à la juge Bouvard une analyse

ADN pour comparaison avec celui du violeur de la Sambre. Le résultat, négatif, tombe en juillet.

Ce soubresaut sera le dernier acte de la juge Bouvard dans ce dossier. Mais aussi pour l'équipe du SRPJ du commandant Hostekint. Le commandant est sur d'autres affaires. Un seul policier du SRPJ semble encore sur le coup. Il explore les fichiers automatisés d'immatriculation de voiture à la recherche de R21. Entend ceux dont le profil pourrait correspondre et leur demande s'ils veulent bien se prêter à une analyse ADN. Mais les recherches sont en train de doucement s'épuiser et le dossier s'assoupit petit à petit.

Dino Scala reste à l'usine pendant la pause déjeuner. Sauf le vendredi où, avec les collègues, il va manger une frite à Erquelinnes en Belgique.

Si tu as menti

C'était le jour de son anniversaire. Le 15 janvier 2008 Charlène a 17 ans. Elle habite chez ses parents, et est en BEP en alternance, dans une maison de retraite à côté de Maubeuge. Ce jour-là, elle est justement en stage. Elle commence tôt, à 7 heures, et s'y rend à pied, car il n'y a pas de bus à cette heure-ci. Elle en a pour une heure de marche. Il fait froid, à peine un degré. Et il a plu dans la nuit. Charlène est en train de discuter par texto avec son copain lorsqu'elle sent qu'on lui passe un lien autour du cou. Une voix d'homme, grave, lui demande de ne pas se retourner, il serre le lien fort par-dessus son écharpe, elle a mal à la gorge.

Vers 7 h 40, heure du premier PV, elle décrit brièvement ce qui lui est arrivé à un brigadier du commissariat de Maubeuge. Il s'agit d'un viol par fellation. Son père est présent à ses côtés. Ses vêtements – pantalon, tee-shirt, ceinture, écharpe, duffle-coat, écharpe – sont saisis et placés sous scellés. Puis, accompagnée d'autres policiers, et de deux techniciens de la police scientifique, elle retourne sur la scène de crime, à côté de la route. Sur place, tout correspond à la description faite par l'adolescente au commissariat. Sur le chemin, il y a d'abord une trace de chaussure ronde, talon plat. Là où elle dit s'être accroché le visage sur des branchages, il y a effectivement des branchages qui obstruent le chemin à hauteur de visage. Puis un muret, comme elle l'avait expliqué au policier. À trente centimètres de là, est retrouvée la ceinture bleue d'un mètre trente, sans boucle, qui a servi à l'étrangler. Puis vers l'endroit où Charlène pense qu'a eu lieu son viol, le feuillage de lierre est écrasé. Là où elle a dit que l'homme s'était retourné pour éjaculer, sur les feuilles, des traces « suspectes d'un liquide transparent paraissant gluant », que les policiers recueillent dans leurs écouvillons et placent sous scellés. Il y a donc, dès le départ, des éléments qui appuient matériellement, point par point, détail par détail, les premières déclarations de Charlène.

À 9 h 40, Charlène est dans un bureau du premier étage du commissariat de Maubeuge, face à une policière de la brigade des mineurs. Ses parents attendent en bas. L'audition est filmée, comme le prévoit la loi. La policière tutoie la victime. La victime vouvoie la policière.

La policière la laisse d'abord dérouler le récit de son agression et de son viol, sans l'interrompre. Le récit est le même que celui qu'elle avait fait au premier policier juste après le viol. Puis elle l'interroge sur ce qu'elle faisait sur cette route. Charlène explique qu'elle allait à son stage. La policière lui pose des questions sur ce stage, elle lui demande s'il lui plaît. Des choses banales. Puis, soudain, elle rebascule sur l'agression. « D'où venait ce gars ? » Charlène explique qu'elle ne l'a pas vu arriver, qu'elle était en train d'envoyer un texto à son copain. Qu'elle a juste eu le temps de voir une ombre. La policière insiste : « Comment était cet individu ? » Charlène répète qu'elle ne l'a pas vu. Mais, d'après la voix, elle dirait que c'était un Français. Elle précise que la voix était « fort grave ». La policière :

« Tu as dit pourtant qu'il était arrivé avec une corde ou une ficelle. Comment as-tu pu le voir ? » Charlène : « Parce que dès qu'il m'a attrapée, il m'a mis directement la corde autour du cou. » La policière : « Tu as des traces ? » « Ben non, j'avais mon écharpe. » Sur le procès-verbal, la policière rajoute : « Constatons que Mlle Charlène ne présente aucune trace autour du cou. » Suivent plusieurs questions sur la manière précise dont il a serré la corde. Charlène ne sait pas trop répondre. Tout ce qu'elle peut dire, c'est qu'il ne se servait que d'une seule main puisqu'il tenait le couteau dans son dos avec l'autre. « Comment le sais-tu ? » « Ben parce qu'il me l'a dit et que j'ai senti la pointe. » La policière reprend avec des questions très précises sur quelle main faisait quoi.

À chaque réponse de Charlène, toujours la même question : « Comment le sais-tu ? »

Elle pose aussi des questions sur la nature des échanges qu'elle a eus avec son petit copain par téléphone avant l'agression. « As-tu dit la vérité ? » « Avant qu'il ne t'agresse, qu'il ne t'étrangle, tu aurais eu le temps de crier ? » Charlène se défend comme elle peut : « Oui... mais non car je ne savais pas que l'ombre derrière moi allait m'agresser. » La policière enchaîne les questions. On sent Charlène commencer à se perdre. La policière : « Y avait-il des témoins ? » Charlène : « Non. » La policière : « Tu as pourtant dit qu'il y avait des voitures. »

Les questions sur les faits se font de plus en plus pressantes. Elle l'interroge sur la manière dont il lui a bandé les yeux avec un foulard. L'interrompt : « Quelle couleur ? » « Comment fait-il pour te bander les yeux tandis qu'il t'étrangle à l'aide d'une corde dans une main, qu'il te menace d'un couteau dans le dos de l'autre main ? » Alors Charlène réexplique, qu'à ce moment-là, il a enlevé la corde autour du cou pour lui bander les yeux et lui a attaché ensuite les mains avec la corde. Mais la policière réattaque : « Forcément, à un moment, tu as dû voir quelque chose, un détail… » Réponse : « Je l'ai dit à votre collègue tout à l'heure, à travers le jour du foulard, j'ai vu un grillage dans le fond. » La policière l'interrompt : « Moi je te parle de l'individu. » Charlène explique qu'en baissant les yeux, à un moment, elle vu qu'il portait des gants en latex. Question à nouveau sur l'homme qu'elle a donc dit ne pas avoir vu. « Quel âge ? Quelle taille ? » Charlène donne une estimation en s'appuyant « sur la voix », elle dirait entre 30 et 40 ans.

La policière passe alors abruptement aux questions sur le viol. « Tu as dit qu'il t'a demandé une fellation ? » Charlène semble alors se justifier « j'ai dit oui car il avait dit que sinon il allait me planter ». Question suivante, sèche : « Comment était son sexe ? » Elle lui fait détailler l'acte avec des questions tout aussi abruptes. À chaque fois, Charlène répond, elle doit décrire précisément les mouvements.

Puis soudain : « Avais-tu déjà fait une fellation auparavant ? » « As-tu déjà eu des relations sexuelles ? » La policière veut savoir avec qui. Une fois encore, Charlène s'exécute et répond. Elle parle de son petit copain qu'elle a rencontré en stage et avec qui elle est depuis deux mois et demi.

« Es-tu traumatisée ? » Charlène répond que « oui », qu'elle est « choquée ». La policière est circonspecte : « Tu ne présentes aucune trace, ni aux poignets ni au cou. Et tes déclarations semblent sujettes à interrogations. » Charlène : « Sinon je n'aurais pas dit ça. Tout est vrai, je n'ai pas menti. » La policière rajoute entre parenthèses à cet endroit sur le procès-verbal : « Elle pleure. » La policière : « S'il s'avère que tu as menti, le magistrat peut te poursuivre. » Charlène : « Pas de problème. » L'audition, qui n'aura été qu'un interrogatoire à charge pour l'adolescente, prend fin à 11 h 30, elle aura duré 1 h 30.

Pendant ce temps, son petit copain a été interrogé par un autre policier. Qui lui a aussi posé des questions sur leur sexualité, voulant savoir si elle lui faisait des fellations. Le petit copain parle alors de leur rencontre, il dit des choses mignonnes d'amoureux sur elle : « c'est une chieuse et c'est pour ça que je l'aime », « je suis bien avec elle », « elle est très gentille et a le cœur sur la main ». Le brigadier conclut rapidement l'entretien.

Charlène est ensuite conduite aux urgences de l'hôpital de Maubeuge où elle est examinée vers midi et demi, soit plus de six heures après son viol, par un médecin légiste. Il ne note « aucune trace cutanée traumatique récente décelable », ni au cou, ni aux poignets. Il note également l'absence « de trace de lutte ou de résistance ». En revanche, dans les quelques lignes de son rapport, il prend soin de détailler des traces anciennes de scarification au rasoir sur les avant-bras de l'adolescente et également de préciser qu'elle est gauchère. Dans ses conclusions, il la désigne d'ailleurs sous l'appellation « cette gauchère », comme si le moindre détail de sa personnalité devait se retourner contre elle. Le médecin note une absence « d'hyper-émotivité manifeste » durant l'examen. Il conclut qu'il n'y a donc pas lieu d'envisager d'ITT.

En rentrant, Charlène est de nouveau entendue au premier étage du commissariat, par un brigadier homme cette fois-ci. L'audition commence comme une garde à vue. Même si, cette fois-ci, le policier la vouvoie. Ce sera son unique marque de respect. « Je vais vous poser des questions. Voulez-vous me répondre ou avez-vous des choses à me répondre spontanément ? » Charlène dit qu'elle préfère répondre aux questions. Le policier insiste : « Auriez-vous des choses à dire que vous ne nous auriez pas dites ce matin ? » « J'aurais pas dit ça si ce serait pas vrai. » Le policier lui fait remarquer que le médecin qui l'a examinée n'a relevé aucune trace de violence sur elle. Charlène : « Je sais pas pourquoi on voit rien. » Le policier lui parle alors de ses anciennes cicatrices de scarifications. Elle doit se justifier. « Ça m'est arrivé une fois. » Le policier veut savoir pourquoi elle n'en a pas parlé lors de sa première audition. « Je pensais que ça n'était pas important. » Le policier : « Vous pensez que ça n'est pas important ? » Charlène : « Comme ça fait longtemps. » Le policier « C'était quand et pourquoi ? Où vous scarifiez-vous ? » Charlène répond, elle parle du décès d'un de ses grands-oncles quand elle avait à peu près 14 ans, d'un de ses cousins qui a eu un accident, de ses parents qui avaient eu des soucis d'argent, qu'elle était mal. Le policier pose plusieurs questions sur ce sujet. « Vous croyez que c'est une raison de se scarifier ? » Il veut aussi savoir avec quel rasoir elle a fait ça. Et, aussi, soudain, si elle avait déjà été victime d'agression sexuelle.

Puis il reprend : « Croyez-vous vraiment avoir dit la vérité ce matin ? » « Oui. » Les réponses de Charlène sont de plus en plus brèves. Elle dit oui, ou non. « Vous étiez-vous querellée avec votre petit ami ou une autre personne ? » « Vous aviez des problèmes avec votre travail ou à l'école ? » Puis il lui redemande de tout raconter. Encore une fois. Et elle s'exécute, reprend son récit depuis le début, en essayant de n'omettre aucun détail. « J'étais en train d'envoyer un message à mon copain, je voulais savoir si son voyage à l'aéroport de Charleroi s'était bien passé, si ses parents allaient bien… » Le policier : « Vous aviez écrit quoi ? Réfléchissez bien à ce que vous allez dire… » Charlène essaie d'expliquer qu'elle n'a pas eu le temps d'envoyer son texto. « Vous écrivez ça à quel niveau ? à quelle heure ? » Le policier met en doute l'heure qu'elle donne. Puis soudain, il revient sur les traces de scarifications sur les bras de l'adolescente. « Vous avez été soignée pour les scarifications ? » Elle dit que non, mais que si elle recommençait, elle avait convenu avec sa mère qu'elle se ferait « suivre ».

Le policier reprend sur le viol. Une énième fois, l'adolescente raconte la corde passée autour du cou, la pointe du couteau dans le dos. Et le policier de reposer encore la même question : « Vous l'avez vu le couteau ? » Charlène craque, elle pleure. Mais le policier ne lâche rien. S'étonne qu'elle n'ait rien vu. Il lui rappelle encore que le médecin n'a décelé aucune trace. « Vous n'étiez pas étranglée ? » Charlène est maintenant en pleurs. Le policier lui tend un mouchoir. Puis lui demande de reprendre « depuis le début ». Elle continue de pleurer. « Alors, pourquoi ces pleurs ? » Charlène : « On ne me croit pas. » Elle dit qu'elle veut arrêter. « Arrêter quoi ? » Charlène bafouille : « De… Ce que vous faites. » « Pourquoi ? » « Parce que j'en ai marre. » « Pourquoi t'en as marre ? » « Parce qu'on ne me croit pas. » Le policier poursuit : « Ce que tu as dit jusqu'à présent, c'est vrai ou non ? » Charlène ne parle plus, elle fait signe que « oui » de la tête. Elle se sèche les yeux. L'interrogatoire reprend. « Corde ou pas corde autour du cou ? » « L'homme, vous l'avez vu ? » Une énième fois, elle dit qu'elle a simplement vu une ombre surgir dans son dos. Le policier ne lâche rien. « Il n'y a pas d'éclairage public, comment pouvez-vous avoir vu une ombre ? » « Expliquez-moi. » Le policier la mitraille de remarques et de questions. « Il m'est difficile de penser que vous n'ayez pas un détail sur cet individu. »

À 15 h 45, Charlène demande à aller aux toilettes. L'audition reprend 5 minutes plus tard. Épuisée, elle est sommée de raconter à nouveau chaque détail, à chaque fois, elle est interrompue par les remarques circonspectes du policier. Chaque détail lui paraît suspect. Comme le fait qu'elle ait gardé son téléphone dans la main un long moment avant que l'agresseur ne le lui fasse lâcher. « C'est quand même étrange que vous ayez gardé le téléphone tout ce temps-là. La peur aurait dû vous le faire lâcher. »

Sur le viol même, le policier pose ses questions sans

aucun filtre. Revient sur ses habitudes sexuelles avec son petit copain. Il ne la croit pas, lorsqu'elle explique encore et encore que le violeur s'est retourné pour éjaculer dans le feuillage. Il veut savoir comment elle le sait puisqu'elle a les yeux bandés. Elle dit qu'elle a entendu le sperme sur les feuilles. Le policier : « Ça ne fait pas de bruit du sperme. » Charlène essaie de se justifier : « C'était léger comme bruit. » Il pense qu'elle ment. Le brigadier-chef était pourtant présent le matin lors du transport sur les lieux, il a vu le liquide « transparent gluant » sur le feuillage de lierre, que ses collègues ont relevé et placé sous scellés. « L'audition » se termine à 16 h 55. Il n'a pas été proposé à Charlène de porter plainte. Étrangement, durant cette journée de supplice, Charlène s'inquiétait pour ses parents, qui l'attendaient toujours en bas, dans le hall du commissariat.

À 17 h 45, le substitut du procureur d'Avesnes appelle le commissariat, il demande une expertise psychologique de la victime. Ainsi qu'une exploitation de sa téléphonie et de celle de son petit copain. Une policière rédige une réquisition à l'attention du médecin-psychiatre Raymond Lesage concernant Charlène. Sur les six questions auxquelles doit répondre le médecin, cinq visent à savoir si l'adolescente est susceptible de mentir, si elle a des troubles psy, quelles sont ses connaissances en matière de sexualité. Seule la dernière s'interroge sur « le retentissement » observé sur la patiente et s'il faut prévoir des soins.

En rentrant chez elle, à bout, Charlène s'effondre en larmes sans plus pouvoir s'arrêter.

Le lendemain, le brigadier-chef entend la patronne de Charlène à la maison de retraite. Elle commence par parler de Charlène, explique que c'est une jeune fille « de présentation correcte », que son travail est satisfaisant et qu'elle aime son travail. Puis elle raconte que Charlène a demandé à la voir à l'écart en arrivant et qu'elle lui a expliqué ce qui lui était arrivé. Le récit reporté par la responsable de la maison de retraite est strictement identique à tous les récits faits par Charlène devant les policiers. Cependant, la femme tient à préciser au policier : « Elle m'a dit qu'elle était venue en courant mais je ne l'ai pas trouvée essoufflée du tout. » Puis elle poursuit, devant le policier : « À vrai dire, je n'ai pas vraiment cru à son histoire. » La femme a été étonnée que l'adolescente ne pleure pas. Et a trouvé étrange qu'elle préfère attendre que son copain vienne la chercher plutôt que d'aller directement à la police. Le policier la questionne alors : « Savez-vous des choses intimes sur Charlène ? » La femme n'a pas grand-chose à dire, si ce n'est qu'elle sait que son père est plus strict que sa mère. Bref, rien. Le policier conclut l'audition.

Le professeur Raymond Lesage examine Charlène deux jours plus tard. Raymond Lesage est un expert psychiatre, chef de service à l'hôpital de Maubeuge. Diplômé de « criminologie appliquée à l'expertise mentale », il est aussi spécialisé dans la prise en charge des agresseurs sexuels. Il va être le premier à tenter de l'extirper de cet enfer. Redonner de la valeur et du sens à sa parole. Son rapport est long et circonstancié. Le médecin dépeint une adolescente équilibrée, intelligente, sans problème particulier, sans tendance à la mythomanie, ni fabulatrice, avec même un attachement particulier pour la véracité des faits. Contrairement aux policiers, à sa responsable de stage, il trouve son récit des faits et la façon de les présenter parfaitement cohérents. Et il diagnostique un « traumatisme grave » suite au viol et demande un suivi psychothérapique.

Pendant ce temps, une dizaine de scellés sont envoyés au laboratoire de police scientifique de Lille. Principalement les vêtements que portait Charlène ce jour-là. Plus des prélèvements réalisés à l'intérieur de ses joues. Et un dernier prélèvement réalisé sur le feuillage où elle avait indiqué que son violeur avait éjaculé. Au laboratoire, à Lille, l'ingénieure et les quatre techniciennes de police découpent des morceaux du jean, du caban et du pull de Charlène. C'est sur un morceau de la manche de ce dernier qu'elles trouvent des traces de sperme et identifient un ADN masculin qu'elles envoient au FNAEG.

Pour Charlène, la date de son anniversaire est désormais devenue la date anniversaire de son viol. Elle ne s'en relèvera jamais vraiment. L'adolescente ne comprend pas ce qui lui est arrivé. Ni ce matin-là, sur le bord de cette route. Ni ensuite, au commissariat de Maubeuge.

Quelques jours plus tard, un autre policier se présente à elle. Il vient de Lille. Il s'appelle Franck Martins, il est capitaine de police judiciaire et enquête sur un violeur en série. Le policier essaie de rassurer l'adolescente. Il a lu les procès-verbaux de ses auditions. Il ne lui dit rien de sa colère, parce qu'elle est trop violente. Il commence simplement par lui dire qu'il la croit.

Quinze ans plus tard, à la barre de la cour d'Assises de Douai, Franck Martins tiendra à reparler de la manière dont Charlène a été traitée ce jour de janvier 2008. Il dira que ce qui s'est passé ce jour-là est « une honte ». J'entendrai pour la première fois sa voix ronde trembler un peu. Il tiendra à présenter ses excuses à Charlène, « au nom de la police ».

Dino Scala finit par acheter un téléphone portable, à cause de la dépression de sa femme, dit-il. Il prend un abonnement Free à 2 euros. Il déteste le téléphone.

La cellule cold case

Des années que ce visage au sourire de Mona Lisa ne le quitte pas. Il est là, partout, dans ce petit bureau du septième étage de la police judiciaire de Lille. Il est entré dans sa vie et n'en sort plus. Le capitaine Franck Martins le sait, il ne trouvera pas la paix tant qu'il n'aura pas arrêté l'assassin d'Angélique Dumetz. La jeune femme a été violée et assassinée en octobre 1996 à la sortie d'une discothèque de l'Oise. On lui a confié l'enquête en 2005 lorsque toutes les pistes semblaient avoir été épuisées et que l'espoir de retrouver l'assassin s'était tu. C'est pour cette enquête que la direction de la police judiciaire de Lille a créé la cellule d'investigation et d'analyse criminelle, la CIAC, plus souvent appelée « cellule cold case », un groupe de recherche alors unique en France chargé de rechercher ceux que plus personne ne recherche. Le capitaine Franck Martins, un homme aux épaules carrées et à la voix posée, la dirige.

Avec son adjoint Pascal Vandambosse, ils ont repris l'affaire Angélique Dumetz depuis le début, ils ont relu et revu chaque procès-verbal, réentendu des témoins, réexploité des scellés, traité et comparé toutes les données dont ils disposaient dans le dossier. La cellule cold case a été créée à un tournant dans l'histoire de la police, celui où les techniques scientifiques et les possibilités exponentielles de traitements de données ont ouvert des perspectives dans des enquêtes que l'on pensait impossibles à résoudre. Des années après, les enquêteurs, qui n'étaient pas là à la découverte des faits, essaient de poser un regard neuf sur chaque élément. Ils ont aussi pour mission plus pragmatique de maintenir en vie une procédure. S'il n'y a plus d'actes d'enquêtes, l'action publique s'éteint d'elle-même. Mais il suffit d'un acte, d'une recherche pour maintenir l'enquête ouverte. Pendant longtemps, l'affaire Angélique Dumetz a été le seul et unique dossier de la cellule. Le temps passant, les pistes s'amenuisant, Franck Martins a demandé à prendre d'autres dossiers, pour ne pas se laisser scléroser par ce qui était devenu une obsession, ce visage au sourire de Mona Lisa.

Franck Martins a 42 ans lorsqu'on lui confie l'épais dossier dit du violeur de la Sambre début 2008. C'est un vieux dossier. Le violeur n'agit plus. Il n'y a pas eu de morts. Les victimes ne semblent rien demander à personne. Leurs familles non plus. Personne ne parle plus de cette histoire depuis longtemps à la PJ de Lille. Mais elle n'est pourtant pas étrangère à Franck Martins. À la fin des années 90, alors qu'il était encore à la BRI (la brigade de recherche et d'intervention), il avait été réquisitionné pour des surveillances aux abords des usines de la Sambre où le violeur sévissait déjà. À l'époque, Franck Martins était un policier en santiags et bombers, accro au terrain, et aux gros coups. Il aimait taper vite. Détestait le travail de bureau, l'ingrate procédure. Il a retravaillé sur le dossier du violeur de la Sambre sporadiquement au début des années 2000. Il venait de rentrer à la brigade criminelle et a donné un coup de main sur quelques actes d'enquêtes pour le compte du Grincheux. Mais le dossier a ensuite été refermé et il n'en avait plus entendu parler. Entre-temps, l'homme aux santiags s'est un peu calmé. Un divorce et quelques années plus tard, il a pris du recul sur son métier. S'est assagi.

L'affaire Angélique Dumetz, lorsqu'il en a hérité, était un champ de ruine policier. Il l'a reprise avec l'ambition de redorer l'image de la police judiciaire. Durant cette enquête, il a appris à explorer un autre terrain : les archives. Et à prendre en considération les victimes et leurs familles, à les informer, les protéger. C'est pour elles qu'il ne faut jamais lâcher une enquête. Les leçons de l'affaire Angélique Dumetz vont être déterminantes dans sa manière d'aborder le dossier de la Sambre.

En 2008, ils sont désormais cinq policiers à la cellule cold case et ce violeur en série est leur cinquième affaire. Ils récupèrent l'information judiciaire ouverte par la juge Delhaye en 1996, l'enquête menée par le commandant Hostekint et les précieuses informations consignées par Christine Andrieux et Lysiane Ducastel, les deux femmes du service documentation de la PJ qui ont réussi à extirper des archives des plaintes remontant à 1988. En ce début 2008, l'affaire du violeur de la Sambre est un vieux dossier, un dossier froid. Et pourtant, à peine la cellule cold case est-elle saisie qu'une information leur remonte. Bernard Beffy, le procureur d'Avesnes-sur-Helpe, est informé d'un viol à Maubeuge qui, pense-t-il immédiatement, peut correspondre au violeur de la Sambre. Le mode opératoire correspond. Il s'agit du viol de Charlène, l'adolescente que les policiers n'ont pas crue. Le procureur avait raison. Ils comprennent qu'il s'agit du même homme. Le violeur de la Sambre est toujours là. Et ce n'est pas un cold case.

Mais ils n'ont aucune piste. Ils disposent, comme pour le meurtre d'Angélique Dumetz, d'un profil ADN anonyme. Un élément précieux mais, Franck Martins le sait trop bien, piégeux.

En ce début 2008, le Fichier national des empreintes génétiques rassemble 850 000 profils nominatifs, il grossit de façon exponentielle depuis sa création, laissant de plus en plus espérer aux policiers que le temps suffira à résoudre les affaires. De fait, rien que l'année passée, le fichier a permis de résoudre 10 000 affaires, et ce sera le double l'année suivante. Mais le capitaine Franck Martins est mal à l'aise avec cette stratégie attentiste. Dans le cas du violeur de la Sambre, cela reviendrait à admettre l'idée qu'on le laisse continuer à violer en attendant qu'il se fasse prendre, que l'on renonce à prévenir d'autres agressions, que les futures victimes soient finalement espérées comme potentielles clés de résolution. Qu'il y ait d'autres Charlène.

Martins est incapable de se résoudre à cette idée. La cellule cold case fait donc le chemin intellectuel inverse et part revisiter le passé de chaque affaire. Ils ont listé en tout 54 cas potentiellement imputables au violeur de la Sambre. À peu près ceux que l'on retrouve consignés dans le tableau des archivistes de la PJ. Leur technique consiste à réouvrir et réexploiter le moindre procès-verbal de plainte ou de constatations lié à ces cinquante-quatre cas. Dans celui de la Sambre, il y en a déjà en 2008 plus d'un millier. Ce sont des mois et des mois de travail. Les enquêteurs, enfermés dans les deux bureaux qu'ils occupent désormais au dernier étage de la PJ, recherchent les affaires similaires dans les archives, des rapprochements et des recoupements qui n'ont pas été faits. Traquent le détail qui aurait pu échapper, la question qui n'a pas été posée.

Le commandant, qui connaît les affaires de viols et d'agressions sexuelles, le sait : il faut prendre le temps de réentendre chaque victime. Il dit qu'il ne sait pas faire de la police autrement, qu'il faut être sur le terrain. Le traitement du viol de Charlène au début de l'année à Maubeuge est venu lui rappeler la possible fragilité de certaines procédures. Il sait que ces jeunes filles et ces femmes n'ont pas toujours été écoutées lors de leurs dépôts de plainte. Il sait le peu d'importance longtemps accordé aux agressions sexuelles, il sait la suspicion qui pèse parfois sur ces victimes, il sait leurs fragilités, les maladresses d'une police mal formée sur ces sujets et parfois gangrenée par un sexisme destructeur. Il sait aussi les répercussions de cette inconséquence, sur les victimes, mais aussi sur l'enquête, privée de pans parfois déterminants d'informations. Alors, durant cette année 2008, Martins et son adjoint vont réentendre longuement, une à une, les femmes listées dans le tableau manuscrit des archivistes. Du moins celles qu'ils auront réussi à retrouver. Et celles qui voudront bien leur répondre. Car certaines ne veulent plus en parler. Certaines ont gardé cette histoire pour elles. Même leurs maris, parfois, ne sont pas au courant.

La plupart n'avaient jamais été recontactées depuis le jour de leur dépôt de plainte. Elles n'ont souvent rien osé demander non plus. Les rares qui s'y sont essayées n'ont obtenu d'autres réponses qu'une fin de non-recevoir. Dix, vingt ans après, ces femmes sont surprises et soulagées de voir que des policiers s'intéressent à leur drame intime. Beaucoup découvrent seulement à ce moment-là que l'homme qui a percuté leur vie un matin d'hiver est un violeur en série.

Le commandant et son adjoint descendent dans la Sambre une fois par semaine. Ils empruntent cette route trop longue qui n'est pas encore une voie rapide. Les entretiens se déroulent dans les commissariats près de chez elles, et souvent même à leurs domiciles, pour leur éviter de revivre une situation de stress. Martins, policier carré et prévenant, parvient à mettre en confiance ces femmes. Malgré le temps écoulé, certaines vont révéler des détails cruciaux qui n'avaient pas été notés dans leurs dépôts de plaintes au moment des faits.

L'une des premières victimes qu'ils rencontrent est l'ancienne directrice d'école. Le capitaine Martins se rend chez elle, avec un de ses lieutenants. Dans la maison où elle a été violée onze ans plus tôt. Mais la maison a changé, il y a des barreaux aux fenêtres, des verrous et des caméras. Le couple s'est barricadé. Patricia a désormais 58 ans. Elle est à la retraite. Elle a un souvenir intact de ce matin d'automne 1997. Elle leur parle de travaux dans sa rue qui avaient attiré son attention à l'époque. Elle s'était dit que, peut-être, le violeur faisait partie des ouvriers du chantier. Les policiers vont noter scrupuleusement ce détail. Dans les semaines qui suivent, ils épuiseront cette piste, retrouvant, via la mairie, l'entreprise qui avait effectivement réalisé des travaux dans la rue huit ans plus tôt et vérifiant les différents ouvriers présents sur ce chantier.

Ils entendent ensuite Agnès, agressée onze ans plus tôt sur la voie rapide d'Hautmont. Son audition a lieu dans un commissariat près de chez elle. Au départ, elle ne voulait pas remuer tout ça. Puis elle s'est dit que peut-être son témoignage pourrait aider. Elle commence par dire aux policiers qu'elle avait « occulté » cette histoire. Puis elle ajoute que cette agression a bouleversé toute sa vie. Onze ans plus tard, elle aussi est capable de raconter son agression dans les moindres détails. Elle se souvient des yeux globuleux comme exorbités de son agresseur. Et très précisément du modèle de sa voiture, une R21 blanche, elle explique qu'elle s'y connaît en R21, parce que son frère et son grand-père avaient la même à l'époque. Elle a appris beaucoup plus tard que d'autres filles avaient apparemment été agressées par le même homme. Elles s'étaient rencontrées dans la salle d'attente du commissariat de Maubeuge pour un tapissage. Au moment de la plainte, se souvient-elle, les policiers avaient été gentils. Elle en veut en revanche à la justice, qui ne lui a jamais donné de nouvelles durant toutes ces années. Personne ne lui a proposé de se constituer partie civile, c'est-à-dire victime dans le dossier. Après son agression, Agnès explique qu'elle s'est tenue longtemps loin des hommes. Pourtant, dit-elle, elle a eu de la chance, elle n'a pas été violée.

Les collégiennes et lycéennes, les plus nombreuses parmi les victimes recensées, sont souvent devenues mères de famille. Certaines travaillent, d'autres en sont incapables. Leurs quotidiens sont bricolés pour tenter de contrôler leurs peurs, leurs phobies, leurs angoisses. Elles ne reçoivent pas de la même manière l'appel des enquêteurs de la PJ de Lille qui vient briser dix, vingt ans de silence de la part des institutions. La plupart pensaient que leurs dossiers avaient été classés et oubliés. Adeline, la lycéenne de Maubeuge violée dix ans plus tôt dans un champ de maïs, refuse d'être entendue. Elle a des enfants, un mari, vient de commencer un nouveau travail dans un atelier de métallurgie à Pont-sur-Sambre, elle veut avancer. Ne plus en parler. Mélanie, dont la grand-mère faisait le ménage au commissariat d'Aulnoye et lui avait ouvert la porte après son agression en 1997, prend l'appel de la PJ comme une bénédiction. Quelqu'un s'intéresse à ce qui lui est arrivé. Mélanie a changé de région et de vie, elle est désormais éducatrice en Auvergne, à plus de 600 kilomètres de la Sambre, avec ses angoisses et ses peurs, qu'elle gère comme elle peut. Et soudain, après onze ans sans aucune nouvelle, elle découvre que des policiers enquêtent encore. Elle répète à l'enquêteur qui l'a contactée sur son portable : « Merci, merci, merci. » Mais l'espoir est de courte durée. Peut-être parce qu'elle vit à l'autre bout de la France, elle n'est pas rappelée. Fanny, la collégienne de Rousies qui avait séché les cours le jour où elle avait été attaquée, est elle aussi mère de famille. Elle vit totalement recluse dans son appartement de Maubeuge. Dehors, elle étouffe. L'appel des policiers de la cellule cold case lui redonne pour la première fois espoir. Ils ne lâchent pas. Elle n'aurait jamais imaginé. Ils ont, dit-elle, quelque chose de rassurant.

Les enquêteurs poursuivent leur remontée du temps bien au-delà de la vingtaine de cas identifiés dans la procédure de la juge Delhaye. Ils s'appuient sur la recension qu'en ont fait les deux archivistes de la PJ depuis tant d'années. Ce tableau manuscrit à l'écriture ronde de Christine Andrieux qui remonte jusque dans les années 80. L'adjoint de Martins se rend chez celle qu'il pense alors être la première victime, une étudiante agressée à l'automne 1988, alors qu'elle rejoignait la gare de Maubeuge, par un homme qui s'est enfui dès qu'une voiture est passée. De lui, elle ne se souvient que de la voix. « Grave. » Mais c'est par ces détails, une voix grave, une curieuse odeur, des phrases similaires, qu'ils parviennent petit à petit à raccrocher ces vieilles plaintes oubliées au violeur de la Sambre.

La cellule cold case contacte les services d'archives de la police et de la gendarmerie pour tenter de retrouver d'autres procédures. C'est une course contre le passé. De nombreuses plaintes ont été détruites. Lors de la numérisation des archives de police, et leur transfert aux archives départementales, la consigne était de conserver en priorité les documents « vivants », ceux qui n'étaient pas prescrits.

Or, ces anciennes plaintes pour agressions sexuelles ou attentats à la pudeur sont alors quasiment toutes considérées comme prescrites puisqu'à ce moment-là, pour ce type de délits, la prescription ne court que sur trois années. Les enquêteurs lillois savent aussi que certaines agressions ont peut-être été qualifiées de violences simples, et que celles-ci seront quasiment impossibles à retrouver. Ils savent surtout qu'en matière de crimes et délits sexuels, la recension des plaintes ne reflète jamais la réalité, parce que de nombreuses victimes n'osent pas pousser la porte des commissariats. Quand elles le font, les plaintes ne sont pas toujours prises, ou parfois peuvent se transformer en simples mains courantes. Alors, les enquêteurs de la cellule cold case se rendent directement dans les commissariats locaux pour tenter de récupérer les pièces manquantes du puzzle. Ils ne récupèrent souvent que des « pelures », ces feuilles ultra-fines qui servaient à faire des doubles entre les papiers carbone. Et les pelures qu'ils récupèrent sont souvent illisibles, il faut une certaine patience pour parvenir à les déchiffrer. Lors de leurs venues dans la Sambre, ils essaient aussi de retourner sur les lieux des agressions et des viols. Ils essaient de comprendre la logique du violeur. Ils ont du temps et des moyens, un luxe rarissime dans la police.

L'enchaînement des entretiens avec les victimes fait petit à petit comprendre au commandant Martins la manière dont toutes ces victimes ont été traitées, l'accumulation de négligences et la douleur à chaque fois intacte de ces femmes, douleur souvent teintée d'amertume.

Pendant qu'ils remontent cette longue file de victimes dans le passé, les enquêteurs continuent à se préoccuper du présent. Ils s'inquiètent notamment de ne pas voir figurer dans le dossier de Charlène le rapport du FNAEG sur le profil ADN masculin retrouvé sur ses vêtements. Rapport que le laboratoire de police scientifique d'Écully près de Lyon explique avoir communiqué au commissariat de Maubeuge il y a déjà plus de six mois. La police de Maubeuge dit n'avoir jamais reçu ce rapport.

La cellule récupère sans peine au laboratoire d'Écully un duplicata de ce rapport mystérieusement volatilisé : il établit que l'ADN du violeur de Charlène est celui du violeur de la Sambre. Les policiers lillois communiquent aussitôt cette information au procureur d'Avesnes Bernard Beffy, qui demande à ce que son cas soit joint à l'enquête ouverte sur le violeur de la Sambre. C'est encore une nouvelle juge qui récupère le dossier. Comme chaque juge d'instruction s'étant succédé dans ce dossier, il s'agit d'une femme, et Avesnes-sur-Helpe est, là encore, son premier poste après l'école nationale de la magistrature.

À la fin de l'année 2008, les enquêteurs établissent un trombinoscope de 240 photos, issues des fichiers Canonge de la police et du Judex des gendarmes. Un cahier d'une trentaine de pages alignant des visages d'hommes blancs, entre 35 et 50 ans, avec des calvities plus ou moins avancées. Tous habitent sur la circonscription d'Avesnes, qui recouvre tout le Val de Sambre français. Tous ont eu un jour affaire avec la police et la gendarmerie, parfois pour des faits anecdotiques. Dino Scala n'y figure pas. Mais, pour la première fois, ce fichier lui ressemble. Les trombinoscopes réalisés jusqu'ici par les policiers égrenaient des marginaux ou des jeunes délinquants, généralement maghrébins. Ce n'est pas le cas cette fois-ci. Les visages sur les photos ont l'âge et la physionomie décrits au fil des plaintes. Ce sont des gars du coin. Dans la liste des noms de familles, plusieurs portent le même nom que certaines victimes. Il y a même le père de l'une d'entre elles, un soir placé en garde à vue pour une bagarre.

Les relations des enquêteurs lillois avec leurs collègues locaux sont parfois tendues. Cette année 2009, elles sont notamment compliquées avec le commissariat d'Aulnoye-Aymeries autour d'une autre affaire, très médiatisée : la disparition d'une petite fille de 5 ans prénommée Typhaine. Les policiers d'Aulnoye avaient placé les parents en garde à vue avant de les relâcher le jour même. Le procureur d'Avesnes, Bernard Beffy, sentant la disparition suspecte avait refusé de déclencher l'alerte enlèvement. L'enquête sera retirée aux policiers d'Aulnoye et confiée à la police judiciaire de Lille. Six mois plus tard, la mère et le père passeront aux aveux. Le corps de la fillette sera retrouvé enterré en Belgique.

Cette même année, l'adjoint de Franck Martins découvre qu'un récent cas d'agression sexuelle à Assevent, en aval de Maubeuge, ne leur a pas été signalé alors que les policiers locaux avaient pourtant fait le lien avec le violeur de la Sambre. Il prend la peine de coucher sur procès-verbal son agacement, qui se conclut par ce rappel à l'ordre : « Indiquons avoir à nouveau sollicité que toute information relative à ce genre de faits présentant la moindre similitude dans le mode opératoire avec les faits dont nous sommes saisis soit portée à notre connaissance. »

Au début de l'année 2009, Christine Andrieux et Lysiane Ducastel, les deux femmes du service documentation de la PJ de Lille, tombent dans *La Gazette judiciaire* de l'arrondissement d'Erquelinnes sur un entrefilet qui attire leur attention. Il est question d'un viol commis un matin de février 2009 sur une adolescente de 16 ans, dans une remise isolée à l'arrière d'une maison d'Erquelinnes. Dans cette même remise où, deux ans plus tôt, le violeur de la Sambre avait déjà emmené et tenté de violer une autre jeune fille. Le mode opératoire ressemble en tous points, mais avec une violence, une organisation et une prudence qui semblent décuplées. Le violeur a pris la précaution d'utiliser un préservatif, il a aussi emporté avec lui les liens qui lui ont servi à ligoter sa victime, mais aussi son blouson et la ceinture de la victime, sur lesquels il aurait pu laisser des traces. Les documentalistes de la PJ font aussitôt remonter cet article à Franck Martins. La cellule cold case prend contact avec l'inspecteur d'Erquelinnes en charge de l'enquête.

Ils demandent aussi aux opérateurs de téléphonie mobile français (ils ne sont alors que trois sur le marché) de leur fournir l'ensemble des relevés de bornage sur la zone Erquelinnes-Jeumont, au jour et à l'heure de ce viol. C'est la première fois depuis le début de cette enquête que les policiers utilisent l'exploitation de la téléphonie mobile. Mais ils n'en font pas grand-chose. Les relevés fournis par les opérateurs comportent trop d'informations pour qu'ils aient les moyens de les traiter. Ils les rangent donc dans un CD-rom, se disant que cela pourra servir une autre fois. Que peut-être, sur d'autres futures agressions, ils trouveront un numéro commun.

En attendant, en l'absence de nouvelles agressions, ils prennent le temps de descendre dans le Val de Sambre à chaque fois que la police locale leur signale un pervers attrapé dans le coin. En avril, ils en entendent deux d'affilée. Le premier a essayé de faire monter des adolescentes dans sa voiture. C'est le livreur de journaux qui distribue *La Voix du Nord* et circule toujours à cette heure matinale. Dans sa voiture, les policiers avaient trouvé un exemplaire de *Détective* dont le titre avait attiré leur attention : « Pause viol pour le livreur ». Le second est vexé qu'on le suspecte d'être un agresseur sexuel car il se définit comme « exhibitionniste », et il explique que cela n'a rien à voir. Sans surprise, leurs ADN ne correspondent pas à celui du violeur.

Le temps s'étire, l'affaire semble à nouveau s'assoupir. Le dossier est sur le point d'être refermé. Les policiers de la cellule d'investigation écrivent à la juge pour lui demander de pouvoir poursuivre l'enquête. Ils expliquent que de nombreuses investigations sont encore en cours et que le violeur est toujours actif. Ils exposent la double hypothèse sur laquelle ils travaillent : l'homme vit dans la région et il a possiblement effectué des séjours en prison.

Comme un ultime coup de grâce, le tribunal d'Avesnes-sur-Helpe, qui, à peine installé dans son nouveau bâtiment de verre et de béton, avait échappé de justesse à la fermeture totale, perd une partie de ses compétences dans une nouvelle réforme de la carte judiciaire. Dont le très symbolique pôle criminel qui instruisait les viols. L'épais dossier du violeur de la Sambre quitte le Val de Sambre pour être transféré à Valenciennes. Où il attend d'être confié à une nouvelle juge d'instruction. La neuvième.

Se penchant sur le dossier, la juge Christelle Lacour s'aperçoit qu'il n'y a jamais eu « d'avis à victimes » dans cette affaire. À aucun moment les différentes magistrates qui se sont succédé n'ont tenu informées les victimes de quoi que ce soit sur la procédure. Elle décide donc de réparer cet oubli de quinze ans. Ce sera son seul acte, car elle est remplacée quelques mois plus tard par une autre juge d'instruction, elle aussi tout juste sortie de l'École nationale de la magistrature. À l'issue de ce courrier d'information, deux nouvelles victimes se constituent partie civile, dont Charlène, désormais majeure. Les femmes de Louvroil de 2002 dont le dossier est officiellement refermé n'ont, elles, plus aucune nouvelle de la justice.

Début 2011, la chaîne belge RTL TV1 consacre une émission de faits divers à l'affaire du violeur de la Sambre, surnommé de ce côté de la frontière le violeur d'Erquelinnes. Il est question des différentes techniques de profilage testées par les policiers belges pour cette enquête, le géo-profiling, mais aussi le plus classique profilage psychologique. Le portrait-robot réalisé par la directrice d'école de Maubeuge quinze ans plus tôt et confié il y a longtemps par les policiers français à leurs collègues belges est diffusé dans l'espoir que quelqu'un le reconnaisse. L'émission de télé belge semble passer inaperçue dans un premier temps. Mais elle fait rapidement l'objet de reprises dans la presse locale.

C'est ainsi que, passant le week-end en Belgique, le journaliste de l'hebdomadaire *La Sambre* Matthias Dormigny tombe par hasard au début du mois de mars 2011 sur un article évoquant l'existence d'un violeur en série qui sévirait en Belgique, dans la ville frontalière d'Erquelinnes. Les policiers belges expliquent qu'ils pensent que le violeur est français, et qu'il remonte le Val de Sambre jusqu'à Erquelinnes via la ligne de bus numéro 51. Le journaliste français est interpellé par cet article très détaillé. Ce fait divers belge lui rappelle soudain cette affaire de 2002, soulevée par la maire de Louvroil. Il se souvient de cette conférence de presse qui avait fait scandale, de l'émoi suscité par ces révélations. Et puis du silence qui avait suivi : plus personne n'avait jamais reparlé de cette histoire. Il n'était pas encore journaliste à l'époque, mais l'affaire l'avait marqué. De retour à Maubeuge, dès le lendemain, Matthias Dormigny tente donc d'en savoir plus. Il passe quelques coups de téléphone. Mais la police judiciaire de Lille et le parquet d'Avesnes font les morts. Le 11 mars, le journaliste publie tout de même un long article, reprenant les conclusions provisoires de l'enquête belge, et notamment les conclusions des profileurs. Et, surtout, il publie le fameux portrait-robot, cet homme au crâne dégarni. Dans l'article, le policier belge qui dirige l'enquête, explique qu'il croit fortement aux appels à témoins pour faire avancer les choses. Mais côté français, la police voit les choses différemment.

Deux jours après la parution de l'article, à la cellule cold case, on s'inquiète de l'article et de la publication du portrait-robot sans autorisation. Les policiers essaient d'avoir des infos sur la fuite via le commissariat de Maubeuge et celui d'Erquelinnes. Choc des cultures entre les polices franco-belges. Le directeur d'enquête belge explique qu'ils ont l'habitude de procéder ainsi en Belgique parce que selon lui ces techniques portent leurs fruits. Il envoie pour preuves les nombreux signalements de personnes ressemblant au portrait-robot que ses services ont reçus depuis l'émission. Pour l'équipe du commandant Martins, ces émissions sont regardées avec la plus grande circonspection. Ils ont une crainte : que l'auteur en apprenne trop sur l'enquête et s'adapte, fuie, change de lieu ou d'apparence.

Dans les semaines qui suivent la publication de l'article dans l'hebdomadaire *La Sambre*, les policiers français reçoivent d'ailleurs plusieurs signalements de suspects. Dénonciations de personnes vaguement ressemblantes ou connues pour être sexuellement perturbées. Ils prennent le temps de vérifier chaque signalement. À chaque fois, l'ADN exclut les suspects. Il n'y a aucun appel de la zone d'Aulnoye-Aymeries et de Pont-sur-Sambre, où vivent Dino Scala et la plupart de ses proches. Car personne là-bas n'a vu le portrait-robot et l'appel à témoins dans l'hebdomadaire. Il y a eu un couac technique dans l'édition locale, comme cela arrive parfois : l'édition d'Aulnoye-Aymeries n'a pas publié l'article de Matthias Dormigny. À Jeumont où il travaille et à Erquelinnes, où il va souvent le vendredi midi manger une frite avec les collègues, Dino Scala, lui, a vu les articles et son portrait en une du journal local. Un collègue a même plaisanté à propos de la ressemblance du portrait-robot. Tout le monde a ri.

Deux mois plus tard, au septième étage de la PJ de Lille, une nouvelle ébranle le capitaine Franck Martins. Quinze ans après les faits, l'ADN de l'homme qui avait violé et tué Angélique Dumetz a été identifié sur une autre scène de crime. Mais comme le craignait Martins, l'ADN a parlé trop tard. L'homme s'appelle José Furtado, il vient de tuer sa femme et de se donner la mort. L'assassin de la jeune fille au sourire de Mona Lisa ne sera jamais arrêté, jamais jugé. Franck Martins, qui, au fil des années, est devenu proche de la mère d'Angélique, a du mal à s'en remettre. Dans l'année qui suit, une réorganisation a lieu à la PJ et la cellule cold case est dissoute, ses dossiers sont répartis entre différents groupes de la crim. Le groupe de Franck Martins conserve cependant le dossier du violeur de la Sambre. Il ne se passe plus rien. Mais les policiers trouvent régulièrement des actes d'enquêtes un peu anodins à faire, histoire de maintenir le dossier en vie. S'ils arrêtent, plus personne ne cherchera le violeur de la Sambre. Cette idée obsède le commandant Martins.

Dino Scala devient entraîneur du club de foot de Pont-sur-Sambre, où il vit. Sa femme suit une formation pour devenir arbitre. Elle deviendra la secrétaire du club lorsque Dino sera nommé président.

Les scientifiques

De l'autre côté de la frontière, la juge d'instruction Martine Michel ne peut se résoudre à refermer le dossier. Cette affaire du violeur en série la travaille, peut-être, concède-t-elle, parce qu'elle est une femme. Elle voudrait tenter une dernière chose. La juge Michel a toujours été assez allante sur les techniques d'enquête alternatives. Elle explique que c'est une culture propre aux « petits » pays comme la Belgique : regarder ce qui s'expérimente ailleurs et essayer des choses nouvelles. C'est ainsi qu'il y a quelques années, elle avait fait appel pour une enquête à un géographe, spécialisé en géomatique, le traitement informatique des données géographiques (géomatique étant la contraction de géographie et d'informatique). Elle lui avait confié un cold case qui l'obsédait alors, l'affaire des tueries du Brabant, une bande d'hommes masqués qui, entre 1982 et 1985, avaient enchaîné des braquages sanglants pour des montants dérisoires dans la province de Brabant. Ils ouvraient le feu à l'aveugle, et tuaient. 28 personnes en tout, terrorisant la Belgique tout entière. L'enquête n'a jamais abouti. Et la juge Michel, qui avait récupéré le dossier, avait demandé à cette équipe d'universitaires s'ils pouvaient essayer, par les données géographiques, d'identifier une logique à cette violence qui semblait *a priori* frapper au hasard. Pourquoi avoir tué là et là, pourquoi à telle heure… Mais, surtout, les enquêteurs cherchaient à savoir si cette cartographie des crimes racontait quelque chose des tueurs, des lieux d'où ils sont partis, de leurs vitesses de déplacements, des routes qu'ils ont empruntées… L'étude n'avait rien donné de probant car les déplacements des tueurs du Brabant étaient trop complexes, mais la juge se dit que le profilage géographique pourrait être utile dans le cas de ce violeur qui se déplace toujours sur la même route, aux mêmes heures. Qui semble obéir à une logique spatio-temporelle singulière. Elle rappelle donc le professeur Jean-Paul Donnay, géomaticien à l'université de Liège. Qui accepte la proposition.

Jean-Paul Donnay est un scientifique à moustache blanche épaisse, et au caractère trempé. Il est géographe. C'est un scientifique pur jus. En Belgique, la géographie ne relève pas des sciences humaines et sociales, mais des sciences dures. Le professeur Donnay aime les calculs compliqués. À ses heures perdues, il étudie la physique quantique. Il n'entend rien à la criminologie, il ne prétend pas résoudre des affaires. Chacun son métier, dit-il. Il veut juste mettre à l'épreuve du réel des méthodologies de calculs. Ce qui lui permet de conserver une certaine distance avec la nature des données qu'on lui soumet. Ici donc, des crimes sexuels.

Ses bureaux sont installés dans un vaste campus planté au milieu d'une forêt à côté de Liège. Le laboratoire est habilité pour pouvoir accéder librement aux dossiers judiciaires, un comité de contrôle de la police vérifie le secret sur les données. Le laboratoire travaille directement avec la police d'Erquelinnes et avec les deux psychologues comportementalistes de la police fédérale, celles qui avaient établi le profil du violeur de la Sambre. Mais la mission confiée par la juge Michel demeure largement informelle. Le laboratoire travaille d'ailleurs bénévolement sur cette affaire.

Dans un premier temps, le professeur Donnay place une étudiante sur la mission confiée par la police, qui doit en faire son mémoire de fin de maîtrise. L'objectif de son travail est alors simplement de relocaliser l'ensemble des cas et faire une analyse basique des distances entre les agressions. Pour extraire des données exploitables, l'étudiante doit cependant préalablement se plonger dans le dossier, où figurent, outre des adresses et des horaires, la description précise de chaque agression, de chaque viol, les photos des victimes aux visages tuméfiés, les rapports de médecine légale. Confrontée à une violence à laquelle elle n'était pas préparée, l'étudiante en géographie craque psychologiquement et le mémoire tourne court. C'est la première fois que le laboratoire manipule ce type de données, personne n'avait anticipé l'effet de choc qu'elles pouvaient susciter.

Dans le laboratoire du professeur Donnay, travaille également une jeune chercheuse, Marie Trotta, qui a publié une thèse sur le profilage géographique, ou comment justement utiliser la géomatique en criminologie. Et qui s'intéresse particulièrement aux séries d'agressions sexuelles. La chercheuse va accompagner la fin du mémoire de l'étudiante, dont le laboratoire présentera les premiers résultats, de manière informelle, aux policiers d'Erquelinnes et à des représentants de la PJ de Lille assez rapidement. Mais, surtout, Marie Trotta décide de prendre le cas du violeur de la Sambre comme application du sujet de sa thèse pour une étude scientifique spécifique[1].

1. *Modelling serial offenders, spatial behaviours : new assumptions for geographic profiling*. (Modélisation des comportements spaciaux des délinquants en série : nouvelles hypothèses pour le profilage géographique, octobre 2014).

Le profilage géographique prend en compte les données physiques d'une série de faits criminels. Cette technique d'analyse criminelle date de la fin des années 70, elle est née avec l'affaire dite des étrangleurs des collines à Los Angeles en 1977. Dans cette affaire, c'est le calcul de la distance entre l'endroit où les victimes avaient disparu et celui où l'on avait retrouvé leurs corps qui avait permis de localiser le domicile du tueur. La méthode s'est affinée au cours des années 80 et 90, avec des outils plus performants de cartographie et de traitement de données. Mais c'est un policier canadien, premier policier à obtenir un doctorat de criminologie, Kim Rossmo, de la police de Vancouver, qui a réellement posé les bases d'une technique de profilage géographique. Sa « formule » a été intégrée à un logiciel d'analyse de la criminalité et a permis l'arrestation en 2002 d'un tueur de prostituées, Robert Pickton, dans la banlieue de Vancouver. Kim Rossmo et ses calculs avaient d'abord suscité de fortes méfiances dans la police, avant que sa « formule » ne soit reconnue comme un outil précieux face aux crimes sériels. Il a par la suite intégré la police de Washington DC aux États-Unis, puis obtenu une chaire à l'université du Texas en criminologie. Ses méthodes de profilage servent aujourd'hui dans la lutte contre le terrorisme, le trafic de drogues, mais aussi en épidémiologie, sur la propagation des virus.

Au milieu des années 2000, ces techniques de profilage géographiques nord-américaines ne sont pas du tout utilisées, ni même réellement connues en Europe, ni en France, ni en Belgique. L'étude des criminels en série est moins ancrée dans la culture policière qu'outre-Atlantique. Mais, surtout, le profilage géographique n'est pas vraiment adapté à la topographie européenne, où les réseaux de déplacements sont hétérogènes, rendant plus complexes les calculs de distances et de vitesses. Les Américains travaillent sur des distances à vol d'oiseaux, qui ne fonctionnent que sur les grands espaces nord-américains et leurs routes infiniment droites. L'objectif du laboratoire de Liège est justement de trouver comment adapter à l'Europe ces techniques de géomatique. Et notamment en Belgique, où les distances sont très courtes, les concentrations urbaines complexes et le réseau routier irrégulier. L'enjeu en terme d'application est prometteur et le FNRS, l'équivalent du CNRS en Belgique, finance l'étude de Marie Trotta.

La géomatique utilise la localisation d'une série de crimes pour remonter à la zone de départ de l'agresseur, son point d'attache, qui peut être son domicile, son travail...

Les chercheurs travaillent sur les vitesses de propagation sur un réseau routier. Théoriquement, tout compte : la largeur de la voirie, la visibilité, le climat, la charge de circulation, l'urbanisation... Ils partent des lieux de crime. Chaque lieu étant relié à un réseau routier, à une topographie. Et, à partir de ces points, les scientifiques propagent des distances et cherchent des zones de convergences. Dans ce cas particulier, ils travaillent sur un axe, le principal axe routier de la région, qui semble être celui sur lequel circule le violeur. La cartographie des faits délimite en effet une bande de 27 kilomètres de long sur 16 de large, le long de la Sambre, qui correspond au bassin économique, démographique et à la route principale du Val de Sambre, depuis Aulnoye-Aymeries jusqu'à Jeumont-Erquelinnes à la frontière franco-belge. En gros, la D959 et ses affluents.

Les scientifiques partent de plusieurs postulats : l'homme se déplace en voiture (postulat lié au signalement de la Renault 21), à la vitesse maximale autorisée et part toujours du même endroit. Dernier postulat très fragile, étant donnée la durée sur laquelle s'étalent les faits, vingt années à ce moment-là. Or, pour que le profilage géographique soit fiable, il faut que l'auteur, entre les différents faits, ne change pas ses habitudes spatiales, ne déménage pas, ne change pas de lieu et d'horaire de travail. Ce qui, sur vingt ans, paraît peu probable et rend les deux scientifiques prudents. L'autre difficulté dans le cas de ces agressions et de ces viols est que leurs horaires peuvent avoir été notés de manière approximative (contrairement aux tueries du Brabant, sur lesquelles a travaillé Donnay, où l'on connaissait à la minute près l'horaire de chaque fusillade). Dans le cas du violeur de la Sambre, il peut y avoir des incertitudes de 10 à 15 minutes sur les horaires donnés par les victimes. Or, sur une si petite surface, 10 minutes de trajet en plus ou en moins changent tout.

Ils se concentrent donc essentiellement sur le comportement spatial de l'auteur : quelles sont ses habitudes de déplacement, mais également quelles sont ses incohérences, les faits atypiques, comme une agression soudainement commise dans une zone différente. Ces incohérences peuvent correspondre à un changement de tactique. Marie Trotta s'appuie sur la classification américaine, qui distingue crime d'opportunistes et crimes prémédités. Dans le cas d'un crime prémédité, l'auteur va pouvoir choisir de se déplacer plus loin, dans une zone où il y a moins de risques.

Car, en plus de la structure du réseau routier, la chercheuse introduit dans les calculs de pure géomatique une autre dimension, qui relève davantage de la criminologie : la prise en compte de zones d'opportunités pour les criminels sexuels. Dans le dossier du violeur de la Sambre, ce peut être les établissements scolaires ou le quartier de l'hôpital de Maubeuge, où circulent tôt le matin des adolescentes et des infirmières, mais aussi des zones que le criminel estime adaptées à la commission de ces crimes (parce qu'elles sont par exemple à l'abri des regards).

Jusqu'ici, le profilage géographique cherchait à cerner une zone suffisamment éloignée du domicile de l'auteur mais pas trop loin non plus pour définir sa « zone de confort ». Dans la littérature du profilage géographique, on considère en effet que chaque auteur a un espace « tampon », autour de son domicile, dans lequel la probabilité de commettre des faits est très faible car il considère qu'il y a trop de risques pour lui, notamment celui d'être reconnu. Au-delà de cet espace tampon, où il va estimer le risque moindre, la probabilité qu'il commette des faits est importante. Mais plus on va s'éloigner, plus il aura potentiellement déjà rencontré une victime, donc cette probabilité va décroître.

À l'issue de ces calculs complexes, les scientifiques arrivent ainsi à délimiter des zones relativement réduites, où l'on peut présumer l'endroit d'où part le criminel avant de commettre ses crimes. C'est le cas dans l'affaire de la Sambre. Sauf que le temps de la recherche n'est pas celui de la justice.

Fin 2010, la juge Martine Michel finit par signer le non-lieu pour les viols et attentats à la pudeur des victimes d'Erquelinnes. Motif : « auteur inconnu ». L'enquête sur le violeur de la Sambre est officiellement terminée en Belgique. Personne ne pense à en informer l'équipe des géographes de l'université de Liège. Après un an et demi de travail, ils s'apprêtent pourtant à rendre leur rapport. Dans leurs conclusions, les chercheurs du laboratoire de Liège conseillent aux enquêteurs d'explorer la zone à proximité de la commune d'Hautmont, entre Aulnoye-Aymeries et Maubeuge, comme possible zone du domicile du violeur.

Ils ignorent si, d'un côté ou de l'autre de la frontière, les enquêteurs ont fait quelque chose de leurs recherches. Le professeur Jean-Paul Donnay hausse les épaules, dit qu'il est conscient d'être, pour les enquêteurs, « la dernière roue du carrosse, le dernier recours avant l'astrologie ». Marie Trotta, elle, aurait bien aimé savoir si son travail a pu aider.

Il aurait pu. La zone de départ du violeur qu'ils délimitent dans leur rapport est toute proche de la commune où réside Dino Scala.

Dino Scala apprend la mort de son père. Il est en voiture avec sa femme. Il dit : « On ne va pas flinguer la soirée parce que mon père est mort. » Quelques jours plus tard, il ne pleurera pas à l'enterrement.

Le bonnet

L'homme se tient planté là, immobile, devant le centre funéraire de la zone artisanale déserte, les mains enfoncées dans les poches de son blouson. Il a une cinquantaine d'années et le crâne dégarni. Il est 5 h 30. Le boucher de l'Intermarché va prendre son poste. Il regarde cet homme, qui le regarde aussi. Il se demande ce qu'il peut bien faire là, à cette heure-là, sans bouger. On est à une vingtaine de kilomètres au nord d'Aulnoye-Aymeries. La commune de Le Quesnoy est une petite ville de 5 000 habitants fortifiée à l'écart du Val de Sambre. La ville dépend de la juridiction d'Avesnes-sur-Helpe, mais elle est en zone gendarmerie. On est déjà dans le Valenciennois. Personne ici n'a entendu parler du violeur de la Sambre.

Quelques dizaines de minutes plus tard, il n'est pas encore 6 heures ce lundi 12 novembre 2012, Julie, 43 ans, marche en direction de la zone artisanale. Depuis quinze jours, elle travaille à la pompe à essence de l'Intermarché. Julie vit dans le centre-ville. Elle commence tous les jours à 6 heures, et n'a jusqu'ici jamais croisé personne sur le trajet. Sauf ce matin-là. En longeant le cimetière militaire anglais de la rue du Ruisseau de l'Ange, elle aperçoit un homme marcher en direction opposée sur le trottoir d'en face. Elle ne fait pas attention à lui. Passe vers le coron. Au niveau de la déchetterie, elle s'engage sur le chemin d'herbes qui permet de rejoindre directement le parking de l'Intermarché. Elle prend toujours ce raccourci. Elle a ses écouteurs sur les oreilles, AC/DC plein volume, et n'a pas remarqué que l'homme avait fait demi-tour.

Un bras la saisit soudain par le cou. Elle est plaquée à terre sur l'herbe détrempée. « Si tu cries je te tue. » L'homme répète trois fois cette phrase. Puis il la frappe, à coups de poings et de pieds. Elle pense qu'il cherche à l'assommer, pour la violer ensuite. Et elle se dit qu'elle préfère mourir qu'être violée. Elle se débat comme elle peut, tente de mettre des coups avec ses jambes et de lui griffer le visage, mais ne parvient qu'à lui arracher son bonnet, tandis qu'il continue à lui enserrer la gorge. Elle parvient à crier « au secours ». Elle a toujours son portable à la main, alors elle fait semblant d'avoir son mari en ligne en lui criant d'appeler la police. L'homme la lâche aussitôt et s'enfuit en direction de la déchetterie. Dans l'autre main, Julie s'aperçoit qu'elle a toujours le bonnet. Elle ramasse son sac et court jusqu'à l'Intermarché. Où ses collègues préviennent la gendarmerie. Le boucher repense à l'homme au crâne dégarni devant le centre funéraire.

En arrivant au supermarché, les gendarmes lui demandent de les conduire sur le chemin de l'agression. L'herbe mouillée est couchée mais il n'y a aucun indice exploitable. Ils ignorent qu'entre-temps, l'agresseur est revenu sur les lieux, à la recherche de ce bonnet perdu qui, il le sait, porte son ADN. Ce bonnet que sa victime a emporté avec elle et déjà remis aux gendarmes. Un bonnet en polaire noir. Pas très propre. Et troué.

Une heure plus tard, Julie est dans un bureau de la gendarmerie de Le Quesnoy. Elle tente de décrire l'homme qui l'a agressée. Mais il faisait sombre, et elle n'a pas vu grand-chose. Ce dont elle est certaine, c'est qu'il était « de type européen », qu'il n'était pas jeune, peut-être dans les 50 ans, ni grand (en tout cas pas plus grand qu'elle sachant qu'elle mesure 1 m 65). Il était plutôt corpulent. Il portait un blouson sombre, avec un élastique large serré à la taille. Elle ne se sent pas capable d'en faire un portrait-robot.

Le boucher de l'Intermarché signale cet homme étrange qu'il a remarqué peu avant devant le centre funéraire, sa description correspond à celle de l'agresseur de Julie. Les gendarmes lui présentent la photo d'un homme, vivant en face du cimetière, dont on dit qu'il traîne souvent tôt le matin dans ce quartier. Mais Julie ne reconnaît pas son agresseur sur la photo. Idem pour ce chauffeur de car qui aurait pu correspondre au signalement et dont le dépôt de bus est situé juste à côté des lieux de l'agression. Ou encore pour cet homme vivant tout près de chez elle, connu pour des exhibitions sexuelles. Julie a vu dans les séries policières qu'on pouvait retrouver des criminels grâce à l'ADN. Elle en parle aux gendarmes, à cause du bonnet, mais elle a l'impression qu'ils se moquent d'elle. Ils disent qu'ils ne sont pas sûrs d'exploiter ce bonnet, car les analyses ADN coûtent cher.

Dans les semaines qui suivent, Julie retourne à son travail au supermarché, car il faut bien. Elle ne veut pas laisser son agresseur gagner sur sa vie. La lutte entamée aux poings sur ce chemin herbeux est devenue une lutte de survie psychologique au quotidien. Julie a désormais une bombe lacrymogène dans la main et plusieurs couteaux dans son sac.

Le procureur d'Avesnes Bernard Beffy autorise finalement les gendarmes à procéder à une analyse ADN à l'institut d'étude génétique de Nantes (IGNA), le laboratoire utilisé par la gendarmerie. Les résultats reviennent quelques semaines plus tard, au début de l'année 2013. Un ADN masculin a été identifié sur le bonnet. Le profil est alors transmis au FNAEG pour comparaison. Mi-février, le FNAEG rend à son tour son rapport. Au début des années 2010, l'analyse des données ADN est courante. Mais le résultat qui va tomber l'est moins.

Le profil ADN provenant du bonnet noir correspond à quatre autres profils anonymes enregistrés dans le FNAEG. Profils tous issus d'enquêtes diligentées par le tribunal d'Avesnes-sur-Helpe, qui correspondent à des procédures datant de 2000 et de 2002. Leurs analyses avaient été toutes réalisées sur réquisition d'une même juge d'instruction alors en poste à Avesnes. Ces procédures sont enfin toutes classées « article 222-23 », l'article du code pénal qui qualifie les viols. Les gendarmes de Le Quesnoy informent immédiatement le parquet d'Avesnes de cette découverte. Mais au tribunal d'Avesnes, personne n'est en mesure de dire à quelles affaires de viol correspondent cet ADN.

On leur répond que les références données par le FNAEG ne permettent pas de savoir de quelles procédures il s'agit, ni de les retrouver. Le pôle criminel du tribunal ayant été transféré à Valenciennes, on renvoie les gendarmes vers cet autre tribunal où personne ne sait visiblement non plus à quoi font référence ces ADN. Fin de l'enquête pour l'agression de Julie.

Agression qui restera au passage qualifiée de « menaces de mort » et de « violences », alors que Julie a toujours pensé et dit que son agresseur avait tenté de la violer. Les gendarmes transmettent le dossier tel quel au Parquet. Une simple affaire de violences avec menaces de mort dont – accessoirement – l'auteur est également recherché dans au moins quatre affaires de viols instruites dans la juridiction. Cela n'éveille aucune curiosité.

Quelques mois plus tard, en septembre 2013, le parquet d'Avesnes classe la plainte comme si de rien n'était. Un substitut du procureur coche la case 71 des motifs de classements sans suite : « auteur inconnu ».

Le rapport du FNAEG était pourtant assez lisible et suffisamment détonant pour attirer l'attention des gendarmes ou du Parquet. Il dit d'abord que l'agresseur de Julie est un violeur, et un violeur en série puisqu'il a violé plusieurs femmes dans la région il y a plus de dix ans. Ce rapport raccroche des faits d'agression presque banals à une affaire exceptionnelle pour laquelle des informations judiciaires ont été ouvertes et le sont peut-être toujours. Il n'y a pas eu des milliers d'affaires de violeurs en série non résolues dans la région. À vrai dire, il n'y en a même eu qu'une seule. Facilement remarquable. Et identifiable.

Mais, dans cette région où les fonctionnaires de gendarmerie comme ceux de la justice ne restent en poste que quelques années, personne ne semble dépositaire d'une quelconque mémoire des affaires, aussi graves fussent-elles. Reste la mémoire formelle, celles des dossiers et des archives que l'on couche sur papier, et qui auraient pu les éclairer. Car, il suffit de lire le rapport du FNAEG où figurent les numéros de procédure, la qualification de l'affaire (en l'occurrence, à chaque fois des viols), le numéro de scellé, la date à laquelle la juge a demandé l'analyse de ce scellé pour identifier les affaires auxquelles se rattache ce profil ADN.

La plus récente est celle du dernier viol connu du violeur de la Sambre du côté français, celui de Charlène, en janvier 2008, l'adolescente que les policiers de Maubeuge n'avaient pas crue, avant que la cellule cold case ne reprenne l'affaire et que l'ADN retrouvé sur son pull matche avec celui des viols de 1996. Les dates de 2001 et 2002 ne correspondent pas à des faits mais à leur enregistrement dans le FNAEG à sa création au début des années 2000. Les viols dont il est question sont largement antérieurs, comme l'indique le numéro de la procédure noté sur les documents du FNAEG : 97/5518. Les deux premiers chiffres, « 97 », désignant toujours l'année d'ouverture de l'information judiciaire. Les trois affaires auxquelles ni les gendarmes de Le Quesnoy, ni le Parquet, ni le siège d'Avesnes ne voient à quoi elles correspondent sont les viols de Laetitia en janvier 1996, celui de Dalila en novembre 1996 et celui de Nadine en octobre 1997. Soit tous les cas français où un ADN avait été identifié dans l'affaire du violeur de la Sambre.

En septembre 2013, malgré ces informations, non seulement la plainte de Julie est classée mais elle n'est pas signalée ni à la nouvelle juge d'instruction en charge de l'information judiciaire, ni à la cellule cold case de Lille en charge de l'enquête[1].

Julie ne saura rien de tout cela. Depuis son agression, un an plus tôt, elle n'arrive pas à remonter la pente. À peu près au moment où le Parquet classe sa plainte, elle tente de mettre fin à ses jours, elle restera neuf jours hospitalisée.

---

1. Il faut attendre deux ans plus tard, en 2015, pour que l'agression de Julie remonte, suite à une demande de comparaison d'ADN de la part des autorités belges qui matche avec l'ADN du bonnet. L'affaire remonte alors enfin jusqu'à la cellule cold case. Et l'agression de Julie est jointe à l'enquête sur le violeur de la Sambre.

Chaque soir, Dino Scala se rend chez son beau-père, atteint de la maladie de Parkinson, pour le coucher et lui faire sa toilette. Il part pendant la pause pub du film ou la mi-temps du match.

La douzième juge

La chancellerie a fini par renoncer à fermer le tribunal d'Avesnes-sur-Helpe, trop neuf, trop beau et trop cher. Elle l'a en revanche en partie vidé de ses compétences. L'enveloppe de béton et de verre est toujours là, dominant le vert bocage avesnois, mais une partie des bureaux et des salles sont vides. Le pôle criminel, celui qui s'occupe des affaires de viols, a été transféré à Valenciennes, à une soixantaine de kilomètres plus au Nord. Où le dossier du violeur de la Sambre dort tranquillement dans un coin.

Fin 2014, il n'y a en effet plus aucun juge d'instruction sur l'affaire. Après le départ de la dernière juge, le poste a été laissé vacant, faute de magistrats. Le manque d'effectifs est endémique dans les tribunaux. Un vice-président assure le remplacement pour quelques mois. Pour les urgences. Pas pour un dossier contre X ouvert depuis près de vingt ans. Il faut attendre l'été 2015 pour qu'une nouvelle juge soit nommée. Elle s'appelle Marion Metellus. Elle est jeune, c'est seulement son deuxième poste, le premier étant… à l'instruction à Avesnes-sur-Helpe. Malgré la pile de soixante-dix dossiers ouverts qui l'attend déjà dans son cabinet et ceux qui se rajoutent petit à petit, la magistrate, dès son arrivée, s'intéresse à l'affaire. Et va tout reprendre. Presque depuis le début.

La juge appelle le commandant Franck Martins pour l'informer de son intention de reprendre l'enquête. Elle convoque une réunion à son cabinet de Valenciennes. Elle veut réexploiter le profil ADN du fameux bonnet en polaire noir arraché par Julie lors de son agression. Le seul « objet » du violeur que détiennent les enquêteurs.

La science évolue d'année en année. L'ADN, jusqu'ici muet, s'est mis à parler. Il est désormais possible, à partir d'un profil, de donner des éléments assez précis sur son propriétaire. C'est ainsi qu'au mois de novembre 2016, le laboratoire de police scientifique de Lyon donne la première description physique du violeur de la Sambre : il est brun-châtain, ses yeux sont marron, sa peau est claire, sans tache de rousseur, il est d'origine européenne et doit avoir une forte propension à la calvitie. Ces marqueurs, selon le labo, sont fiables à plus de 90 %, voire plus de 95 %.

La juge informe les cinq femmes désormais constituées parties civiles dans le dossier, qui reçoivent donc soudain une description à la fois vague et incontestable de l'homme qui a gâché leurs vies. La plupart d'entre elles n'avaient rien vu de son visage. Ces quelques caractéristiques lues dans le marc des allèles d'un profil ADN redonnent une forme de réalité à ce fantôme. Pour l'une de ces femmes, la directrice d'école, ce portrait par l'ADN vient confirmer ce qu'elle savait déjà, que l'homme venu rôder devant chez elle quelques jours avant était bien son violeur. Le portrait « ADN » correspond précisément au portrait-robot qu'elle avait réalisé vingt ans plus tôt, presque jour pour jour.

L'enquête a besoin d'un nouveau souffle et surtout de moyens. La juge Metellus saisit alors, en appui au groupe de la police judiciaire de Lille du commandant Martins, l'Office central pour la répression des violences aux personnes (l'OCRVP) de Nanterre. L'OCRVP est un office central de la police spécialisé dans les affaires à la fois graves et complexes. En 2015, l'office compte une cinquantaine de personnes, policiers, gendarmes, psychologues… Ils sont chargés de centraliser et d'analyser ces crimes mais aussi d'enquêter directement, soit seuls, soit en collaboration avec des services de police judiciaire territoriaux, comme c'est le cas ici avec la cellule du commandant Martins à Lille. Ils apportent aux groupes d'enquêteurs des techniques et des moyens qu'ils n'ont pas, notamment en matière d'analyse criminelle. L'office a ses « profilers », des psychologues qui font de l'analyse psychocriminelle, il a une cellule capable de réaliser une représentation graphique d'une affaire en mettant en lien des éléments de l'enquête invisibles à l'œil nu (numéros de téléphone, comptes bancaires…). Mais surtout, l'office dispose d'un groupe d'enquêteurs spécialisés sur les faits sériels, le Groupe d'investigations et de coordination sur les crimes en série (GICCS).

L'OCRVP est rarement saisi au début d'une enquête mais plutôt lorsque les enquêteurs sont dans une impasse, qu'ils ont l'impression d'être passés à côté de quelque chose ou qu'ils n'ont pas les moyens techniques de traiter une masse d'informations. Vingt ans après l'ouverture du dossier du violeur de la Sambre, les enquêteurs de la police judiciaire de Lille sont à peu près dans toutes ces configurations à la fois. En juillet 2016, deux officiers de l'office de Nanterre se déplacent dans le Nord pour une première réunion avec le groupe du commandant Martins et la juge Marion Metellus. Ensemble, ils définissent de nouvelles orientations pour l'enquête. À la fin de la réunion, ils ont une sorte de « to do list » de quinze actes prioritaires. Le premier : réentendre la victime par qui le bonnet noir est arrivé et lui présenter les portraits-robots. Puis récupérer les procédures belges. Faire tourner le Salvac, le logiciel d'analyse criminel français. Rechercher dans le fichier désormais commun de la police et de la gendarmerie des affaires avec des portraits-robots se rapprochant du leur. Réaliser une analyse psychocriminelle de l'auteur. Faire faire un profil morphologique à partir du code ADN. Diffuser plus largement cet ADN à l'international. Rechercher d'autres cas possibles dans les archives. Reprendre la liste des scellés dans chaque procédure et voir si certains sont réexploitables… L'idée est de relire le passé avec les techniques du présent.

En 2016, vingt ans après son ouverture, le dossier du violeur de la Sambre ne compte officiellement « que » vingt cas d'agressions sexuelles et de viols, mais les policiers savent qu'il y en a certainement beaucoup d'autres. C'était déjà, quinze ans plus tôt, la théorie du premier enquêteur, le commandant Hostekint qui avait repéré une trentaine d'autres affaires très ressemblantes grâce au tableau des deux archivistes. L'OCRVP va solliciter le service d'archives de la police judiciaire de Lille pour retrouver ces dossiers non exploités ou non reliés. À l'issue de ces recherches, les policiers réussissent à identifier 67 affaires potentiellement imputables au violeur de la Sambre. Parmi elles, l'affaire des femmes de Louvroil que la justice avait toujours traitée à part (et à vrai dire oubliée en chemin) pour laquelle la maire Annick Mattighello s'était battue en vain, et tout un tas de plaintes et de signalements auxquels il n'avait jamais été donné suite. Certaines procédures seront difficiles à récupérer, perdues, parcellaires, ou illisibles. En reprenant toutes ces plaintes oubliées, les policiers parviennent quasiment à chaque fois à retrouver des détails qui permettent de relier ces agressions et ces viols à la série. Le blouson noir style « bombers ». Le bonnet de laine, noir aussi. L'odeur étrange, « odeur d'extérieur », « de cambouis », « de soudure », « d'usine », « de garage ». Des lieux d'agressions strictement identiques parfois, une remise, un chemin…

Le commandant en charge de l'exploitation de ces archives au sein de l'OCRVP peine cependant à récupérer certains dossiers de la gendarmerie. La guerre police-gendarmerie n'est plus censée être d'actualité en 2016, mais il en reste des scories. Ainsi, le service des archives de la défense résiste à lui fournir le premier dossier de cette série, alors traité par la gendarmerie de Maubeuge. On lui oppose un problème de « formalisme » dans sa demande. Il peine également à récupérer la procédure du viol de Betty en décembre 2002 parce qu'elle est aussi dans un fichier gendarmerie. Il mettra des mois à obtenir ces deux procédures.

Les enquêteurs reprennent aussi une piste abandonnée. L'agression d'une femme, en 1991, à côté d'un chantier de Sambre Construction le long de la Sambre. Ils retrouvent les témoins, les suspects, font des analyses ADN. Placeront même un homme en garde à vue. Cette piste leur prendra des mois, pour rien.

Les enquêteurs sont intrigués par les périodes d'abstinence du violeur, ils pensent que l'homme recherché a pu effectuer des séjours en prison. D'autant qu'il a fait de multiples confidences allant dans ce sens à ses victimes (« je sors de prison, j'ai besoin de femmes »). Les enquêteurs savent aussi que le fichier des empreintes génétiques est incomplet, même concernant les personnes condamnées. Parfois les empreintes ne sont pas prises, parfois mal prises les rendant inexploitables. Ils décident donc d'envoyer les portraits-robots pour diffusion à l'administration pénitentiaire. Histoire de voir si quelqu'un a pu un jour croiser cet homme dans une prison française.

Les enquêteurs parviennent enfin à traiter et filtrer la liste de près de 700 noms sortis des recherches de « parentèles » du fichier national des empreintes génétiques. Ce ne sont pas eux directement qui intéressent les enquêteurs mais leurs ascendants ou descendants. Il faut donc imaginer quel âge pourraient avoir les pères ou les fils du suspect pour circonscrire les recherches. Le commandant Martins se figure un homme de son âge, la cinquantaine. Il se dit que le violeur peut avoir des enfants entre 15 et 30 ans. Des parents d'au moins 70 ans. En resserrant par cette probabilité d'âge et de domicile dans le Nord Pas-de-Calais, ils arrivent à une liste d'une quarantaine de noms. Les policiers vont réaliser une enquête administrative pour chacun d'entre eux, où figurent leurs adresses successives, leurs véhicules successifs, leur profession, la raison pour laquelle ils sont enregistrés au fichier des empreintes génétiques, leur taille, leur photo… Pour chacun d'entre eux, va être réalisé une sorte d'arbre généalogique montrant qui, dans leurs familles, a eu une R21 blanche et à quelle période… Car, et c'est toute la complexité des recherches de parentèles, les noms qui sortent ne sont pas des suspects mais des parents de suspects. Parmi les noms qui ressortent, une dizaine vont être exclus car décédés alors que les viols continuaient pour certains ou parce que des éléments dans leur biographie les innocentaient automatiquement. Les autres vont être entendus un à un par les policiers et feront l'objet d'un prélèvement ADN. Raphaël Philippot, un jeune policier, rejoint la cellule du commandant Martins, il s'occupe de ces fastidieuses recherches de parentèles. Elles vont absorber les policiers durant presque toute l'année 2017.

Les enquêteurs ont l'impression de chercher une aiguille dans une meule de foin, avec le doute d'être en train de fouiller la bonne meule. Franck Martins le sait, ils recherchent un homme ordinaire au milieu des hommes ordinaires. Un monsieur moyen, comme il le surnomme.

Les victimes ignorent tout de ce titanesque travail. Elles ignorent qu'à Lille et à Nanterre, des policiers cherchent toujours l'homme qui a bousillé leur vie.

Le 27 août 2017, Clara est chez elle, il fait encore nuit et elle ne dort pas. Comme tous les 27 août depuis 20 ans, date à laquelle un homme s'est introduit dans sa maison de Bachant un peu avant 5 heures du matin. Cela fait vingt ans qu'elle vit dans la peur. Mais maintenant, elle voudrait en sortir. En cette année 2017, elle a entamé des séances avec une psychologue. Elle a commencé aussi à perdre quelques-uns des kilos accumulés contre l'angoisse. Elle se met à écrire et publie un post sur son compte Facebook.

« Il est 4 heures du matin et comme souvent depuis 20 ans c'est l'heure où je me réveille en sursaut depuis vingt ans aujourd'hui. Mes nuits ne sont plus à cause de TOI qui as détruit ma jeunesse ma joie de vivre ma vie… qui es-tu ? 20 ans, tu n'as toujours pas été puni car on ne t'a jamais retrouvé ou pire encore peut-être que tu es dans mon entourage mais avec ta lâcheté tu étais masqué !! C'est ça le pire pour moi de ne pas savoir et tant que tu ne seras pas puni je ne pourrai jamais guérir. À combien d'autres personnes tu as osé t'en prendre ?? Encore une date bien pénible pour moi, encore une journée difficile. Heureusement mon adorable mari et mes enfants chéris m'aident à chaque instant à lutter et à surmonter mes peurs… Heureusement je suis en vie même si je suis éteinte à l'intérieur. Et cette lumière que tu as éteinte en moi, je voudrais tellement te le faire payer. Pas un jour ne passe sans que je souhaite que tu fasses une erreur et que la police vienne t'interpeller. Facebook fait parfois des miracles et je suis sûre qu'il y a quelque part quelqu'un qui sait. Au bout de 20 ans, il serait temps !!!! »

À la fin de son texte, un emoji pleure.

Le 22 septembre 2017, Dino Scala devient grand-père. Sa fille cadette a accouché d'un petit garçon. À l'usine, il montre les photos à tous les collègues. Il est fier.

La traque

Le violeur de la Sambre n'a plus frappé depuis maintenant plus de cinq ans. Le commandant Franck Martins en a désormais 54. Il commence doucement à envisager la possibilité que le violeur soit mort, qu'il finisse à la retraite sans avoir réussi à l'arrêter, sans avoir jamais de nom ou de visage à mettre sur cette ombre qui aura hanté une grande partie de sa vie de policier. Il s'est écoulé vingt ans depuis la première fois où, jeune flic de la BRB, Franck Martins avait été appelé en renfort pour des surveillances aux abords des usines de la Sambre à la recherche d'un homme au crâne déjà dégarni roulant en Renault 21. Et encore dix ans, depuis qu'on lui a confié la direction de cette enquête qui semble ne jamais devoir aboutir.

Pourtant, au tout début de cette année 2018, les enquêteurs de son groupe sont encore en train d'interroger un énième suspect, trouvé via les recherches en parentèle ADN. L'homme a des allèles en commun avec le violeur, il a été propriétaire d'une R21 blanche mais dit ne plus s'en souvenir. Il est un peu spécial mais il a les yeux bleus et, comme tous les autres avant, finit par être exclu par son profil ADN…

Pendant ce temps-là, à Nanterre, un policier de l'Office central pour la répression des violences aux personnes termine la rédaction du rapport d'analyse criminelle commandé dix-huit mois plus tôt par la juge Metellus. Le rapport est épais d'une grosse quarantaine de pages, comprenant des graphiques, des cartes et des tableaux complexes qui dessinent dans l'espace et dans le temps la route criminelle d'un homme au bonnet noir. Au total, 65 agressions et viols, commis entre 1988 et 2012. « 24 ans de prédation », résume le policier. La juge d'instruction espérait qu'en balayant toutes les informations accumulées en vingt années de procédure avec les moyens actuels, peut-être, quelque chose ressortirait. Il y aurait forcément une piste dans une telle masse. L'office a dû créer une base de données spécifique au dossier du violeur de la Sambre pour traiter les 1 300 documents issus des différents dossiers d'instruction français et belges, auxquels ils ont joint d'autres procédures pour des faits similaires, notamment les agressions et viols de la fin des années 80 et du début des années 90. En tout 282 117 « entités », des noms, des événements, des lieux, des véhicules, des numéros de téléphone et 251 927 liens entre eux (relations entre les individus, localisations, etc.), que l'office a analysés et recoupés depuis deux ans pour essayer de redonner un nouveau souffle à l'enquête.

De tout cela, ils n'ont pu tirer ni conclusions, ni pistes claires, mais ils ont mis en exergue les lacunes et les angles morts des investigations. Ce qui leur permet de dispenser de nouvelles recommandations pour les enquêteurs. Ils ont par exemple remarqué qu'il y avait eu globalement très peu d'ADN prélevés sur les victimes : seulement 10 prélèvements sur 65 cas, dont 6 identifiés comme appartenant au même homme. Parfois parce que les faits datent d'une époque où le procédé n'était pas maîtrisé, parfois parce qu'il a été considéré qu'il n'y avait aucun support à analyser. On pourrait tenter de réexploiter certains scellés des années 90 qui n'avaient rien donné mais qui, avec les progrès récents, pourraient peut-être désormais se montrer plus bavards.

Les policiers de Nanterre ont aussi déterré dans ce fatras de données des détails non exploités. Comme cette déposition d'une des victimes belges, persuadée que son violeur travaillait sur le site industriel de Jeumont, chez Framatome pensait-elle. Ils recommandent donc de redemander à l'usine la liste de son personnel ainsi qu'aux sociétés sous-traitantes qui travaillent sur le site.

Les policiers de l'OCRVP ignorent, au moment où ils apposent le tampon circulaire « Police Nationale » au bas de leur rapport ce 5 février de l'année 2018, que l'homme au bonnet noir vient à nouveau de frapper. Et, pour la première fois en trente ans, il va laisser un indice permettant de l'identifier.

Ce matin-là, Lucie, 15 ans, est en retard pour aller prendre son bus. La lycéenne vit à Jeumont chez son père, elle traverse chaque matin la frontière pour rejoindre le parking de la gare routière d'Erquelinnes. Si elle ne se dépêche pas, elle va rater le car qui l'emmène dans le lycée privé où elle est scolarisée en Belgique. Alors, pour aller plus vite, elle coupe par le parking de la Douane et longe les voies de chemin de fer. Elle a ses écouteurs vissés sur les oreilles. L'endroit est mal éclairé. Elle n'a le temps de distinguer qu'une ombre derrière elle. Un homme qui la saisit par les cheveux et le cou, et l'entraîne vers un arbre. « Si tu parles ou si tu hurles, je te tue. » Il la pousse vers des buissons, la fait asseoir. Il lui touche la poitrine. Elle se met à crier. Il lui plaque un couteau sous la gorge. « Ferme ta putain de gueule. » Elle le supplie, lui dit qu'elle doit aller à l'école. « OK, je vais te laisser partir mais tu ne viens plus jamais ici et tu n'en parles à personne. » L'adolescente s'enfuit en courant jusqu'au parking tout proche de la gare routière. Lucie explique ce qui est arrivé au chauffeur de son bus, et appelle son père. Le chauffeur du bus prévient la police.

L'adolescente est amenée à l'hôtel de police sur les hauts d'Erquelinnes. Ses vêtements sont placés sous scellés et envoyés au labo. Elle est accompagnée d'une dame du bureau d'aide aux victimes du commissariat. Elle n'a pas vu le visage de son agresseur, mais elle peut dire aux policiers qu'il mesure 1 m 70, qu'il portait un bonnet sombre, un blouson et des mitaines. Elle dit aussi que son haleine sentait l'alcool. Personne ne fait le rapprochement avec le violeur de la Sambre. L'enquête, en Belgique, est refermée depuis longtemps. Le dernier viol, ici, remonte à l'hiver 2009. Il y a près de dix ans. Les policiers ont changé. Les inspecteurs Blaise et Dethy qui avaient suivi l'affaire depuis le début ne sont plus en poste à Erquelinnes. Cette affaire s'est petit à petit effacée de la mémoire collective locale. Ce 5 février 2018, l'agression sexuelle de Lucie est donc traitée comme un cas isolé. Banal. Et la dernière victime du violeur de la Sambre n'échappera pas au parfum tenace de la suspicion qui flotte encore, et toujours, sur les victimes d'agressions sexuelles.

Les policiers veulent vérifier si l'adolescente n'avait pas une raison d'inventer cette agression. D'autant que son père les a informés que Lucie était une adolescente fragile. Durant sa déposition, les policiers lui demandent si elle n'avait pas de contrôle prévu à l'école ce matin-là par hasard. Lucie répond que non, elle n'avait pas de contrôle. Mais les policiers appellent quand même l'institution privée où l'adolescente est scolarisée. Pour vérifier. Ils notent sur leur rapport que, contrairement à ce qu'elle leur a déclaré, elle avait justement deux contrôles prévus dans la journée, un de sciences et un de français. On est en février 2018, la vague #MeToo a traversé l'Atlantique, elle a submergé réseaux sociaux et médias européens. Et pourtant, ce matin-là, au commissariat d'Erquelinnes, il y a toujours ce doute poisseux sur la parole des victimes. Il n'empêche pas l'enquête. Il n'empêche pas l'empathie. Mais il est posé là. En quelques mots noir sur blanc.

Pendant que ses collègues auditionnent Lucie, au deuxième étage de l'hôtel de police d'Erquelinnes, un autre policier s'enferme pour visionner toutes les images des six caméras de la ville. L'une d'entre elles est pointée sur le parking des Douanes, séparé des voies ferrées par une haie de buisson. Juste à côté des lieux de l'agression. Deux ans plus tôt, le maire d'Erquelinnes a déployé dans sa commune tout un réseau de caméras de vidéosurveillance, essentiellement vers la gare et l'ancien point frontière, où se concentrent les petits trafics, vols de voitures, bagarres et cambriolages qui troublent régulièrement la relative tranquillité de ce petit bourg frontalier. L'installation de ces caméras avait à l'époque fait un peu débat. Les policiers n'y étaient d'ailleurs pas les plus favorables, craignant de devoir passer des heures à exploiter ces images plutôt que de faire du terrain.

Sur les images de cette caméra, vers 6 h 45, une Peugeot 206 gris clair avec une immatriculation française pénètre sur le parking des Douanes. Elle arrive depuis la France, par la rue Albert Ier, se gare tout au fond. Le chauffeur semble connaître les lieux, il se gare en marche arrière pile où un passage creusé dans la haie permet de mener derrière aux voies ferrées. Un homme sort de la voiture, il prend le passage menant au quai de la gare et disparaît alors des images durant 8 minutes. Puis il revient, redémarre sa voiture et part en direction du centre d'Erquelinnes, où sa trace se perd. En réalité, l'homme repasse rapidement la frontière. Et remonte le Val de Sambre. Moins d'une heure plus tard, il est assis dans les locaux d'un centre de formation professionnelle, à Feignies, à côté de Maubeuge, où il est en stage cette semaine-là.

Il faisait particulièrement sombre sur ce parking, et les images des caméras sont de mauvaise qualité. L'homme n'est pas du tout reconnaissable, il n'est qu'une silhouette. Les policiers notent qu'il manque un enjoliveur avant droit à la voiture. Ils se concentrent sur la plaque d'immatriculation française. Ils peinent à identifier les chiffres 1 et 2 d'une série de trois chiffres, suivie de la lettre C sur la plaque. Les policiers reprennent alors les images des heures et des jours précédents dans l'espoir de revoir cette voiture, mais sans résultat. Un « avis de recherche urgent » part à 16 h 30 mentionnant tous ces détails. Les policiers d'Erquelinnes communiquent à leurs collègues français de Jeumont ce signalement pour qu'ils cherchent sur leur zone de compétence. Mais les « recherches s'avèrent négatives », sans que l'on sache quelles recherches ont pu être faites, ni par qui.

Quelques jours plus tard, sur la gazette judiciaire de Charleroi, support d'échanges d'informations sur l'actualité des différents services de police, apparaissent quelques lignes, noyées au milieu de dizaines de dépêches anodines. L'agression y est mal reportée, il est question d'une tentative de vol, ce n'est pas très clair. Au rez-de-chaussée de la PJ de Lille, c'est Lysiane Ducastel qui ouvre la newsletter belge. L'entrefilet l'interpelle immédiatement, le lieu, ces voies ferrées le long de la Sambre, l'horaire matinal… Elle en discute avec sa collègue Christine Andrieux. « C'est lui. » Mais celle-ci a du mal à y croire. Depuis quelques temps, comme le commandant, elle aussi se dit que le fantôme qui a hanté sa carrière est certainement mort. Serait-il revenu ? Lysiane Ducastel appelle Franck Martins sur la ligne interne pour l'informer. L'échange est bref. Mais il sera décisif. La documentaliste n'a pas besoin de préciser pourquoi elle prend la peine de l'appeler pour ce qui ressemble à une banale agression. Le commandant sait lui aussi. Immédiatement. Il le sent, l'enquête bascule. Enfin. Il convoque son groupe. « C'est le violeur de la Sambre. » Les collègues sont plus prudents que lui. Certains même n'y croient pas du tout.

Le commandant appelle l'hôtel de police d'Erquelinnes. À chaque détail donné par son collègue belge, Martins comprend que son intuition se confirme. Et très vite, l'intuition se transforme en espoir : son collègue belge l'informe que des caméras de surveillance ont filmé une Peugeot 206, immatriculée en France, dont l'immatriculation comprend un nombre entre 120 et 129 (le dernier chiffre étant peu lisible). Le collègue belge préfère prévenir : les images sont de très mauvaise qualité, à peine exploitables. Martins demande immédiatement copie des images de vidéosurveillance. Le lieutenant Raphaël Philippot, qui avait passé les six derniers mois à exploiter des fichiers sans fin de parentèles ADN, part en trombe à Erquelinnes récupérer les bandes. Il regarde longuement ces images avec son collègue belge depuis l'hôtel de police d'Erquelinnes. Les images ne sont pas si mauvaises. On distingue clairement la couleur de la voiture, elle est grise ou gris clair. Trois portes. Un enjoliveur manquant sur la roue avant droite. Et l'aile un peu enfoncée du même côté. Le lieutenant Philippot doit rentrer à Lille avec les bandes. Mais, passé la frontière, sur le rond-point de Jeumont, il a une hésitation. L'agresseur a forcément repassé la frontière lui aussi. Peut-être y a-t-il des caméras de ce côté-ci. Il va voir la police municipale de Jeumont, qui lui indique que certaines usines ont des caméras. Mais celles-ci n'ont pas le droit de filmer la voie publique. Le policier traîne autour de ces usines, sans trop savoir pourquoi. Et puis, soudain, garée sur un parking rue de l'Industrie, à 200 mètres de l'endroit où la lycéenne s'est fait agresser, il y a cette 206 gris clair. Son aile avant droite est enfoncée, il lui manque un enjoliveur. Elle est immatriculée BG128CT. Le lieutenant essaie de rester calme, fait semblant de téléphoner en prenant discrètement des photos. Puis il appelle Martins. « La voiture est là, devant moi. » Depuis Lille, le commandant demeure étonnamment calme, il est méthodique. Pas question d'attirer l'attention. Ils mettent en place une surveillance et décident d'attendre. Ils ne savent toujours rien de l'homme qu'ils recherchent.

Le titulaire de la carte grise est un certain Fabrice D., il a 51 ans, il est originaire de la région et a toujours vécu dans le Val de Sambre. Il vit encore chez ses parents. Il est inconnu des services de police. Les photos administratives récupérées par les policiers montrent un homme brun, avec une calvitie naissante sur le front. Sur Facebook, les policiers trouvent également une photo de lui posant fièrement avec un silure à bout de bras. Il n'est pas éloigné de l'homme des portraits-robots. Un détail paraît cependant étrange, l'homme est très grand, 1 m 85. La voiture est peut-être utilisée par quelqu'un d'autre.

Deux policiers de la brigade criminelle sont envoyés en surveillance. Peu après 14 heures, ils observent un homme s'approcher de la 206. Il n'est pas très grand, plutôt corpulent. Ce n'est pas Fabrice D. Il porte un blouson sombre et une casquette noire qui laisse deviner sur les côtés des tempes grisonnantes. D'épais sourcils noirs ombrent son visage. L'homme a clairement plus de 50 ans. Il monte dans la voiture et démarre en direction du centre de Jeumont. Il revient une heure plus tard. Et repart à pied. Il n'a plus sa casquette sur la tête. À Lille, le visage d'un homme au front dégarni s'affiche sur le téléphone de Franck Martins. Les photos ont été prises de loin au téléobjectif par les deux policiers en planque, mais il reconnaît l'homme du portrait-robot. Le commandant ne veut prendre aucun risque de faire repérer ses hommes. C'est une balise fixée sur la 206 qui prend le relais de la surveillance.

Peu après 16 heures, l'homme au front dégarni reprend sa voiture et quitte Jeumont. La voiture parcourt 27 kilomètres en remontant le Val de Sambre, s'engage dans une rue résidentielle du village de Pont-sur-Sambre bordée d'une rangée de maisons de brique rouge toutes identiques. La Peugeot se gare devant l'une d'elles, au numéro 48.

On est vendredi. Après s'être concertés avec la juge Metellus, les policiers décident de laisser passer le week-end pour l'interpeller le lundi matin à son domicile. Le lieutenant Philippot est soucieux. Il n'est pas de service ce week-end, mais il prend la route seul en direction du Val de Sambre, il ne peut s'empêcher de passer devant la maison pour vérifier. La voiture n'a pas bougé.

Depuis des années, tous les jours à 16 h 30, en sortant du travail, Dino Scala passe rendre visite à sa mère, en cachette de sa femme.

L'arrestation

Lundi 26 février, Lille, 4 h 30 du matin, une file de voitures de police banalisées quitte le parking de la direction de la police judiciaire en direction de la Sambre. Il y a là le commandant Franck Martins, son adjointe la capitaine Laureline Marti, le lieutenant Raphaël Philippot et six membres de leur équipe. Parmi eux, un officier de PJ qui s'apprête à partir à la retraite, vieux compagnon de route de Martins, qui a insisté pour qu'il soit avec eux en ce jour particulier. Deux policiers de Nanterre[1] sont montés de la région parisienne. Des techniciens de la police scientifique. Dans les voitures pèse une excitation silencieuse.

À 5 h 30, le convoi est à Pont-sur-Sambre. Le village est endormi et encore dans la pénombre. La 206 à l'enjoliveur manquant n'a pas bougé. Les policiers décident de mettre en place une surveillance en amont et en aval de la rue pour ne pas attirer l'attention. Vers 6 h 15, la

1. Les deux policiers appartiennent à l'OCRVP, office central pour la répression des violences aux personnes, qui ont activement participé à l'enquête.

porte du numéro 48 s'ouvre, un homme sort. Il fait -5 °C ce 26 février 2018. L'homme a un bonnet enfoncé sur la tête et un cache-col remonté jusqu'au nez. Les policiers ne distinguent rien de son visage. L'homme ouvre le coffre de la 206, puis le referme. Retourne chez lui. Et revient deux minutes plus tard. Il démarre en direction de Maubeuge. Les policiers le suivent. Il emprunte la route du nord, une deux-voies bordée de champs, traverse le village de Vieux-Mesnil. À l'entrée de Neuf-Mesnil, un poids-lourd engagé dans le rond-point le contraint à s'arrêter.

Les policiers choisissent ce moment pour l'interpeller. Il est 6 h 17. L'heure précise est restée gravée dans la mémoire de Franck Martins. Ce moment qu'il avait tour à tour espéré et désespéré a quelque chose d'irréel. Et pourtant, le commandant n'exécutera pas lui-même le geste. Il a prévu d'offrir l'interpellation au collègue qui part en retraite. À 6 h 17, le commandant Martins regarde son collègue sortir de leur voiture, s'approcher de la 206 arrêtée devant eux, ouvrir la portière conducteur et demander à l'homme au bonnet de couper son contact. L'homme refuse. Le policier le sort et le menotte. Il est maintenant 6 h 25. L'homme décline son identité. Dino Scala. 57 ans. Né à Boussières-sur-Sambre. Dans la poche droite de son jean, les policiers trouvent un Opinel N° 7. Il est officiellement en garde à vue.

Les policiers informent Dino Scala de ses droits. Il souhaite être assisté d'un avocat. Il désigne « Maître Moreau » dont, précise-t-il, le cabinet est à Maubeuge. Le commandant Martins, la tête enfoncée dans la capuche de son énorme doudoune, observe cet homme menotté. Sa corpulence. Ses mains. Ses cheveux. Son odeur. Il a l'impression de le connaître. Il n'a aucun doute sur lui. Il prévient par téléphone la juge Marion Metellus de l'interpellation du suspect. Puis ils retournent avec lui à Pont-sur-Sambre.

À 6 h 40, les policiers ouvrent la porte du 48, rue Notre-Dame avec le trousseau de clés de Scala. Dans le couloir de la petite maison, ils tombent sur l'épouse de Dino Scala. L'arrivée de la police l'a réveillée. Elle voit son mari menotté. Elle panique. Deux policiers l'emmènent au commissariat d'Aulnoye-Aymeries, pour l'éloigner. Et pour l'entendre.

Le rez-de-chaussée de la maison est envahi de policiers. Dino Scala est au milieu, il est assis à la table de la salle à manger. On vient de lui passer un coton-tige à l'intérieur de la joue pour prélever son ADN. Le commandant Martins se dirige lentement vers lui, il porte toujours son énorme doudoune et sa capuche fourrée sur la tête. Il regarde Scala et prononce une phrase en anglais, sans savoir pourquoi. « This is the end. » Scala ne comprend pas. « This quoi ? » Martins répète en français. « C'est la fin. » Au regard que lui retourne Scala, il sait qu'il va parler. Il l'amène un peu à l'écart, dans la chambre à coucher. Et referme la porte.

Il n'y a dans la pièce que Martins, Philippot, et Scala. « Combien ? », demande Martins. Il montre ses doigts. « Plus de dix ? » « Plus de dix », répond Scala. L'aveu est là. Suspendu dans cette chambre à coucher. Franck Martins pense à l'interrogatoire qui suivra, plus tard, ailleurs, lorsqu'ils seront rentrés dans les locaux de la PJ de Lille. En attendant, la perquisition se poursuit.

La petite maison des Scala grouille de policiers. Des agents de l'identité judiciaire effectuent un prélèvement sur le suspect pour l'analyse ADN qui scellera quelques heures plus tard l'identification du violeur de la Sambre. Scala porte toujours son bonnet noir, ses gants et son cache-nez. Les policiers placent chacune de ces pièces sous scellés. Puis ils entreprennent une minutieuse fouille de la maison. Ils mettent de côté tout un tas de documents administratifs, agendas, documents bancaires, fiches de payes. Et saisissent différents objets : plusieurs vieilles baïonnettes, des couteaux de chasse, des gants noirs, des mitaines noires.

Durant la perquisition, les policiers laissent un message au cabinet de l'avocat désigné par Scala pour l'informer du placement de son client en garde à vue et son transfert dans la journée à Lille. L'avocat fait répondre une heure plus tard qu'il ne peut pas se déplacer à Lille ce jour-là, mais dit qu'il enverra un collaborateur. Avec le recul, l'avocat reconnaîtra n'avoir pas saisi sur le moment la gravité de l'affaire. Maître Jean-Baptiste Moreau est originaire d'Aulnoye. Dino Scala a été son entraîneur au foot lorsqu'il était petit. C'est comme ça qu'ils se connaissent.

Les enquêteurs s'attellent ensuite à la fouille de sa voiture. Dino Scala en est le propriétaire depuis quelques mois seulement. Il n'avait pas encore changé la carte grise. Ils retrouvent à l'intérieur l'attirail du violeur de la Sambre. Dans la portière gauche, un bonnet bleu marine siglé « Maroilles Enfer Vert 2014 » (du nom d'une course de VTT qui a lieu chaque année à Maroilles), deux tournevis et encore un autre Opinel, un n° 12 cette fois-ci de la taille d'un couteau de chasse. Dans la boîte à gants, plusieurs paires de gants et encore un bonnet, noir, de marque Thinsulate, exactement le même que celui arraché six ans plus tôt par Julie sur le crâne de son agresseur. Dans le coffre, les policiers trouvent un sac de sport avec son portefeuille, un préservatif et une cordelette blanche. Plusieurs autres cordelettes, mais aussi un ruban plat et long et un foulard sont également retrouvés à l'intérieur de l'habitacle.

Les enquêteurs se rendent ensuite à son usine Jeumont-Electric. Il est environ 11 heures, tous les employés sont présents lorsque les policiers, flanqués d'un Dino Scala menotté, traversent l'usine et se rendent dans les vestiaires des employés. Le supérieur hiérarchique direct de Scala reste avec eux tout le long. Dans son armoire métallique, le casier 381, encore un Opinel (n° 7), un bonnet noir, deux préservatifs et un long ruban de tissu. Puis ils emmènent Dino Scala à Lille, dans leurs bureaux du boulevard de la Liberté.

Franck Martins ne peut s'empêcher de penser que ce matin-là, le violeur de la Sambre était peut-être en quête d'une nouvelle proie. Scala portait son bonnet, un cache-nez dissimulant le bas de son visage et ses gants. Son matériel était prêt dans la voiture. Mais surtout, il est parti bien plus tôt qu'il ne fallait de chez lui pour être à l'heure à son travail.

Durant cette matinée, la femme de Dino Scala est longuement entendue par les autres policiers du service, mais dans le minuscule et de plus en plus délabré commissariat d'Aulnoye-Aymeries, où personne, jusqu'à ce lundi matin, n'était au courant de l'opération prévue par la PJ de Lille. On fait de la place comme on peut. On absorbe le choc comme on peut. Beaucoup au commissariat connaissent Dino Scala et sa femme. Sandrine est comme en dehors d'elle-même lorsqu'elle débarque avec les policiers. Ils lui montrent la commission rogatoire de la juge avec les faits reprochés à son mari. Ils l'informent aussi qu'il a reconnu les faits. Le moment est impossible pour elle. Elle ne sait pas quoi dire. Comme pour la rattacher à une réalité plus tangible, les policiers commencent par lui poser de nombreuses questions pratiques sur leurs différentes adresses et les voitures successives durant toutes ces années. La femme égrène des modèles en se mélangeant un peu. Pour le reste, elle raconte une existence banale, avec un homme attentif et serviable. Elle présente aux policiers une vie intime harmonieuse. Elle décrit son mari comme sportif et travailleur. Expliquant qu'il a toujours travaillé sur le site de Jeumont-Schneider, via différents sous-traitants. Il faisait de la maintenance. Elle précise qu'il commence tôt le matin.

Parfois même, il doit partir un peu plus tôt que ses horaires habituels, explique-t-elle. À cause de son travail, il avait régulièrement une drôle d'odeur. « Ses habits sentent l'odeur de l'usine, je ne sais pas comment vous décrire cette odeur. »

Les policiers découvrent petit à petit la vie de cet homme qu'ils ont cherché, imaginé durant des années. Sandrine Scala leur explique qu'elle ne travaille pas, parce qu'elle est dépressive. Ça a commencé avec le décès de sa mère fin 2006, puis la maladie de son père l'année suivante. C'est Dino qui s'occupait de son père. Le couple a eu trois enfants qui sont maintenant jeunes adultes. Dino ne voit plus les deux enfants de son premier mariage. Les Scala ne prenaient des vacances qu'une semaine par an, chez sa sœur à elle en Normandie. Jamais plus loin. Parfois, ils allaient en Belgique à Erquelinnes manger une frite. Parfois il y allait aussi avec les collègues de l'usine. Mais jamais tout seul, précise-t-elle. Ils avaient, dit-elle, une vie sexuelle tout à fait normale. Au début « tout feu tout flamme » puis plus tranquille. Son mari est un homme attentionné, jamais violent, et pas déviant.

Les enquêteurs ramènent doucement la femme sur l'objet de l'arrestation de son mari. Ils lui demandent si elle connaît cette vieille histoire du violeur de la Sambre. Oui, elle en avait entendu parler, elle se souvient même avoir lu des articles et vu un portrait-robot dans la presse. Les enquêteurs lui montrent les portraits-robots réalisés par les victimes, dont celui de 1997 où on le reconnaît parfaitement. Mais elle ne voit aucune ressemblance avec Dino. Elle le pense incapable de violer une femme. Son procès-verbal d'audition se conclut par ces mots : « Je suis choquée, abasourdie. »

Juste après sa femme, les policiers entendent sa fille aînée. Elle a 28 ans. Et utilise pour décrire son père exactement les mêmes adjectifs que sa mère « gentil », « serviable ». Elle ajoute cette expression : « il donnerait sa chemise pour les autres ». Elle parle d'un homme « courageux », qui travaille tout le temps. Il est aussi la seule personne capable de supporter sa mère dépressive sans jamais s'énerver. Essayant de trouver des médecins pour la soulager. Allant chaque soir s'occuper du grand-père qui a Parkinson. L'aînée est colporteuse de presse pour *La Voix du Nord*. Elle est sur la route tôt le matin entre 4 heures et 8 heures. Mais elle n'y a jamais croisé son père, assure-t-elle aux policiers. Elle aussi a déjà entendu parler de cette histoire de violeur de la Sambre, à la télé, il lui semble. Mais elle n'avait pas regardé le reportage. Comme elle est elle-même tout le temps sur cette route la nuit pour son travail, elle n'a pas envie de se faire peur en regardant ces choses-là.

Pendant ce temps, au septième et dernier étage de la PJ de Lille, Dino Scala est assis sur un banc en bois dans le couloir. Ses poignets sont menottés, ses menottes reliées par une chaîne à un anneau fixé au sol. Certains policiers passent discrètement voir le visage du violeur de la Sambre. Lysiane Ducastel monte au septième étage, elle le croise. S'étonne que cela ne lui fasse finalement rien. Sa collègue Christine Andrieux refuse de monter, elle ne veut pas rencontrer en chair et en os le fantôme de son armoire à archives. Les policiers attendent les résultats des tests ADN avant de l'entendre. À 14 h 30, la juge Marion Metellus appelle Franck Martins, elle vient d'avoir les résultats du labo : l'ADN de Dino Scala est le même que celui du violeur de la Sambre.

Dix minutes plus tard, commence la première audition de Dino Scala dans le bureau de Franck Martins. Une pièce étroite aux murs blancs tapissés d'affiches de cinéma. Dino Scala est assis devant le bureau, face à lui, la fenêtre donne sur les toits du bâtiment du siège de la police scientifique. Le commandant mène l'entretien, assisté de Raphaël

Philippot. Franck Martins n'a en tête qu'une chose : poser et maintenir une ambiance, qui sera faite de confiance, de complicités calculées. L'avocat de Scala, du moins son collaborateur, est présent.

Ce premier entretien est relativement bref. Après avoir répondu à toutes les questions sur son identité, sa profession, ses voitures, son service militaire ou son casier judiciaire (vierge), Dino Scala se ferme. Aux questions du commandant Martins sur les faits qui lui sont reprochés, le policier n'entre pas dans le détail, il répond systématiquement qu'il ne dira rien, qu'il réserve ses réponses à la juge. À la fin de cette courte audition, Martins lui glisse qu'ils ont un profil ADN sur plusieurs victimes, il se garde en revanche de lui dire qu'ils l'ont déjà identifié comme étant le sien. À 15 h 25, l'audition prend fin.

Cinq minutes plus tard, Dino Scala interpelle les policiers : « Je souhaiterais revenir sur mes précédentes déclarations et m'expliquer sur les faits qui me sont reprochés. J'ai pris conscience de la gravité de la situation et de la nécessité de m'expliquer au plus vite. » Il ajoute vouloir le faire hors de la présence de son avocat.

À 16 h 43, la seconde audition débute. Scala dit d'emblée qu'il veut s'expliquer « pour les victimes ». C'est sur ce terrain que veut l'amener Martins, celui des victimes. Scala parle de pulsions, auxquelles il explique ne pas pouvoir résister. Il ne prononce jamais le mot viol. Il dit qu'il a essayé de se faire soigner en allant voir un médecin à l'hôpital mais qu'il n'a jamais franchi le pas. Il y a simplement pensé. Il jure qu'il n'est pas un « mauvais homme », qu'il va s'excuser auprès des victimes et expliquer « pourquoi tout cela est arrivé ». Dans le récit qu'il déroule aux policiers, l'explication constante, ce sont les autres, et plus particulièrement deux femmes, ses deux épouses successives, alors que lui s'est dévoué corps et âme à elles. Il situe donc le début de ses agressions aux problèmes que lui aurait créés sa première femme à la fin des années 80. Elle l'aurait trompé avec un ingénieur de chez Jeumont, où il lui avait pourtant trouvé une place. Par ailleurs, elle était trop dépensière. Enfin, sans que l'on comprenne le lien, un « connard bourré » lui aurait à l'époque « défoncé » sa voiture. Il veut montrer que sa vie allait très mal à ce moment-là, qu'il était ruiné par sa femme qui ne lui a laissé que des dettes tout en lui ponctionnant une pension. Alors que lui travaillait d'arrache-pied.

Il raconte tout cela pour justifier son passage à l'acte mais dit ne pas avoir de souvenir précis de la première fois où il a agressé une femme. Ce devait être à Leval, juste à côté d'Aulnoye, où il vivait alors, « je l'ai pelotée et je suis parti ». Scala n'a pas très envie de parler des agressions, mais il s'épanche sans retenue sur ses malheurs. Il parle de son enfance, pas malheureuse, mais écrasée par son père qui lui préférait ses autres frères. Lui, était « le bon à rien » de la famille.

Il faut à chaque fois que le commandant Martins le relance. Mais alors les réponses se font plus sèches. « Nous avons l'impression qu'il y a des choses dont vous ne voulez pas vous souvenir, en tous les cas, que vous ne voulez pas verbaliser. Est-ce vrai ? » « Oui, vous avez raison, je ne veux pas m'en souvenir. » Il avoue cependant « une trentaine d'agressions », à « des degrés différents », précise-t-il. Il dit qu'il regrette. Il sait déjà se montrer prudent dans ses premiers aveux. Il ne choisissait pas. Ne préméditait pas. Il insiste sur ses pulsions incontrôlables. Et précise bien qu'il n'est pas attiré par les filles « de moins de 18 ans ». Il prend soin d'ajouter : « Elles avaient l'air majeur ».

De temps à autre, au détour d'une phrase, le criminel obsessionnel surgit, et efface le suspect calculateur. Il parle à Martins de son « excitation » pour les seins. Il précise « les beaux seins ». Il dit aussi qu'il utilisait son Opinel « pour qu'elles restent tranquilles ». D'ailleurs, précise-t-il, celui qu'ils ont trouvé dans sa poche ce matin a déjà servi à commettre des agressions. Mais, très rapidement, il revient sur sa femme. La seconde, c'est-à-dire l'actuelle, ne faisait rien et a fini par le tromper avec un flic du commissariat d'Aulnoye. Il donne même son prénom. Martins ordonne une pause. Vingt minutes plus tard, Martins le relance sur les agressions. Scala dit qu'il pensait depuis longtemps qu'il fallait qu'il arrête. Mais son cerveau disjoncte. C'est sa femme, explique-t-il, qui lui remonte le cerveau. « C'est une casse-couille. » Peut-être d'ailleurs, aurait-il fini par l'étrangler pour être enfin tranquille.

Et puis, au milieu de la mémoire étiolée, des petits calculs pour tenter de grignoter sur la gravité et de la responsabilité basculée sur autrui, Scala ment. Avec aplomb. Martins lui demande s'il a déjà commis des agressions au domicile de ses victimes. « Non, c'était toujours dans la rue. » En face, le policier sait. Il n'a pas affaire à un homme qui craque et avoue tout. Mais à un criminel qui trie méthodiquement ses aveux. Évitant de reconnaître les crimes les plus graves, les viols à domicile et les viols sur mineures. Ce comportement sera constant.

En fin de journée, Scala indique aux enquêteurs qu'il ne souhaite finalement plus bénéficier de la présence d'un avocat. Une troisième audition reprend donc sans l'avocat. Martins revient sur les viols à domicile. Scala finit par se « souvenir » du viol de la directrice d'école. Mais il réécrit l'histoire. Il n'a jamais fait de repérages, il était devant chez elle par hasard car il chinait des encombrants, la dame a ouvert sa porte de garage et il l'a poussée « par réflexe », elle a crié et il a alors eu une pulsion sexuelle. Il ne l'a pas traînée sur le sol par les cheveux, ils se sont « retrouvés » dans sa chambre. Son récit efface toute trace de violences. Sur d'autres cas, il ment encore, dit qu'il n'a jamais utilisé de préservatifs. Ment enfin lorsque Martins lui égrène des noms de commune du Val de Sambre pour savoir s'il y a commis des agressions ou des viols. Maubeuge, Aulnoye, Leval, oui. Mais rien selon lui à Hautmont, à Saint-Rémy-du-Nord, à Louvroil, à Rousies…

Les policiers le laissent en cellule pour la nuit et reprennent les auditions le mardi matin en fin de matinée. Il ne veut toujours pas d'avocat. Et commence cette nouvelle audition en déclarant vouloir « s'expliquer », « en espérant que cela serve à quelque chose ». Il dit aussi qu'il ne se sent pas bien. Il se plaint de ne pas avoir d'appétit ce matin. « On m'a proposé à manger mais cela ne passe alors que j'ai pourtant un bon appétit. » Le commandant Martins enchaîne sur le fond du dossier. Il va passer en revue chacune des vingt agressions et viols répertoriés dans l'information judiciaire ouverte en 1996, puisque ce sont les vingt faits qui lui sont officiellement reprochés. Mais l'homme qui prétend vouloir s'expliquer, tout avouer et aider la justice, ne reconnaît formellement que les cinq cas pour lesquels les policiers disposent de son ADN. Et encore, en contredisant le récit des victimes, soit en s'étonnant de leur âge lorsque celles-ci étaient mineures, en niant avoir sorti son couteau, proféré des menaces de mort, ou donné des coups. Mais il ne réfute plus le nombre. Il pense avoir agressé une quarantaine de femmes en tout. Il pense aussi que certaines n'ont pas porté plainte car ils les a « à peine touchées » avant de les laisser partir.

Le commandant Martins lui fait part de ses doutes sur le pseudo dédoublement de personnalité, derrière lequel Scala se réfugie en permanence. Et s'il ne faisait que simuler ? Scala nie. « En aucun cas je simule. J'ai vraiment l'impression que je n'étais pas moi-même pour commettre toutes ces agressions. »

En fin de journée, le brigadier chef Raphaël Philippot l'auditionne une dernière fois. Il a renoncé à l'interroger sur chaque cas et essaie de le faire parler de la manière dont il menait ses agressions, pour collecter des détails qui permettent de raccrocher aux faits qui lui ont été reprochés et qu'il continue de nier. Scala ment encore sur des faits ou des détails avérés et répétés mais, lors de cette dernière audition, les policiers en apprennent un peu plus sur son mode opératoire et la conscience qu'il avait du risque. Scala avoue en effet avoir redoublé de vigilance ces quinze dernières années. Avant, explique-t-il, il veillait simplement à ce que les victimes ne voient pas son visage. Puis il a commencé à faire attention aux empreintes.

À la fin de l'audition, il remercie le policier. « Si je collabore avec la police et la justice, c'est surtout dans l'espoir d'avoir une bonne thérapie et d'aider d'autres hommes dans ma situation. » Dino Scala lui explique se sentir « soulagé ».

Les policiers mettent fin à la garde à vue le lendemain matin à 5 h 45. Puis ils le transfèrent au tribunal de Valenciennes, dans le cabinet de la juge Metellus. Le commandant Martins est épuisé. Il vient de consacrer dix années de sa vie à chercher cet homme.

Mais une autre enquête commence, fastidieuse. Retrouver les victimes manquantes. Vérifier les nouvelles, celles qui se manifestent, apprenant par les médias l'arrestation du violeur de la Sambre. Le commandant Martins ne participera pas à cette ultime phase de l'enquête. Trois mois après l'arrestation de Dino Scala, il est victime d'un infarctus. Il prend du champ.

L'annonce

Adeline est déjà à l'atelier. Il est 6 heures du matin. Elle a commencé plus tôt ce mercredi 28 février 2018. Elle écoute distraitement la radio dans son casque anti-bruit, comme elle en a l'habitude, Canal FM, la radio locale du Val de Sambre. Depuis dix ans, Adeline est conductrice de machine dans une entreprise de métallurgie. Le poste est difficile physiquement, il exige une attention constante. Mais Adeline adore ce travail. Elle aime l'ambiance de l'atelier. Elle connaît chaque machine de cet atelier. Ce matin, elle travaille seule sur la mezzanine. Les autres ouvriers sont en bas. Une expression dans les titres du journal du matin vient se fracasser dans ses oreilles, et l'extrait soudain de sa tâche. Il est question du « violeur de la Sambre », une expression qu'elle n'avait plus entendue depuis cet autre matin lointain, ce 23 septembre 1998 où elle avait déposé plainte pour viol au commissariat de Maubeuge. Elle avait 17 ans, elle en a désormais 37. Le policier qui avait alors pris sa plainte avait employé cette même expression – « violeur de la Sambre » – pour désigner celui qui était probablement son violeur. Elle n'en avait pas su plus, et n'en avait plus jamais entendu parler. Même en 2002, lorsque la maire de Louvroil Annick Mattighello avait tenté d'alerter la population sur ce prédateur, reprenant à son tour l'expression dans les médias. Durant toutes ces années, Adeline a fui les émissions de faits divers et les articles de presse dès qu'il était question de viols. Elle a essayé de se reconstruire. Malgré cette peur qui jamais ne part, les angoisses et les cauchemars qui reviennent toujours. Elle veut que la vie soit belle quand même. Elle a fondé une famille. S'est investie dans son travail à l'atelier. Et pris des responsabilités. En ce début 2018, elle vient d'acheter une maison avec son mari qu'ils retapent eux-mêmes pièce par pièce. Ils ont un peu de terrain, Adeline va réaliser le rêve de son adolescence pas très heureuse, elle va avoir un cheval.

« Un homme soupçonné d'être le violeur de la Sambre a été arrêté. » Adeline chancelle. Elle essaie de rester vaillante, d'attraper des détails. L'âge, 57 ans. Elle calcule rapidement, se dit que oui, ça correspond. Elle sent ses jambes se dérober, son corps trembler. Elle appelle son mari, qui est à la maison. « Ils l'ont attrapé, il faut que j'aille au commissariat. » Il sait immédiatement de quoi elle parle. Le traumatisme d'Adeline appartient à leur vie commune, il est dans leur quotidien, dans leur intimité. Son mari lui parle, tente de la rassurer. Sa voix apaise Adeline. Elle décide de terminer sa journée à l'atelier, elle ira après au commissariat de Maubeuge. Il faut qu'elle leur dise, qu'elle se signale. Elle n'arrive pas vraiment à reprendre le travail. Elle se sent mal. Elle se confie à une collègue. Mais celle-ci, peut-être pour la protéger d'une déconvenue, la décourage d'aller voir la police. Elle lui dit qu'elle doit se tromper, lui conseille d'oublier cette histoire, de passer enfin à autre chose. Durant la pause déjeuner, le mari d'Adeline la rappelle. Elle vient de recevoir un message de la police judiciaire de Lille. Le message dit ceci : « on a retrouvé votre agresseur ».

Blandine est chez elle, depuis le matin, elle est sur Facebook. Elle cherche des informations sur ce violeur de la Sambre dont elle n'avait jamais entendu parler. Elle se dit que tout correspond : l'âge, le mode opératoire, l'horaire. Son père, à qui elle ne parle plus depuis des années, lui envoie un sms : « c'est lui ». Blandine est une des collégiennes que les policiers avaient soupçonné de mentir, jusqu'à la faire douter d'elle-même… L'arrestation de cet homme est comme une réparation. Soudain, la preuve est là, à la télé, sur Facebook, un matin d'octobre 2002, il y a bien un homme qui l'agressée et tenté de la violer sur le bord de cette route. Il existe, il a un nom, un visage. Alors, maintenant, Blandine attend. Elle attend que la police l'appelle. Mais il ne se passe rien. Depuis sa fenêtre, Blandine peut voir le commissariat d'Aulnoye-Aymeries, juste de l'autre côté de la rue. Celui de son calvaire. Blandine ignore que toute sa procédure a été perdue. Son histoire effacée une seconde fois. Que les policiers du SRPJ de Lille en charge de l'enquête sur le violeur de la Sambre ne connaissent pas son existence. Plus tard, son mari ira leur parler. Et leur racontera. Blandine sera reçue à Lille par le commandant Martins. Il l'écoutera attentivement. En la raccompagnant à l'ascenseur du 7e étage de la PJ, il lui dira « moi, je vous crois ». Elle n'oubliera jamais cet instant, dans ce couloir triste. Comme si l'histoire de cette Blandine de 13 ans venait de lui être enfin restituée.

À six cents kilomètres de là, dans sa maison isolée perchée en haut des monts de la Loire, le téléphone de Mélanie sonne, elle rate l'appel. On est mercredi, elle est avec sa fille de 3 ans. Elle n'a pas regardé les informations. Mélanie a maintenant 36 ans, elle est devenue éducatrice, elle s'occupe de mineurs étrangers. Elle a tenté de décoller sa vie de son passé, loin de la Sambre. Elle ne parle jamais de son agression. Mélanie finit par écouter le message. Un policier de la brigade criminelle de Lille lui demande de le rappeler. La première chose à laquelle elle pense est qu'il est arrivé quelque chose à sa famille dans le Nord. Elle rappelle, anxieuse. Au bout du fil, la voix posée du commandant Martins l'informe que son agresseur a été arrêté. À la fin de leur échange, il lui souhaite bon courage.

Mélanie est assise dans sa chambre. Et son monde, bizarrement, s'écroule à nouveau. Elle a la sensation de se retrouver 21 ans plus tôt, cet autre mercredi qui a changé sa vie. Elle ne peut pas s'empêcher d'aller se laver. Comme les jours qui avaient suivi, en frottant les parties « souillées » par les mains de cet homme. Mélanie reste devant la télé toute la journée, elle attend la conférence de presse du procureur annoncée sur BFM pour la fin de journée, incapable de faire quoi que ce soit. Elle veut des informations sur lui. Elle veut savoir. Plus tard dans la soirée, des photos de Dino Scala sont diffusées. Elle les regarde très longuement. Elle essaye de le reconnaître. Le bas du visage lui semble familier, le reste moins. Puis tombent des photos de lui plus jeune. Elle n'a plus aucun doute. C'est bien lui. Cet homme qui l'avait abordée entre la cité SNCF et les voies ferrées d'Aulnoye, avant de l'agresser quelques semaines plus tard, alors qu'elle se rendait au collège.

Mélanie est perdue. Cette arrestation est un bouleversement dont elle ne sait que faire. Elle erre sur internet. Ses pensées sont confuses, elle réalise qu'il y a vers chez elle une prison pour délinquants sexuels, elle s'imagine qu'il va peut-être être incarcéré là, juste à côté d'elle. Comme s'il la poursuivait à nouveau. Elle se remet à avoir peur. Quelques jours plus tard, elle se rend à une association d'aides aux victimes à Roanne. La femme qui la reçoit lui dit que les faits sont prescrits, qu'il ne sert à rien de contacter un avocat. Elle est formelle. Mélanie repart désespérée.

Plus tard, en traînant encore sur internet, elle discute avec un homme qui semble bien connaître le fonctionnement de la justice. Il lui parle d'un avocat de Lille, Maître Emmanuel Riglaire, un pénaliste lillois réputé. Mélanie ne le connaît pas, d'ailleurs elle ne connaît aucun avocat, mais elle l'appelle. Assis dans son cabinet du vieux Lille, un chien sans âge dans les pattes, l'avocat écoute le récit fébrile de Mélanie et la rassure. Mais au fond de lui, il est furieux. Furieux que des informations fausses soient données aux victimes par des personnes censées les aider dans leurs démarches. La colère réservée au sort des victimes dans ce dossier lui restera.

Rachelle a vu les informations avec son mari. Ils étaient déjà ensemble 28 années plus tôt lorsqu'un homme l'a agressée le matin sur le chemin de la gare. Ils se sont regardés, et ont pensé la même chose : c'est lui. Rachelle était cette adolescente qui s'était pomponnée un matin de janvier 1990 pour le défilé de mode de son lycée de couture. Elle avait gardé un mauvais souvenir de son passage au commissariat d'Aulnoye-Aymeries. Mais elle a pris son courage et son mari sous le bras pour y retourner. À nouveau, elle a poussé le portillon de la rue Jean-Jacques Rousseau. Rien n'avait vraiment changé. Et, à nouveau, cela s'est mal passé. Elle voulait sa plainte, le policier lui a répondu qu'il ne l'avait pas. La colère de ses quinze ans est remontée comme un flot. Rachelle cette fois-ci s'est énervée. Le policier ne lui a pas dit qu'elle devait contacter la police judiciaire de Lille. Elle est repartie avec son mari et sa colère. Ils sont rentrés chez eux. L'agression de Rachelle restera inconnue des enquêteurs, elle errera avec les autres dans le sous-continent des victimes oubliées.

Le visage épuisé de Monique, l'ancienne femme de ménage de la ville de Louvroil, apparaît sur un écran de télévision. Le violeur de la Sambre occupe les chaînes d'informations en continu. Depuis plusieurs jours, des journalistes faisaient le siège de la maison de cette femme agressée en 2002 dans le gymnase municipal au moment où elle prenait son service. À l'époque, Monique avait accepté de participer à la conférence de presse de la maire Annick Mattighello. Elle est sans le savoir devenue une proie médiatique facile. Son nom a ressurgi des reportages des années 2000 et elle fait partie des rares personnes à figurer encore sur les pages blanches. Les journalistes ont eu tôt fait de retrouver son adresse. Ils se sont postés là. Elle a fini par ouvrir et raconter. Puis elle a regretté. Monique est fatiguée. Elle vit avec une maladie chronique compliquée. Elle est assommée autant que soulagée par l'arrestation de Scala.

Dans le reportage consacré à Monique, apparaît le gymnase de Louvroil, ce demi-cylindre de béton si singulier, où Scala l'a agressée. À l'autre bout de la France, devant sa télé, Mélanie est tétanisée. Elle connaît ce gymnase. Après son agression, elle ne voulait plus aller à ses entraînements de handball chez elle à Aulnoye. Pour qu'elle puisse continuer le sport, le policier d'Aulnoye qui l'avait prise sous son aile l'emmenait ici une ou deux fois par semaine, s'entraîner avec l'équipe de Louvroil. Elle aimait cet endroit un peu loin de chez elle et de la maison abandonnée où elle s'était fait agresser, où elle pouvait penser à autre chose, à redevenir la collégienne sportive et combative d'avant. Elle découvre en tombant sur ce reportage que ce bâtiment où elle avait cherché la sécurité est l'endroit choisi par son agresseur quelques années plus tard pour s'attaquer à une autre femme.

Dans les jours qui suivent, Adeline discute avec une de ses belles-sœurs de ce qui est désormais une affaire publique, le fait divers qui secoue la région. Elle parle de ce dont elle n'avait jamais parlé. Quelque chose s'est libéré. Pas tout. Sa belle-sœur lui confie connaître elle-même deux autres victimes de Scala. Une collègue de travail. Et une femme de leur famille éloignée. Adeline voit parfaitement qui est cette dernière. Par sa mère, elle apprend que la fille d'un de leurs anciens voisins fait également partie des victimes, agressée quatre ans après elle à Louvroil, alors qu'elle se rendait à son travail. Elle se souvient de cette fille. Elles se croisaient régulièrement, « bonjour, bonsoir ». Alors Adeline commence à cartographier mentalement ce qui s'est passé, à comprendre la proximité. Elle réalise qu'elle travaille dans le village où vit l'homme qui l'a violée l'année de ses 17 ans, qu'un de ses beaux-frères habitait dans sa rue et le connaissait. Elle comprend qu'elle aurait pu, qu'elle a dû, le croiser. Peut-être lui a-t-elle même parlé. Elle voudrait ne pas y penser.

D'autres victimes sont prises de ce même étourdissement. L'une ne peut s'empêcher de penser que sa fille est amie avec un des enfants de Dino Scala, qu'il allait parfois chez eux. Une autre se souvient avoir régulièrement assisté à des matchs de foot où il se trouvait. Émilie réalise qu'il travaillait avec son père à l'usine. Laetitia se souvient qu'il s'occupait de ses nièces au foot, et les emmenait parfois aux matchs dans sa voiture. Sa sœur aînée, dont elle est très proche, vit à 50 mètres de chez lui. Elle en est malade. Beaucoup connaissent quelqu'un qui le connaît. Un collègue de Jeumont-Industrie. Un ancien gamin qu'il a entraîné au foot… Scala semble toujours à une poignée de main. Tout près.

Et il y a quelque chose de vertigineux dans cette promiscuité. Cette sensation que, durant toutes ces années, il était juste là. À côté d'elles. Et cette colère qui monte.

Comment cet homme a pu continuer sans que personne ne le soupçonne, sans que la police ne le trouve.

En ce début d'année 2018, Annick Mattighello a maintenant 67 ans. Elle a été réélue maire de Louvroil sans discontinuer depuis 2001. À chaque fois au premier tour. Sans jamais rien céder. Durant toutes ces années, la petite femme puissante du parti communiste a tenu les digues sans faiblir. Elle n'a pu retenir les emplois qui filaient, la misère et la précarité se sont infiltrées par tous les pores de la société, mais elle a tenu, elle a rendu la vie d'ici moins âpre en rénovant les écoles, en construisant une médiathèque. Chaque printemps, à la fin des trêves hivernales, elle a publié des arrêtés anti-expulsion, s'est opposée physiquement aux huissiers quand il le fallait pour empêcher coûte que coûte ses administrés de se retrouver à la rue. Elle a tenu sans céder d'un pouce aux idées du Front national qui gangrénaient une région affaiblie et des élus qui pensaient faire barrage en se convertissant. Quand son collègue et voisin le maire d'Hautmont entreprenait d'organiser des référendums anti-immigration et refusait des permis de construire aux familles d'étrangers, Annick Mattighello ouvrait à Louvroil un centre d'accueil de migrants.

Mais au moment où Scala est arrêté, pour la première fois de cette vie de combats, Annick Mattighello a les deux genoux à terre. Elle vient de perdre son deuxième enfant, son fils, victime d'un infarctus. Il n'avait pas 50 ans. Après le décès de sa fille en 2002, elle est désormais une mère orpheline de ses enfants. Elle n'a plus la force de se battre. Et le corps aussi lâche. L'amiante côtoyée de trop près durant ses trente années en usine a fait son œuvre, le cancer la ronge. Elle décide de rendre les armes et vient de déposer sa démission pour raison de santé. Je la rencontre pour la première fois quelques mois plus tard, lorsqu'elle est sortie de l'hôpital. Elle me reçoit chez elle, une jolie petite maison à l'écart du Val de Sambre, de ses ronds-points et de ses usines. Nous sommes dans son salon. Le corps est faible mais la colère intacte. « Pourquoi n'a-t-on pas protégé ces femmes ? » « Pourquoi fallait-il se taire ? » Elle pense et repense à toutes les victimes qui n'ont pas été évitées durant ces années.

Quelques semaines après l'arrestation, la juge d'instruction Marion Metellus organise une première réunion des victimes à Avesnes-sur-Helpe. Il y a là le commandant Franck Martins. Mais aussi le directeur régional de la PJ. Le procureur de la République. Une femme du bureau d'aide aux victimes. Une poignée d'avocats. Et des journalistes postés sous la pluie devant le tribunal caméras braquées sur elles. Les femmes se voient pour la première fois. Elles ne se parlent pas. Osent à peine se regarder. Ni même enlever leurs manteaux dans la salle d'audience où elles sont reçues. Elles ont vingt ans, quarante ans, soixante-dix ans… Elles sont seules ou avec un mari qui leur tient la main. Betty est venue avec sa mère. Mais pas son père, elles avaient peur qu'il perde ses nerfs. Elles écoutent la magistrate leur expliquer ce qui va se passer maintenant pour elles. Les auditions dans son cabinet d'instruction à Valenciennes, la constitution de partie civile, la poursuite de l'enquête, les nécessaires vérifications, les expertises psychologiques auxquelles elles vont devoir se soumettre. Les femmes dans la salle écoutent d'abord en silence. Elles comprennent qu'il faudra encore raconter et re-raconter l'horreur. Qu'il faudra se déplacer. Pour les auditions, les expertises. Elles se demandent comment elles vont faire pour se rendre à Valenciennes ou à Cambrai, combien cela va leur coûter, s'il faudra prendre des jours de congé… Elles se demandent si leurs noms seront rendus publics. Elles réalisent qu'elles seront obligées de parler à leurs proches, peut-être même à leurs collègues, à leurs enfants, sûrement, de ce drame intime qu'elles ont si souvent tu. Elles comprennent que rien n'est terminé et que tout sera compliqué.

Durant le printemps qui vient, elles vont l'une après l'autre défiler dans le bureau de Marion Metellus au tribunal de Valenciennes pour les victimes françaises, dans celui de Martine Michel au tribunal de Charleroi pour les victimes belges.

Les interrogatoires commencent tous par la même question : « Comment allez-vous aujourd'hui après l'annonce de l'arrestation de M. Scala ? » Puis : « Après l'agression que vous avez subie, pouvez-vous nous expliquer comment vous avez pu y faire face et les répercussions que vous avez eues ? »

Sandrine, sa femme, vient rendre visite à Dino Scala à chaque parloir. Elle prend son linge sale et le lui ramène propre la semaine suivante.

Lieux et non-lieux

Je me rends dans la Sambre pour la première fois au mois de juin 2018. Je ne connais pas le Val de Sambre, cette région basse du département du Nord, coincée entre le Valenciennois et les Ardennes et qui cogne contre la frontière belge. Je l'ai découverte en empruntant la D959 longeant la Sambre, depuis Pont-sur-Sambre où vivait Dino Scala jusqu'à Erquelinnes en Belgique. Je me souviens de l'effroi qui m'a saisie au premier rond-point, puis aux suivants, en lisant les panneaux de sortie indiquant les différentes directions. Rousies, Aulnoye-Aymeries, Bachant, Leval, Louvroil, Maubeuge, Vieux-Mesnil, Marpent, Assevent, Jeumont… Chacun de ces noms de village était une scène de crime. Il me faudra du temps avant d'apprivoiser cette toponymie autrement que par cette obsédante vision. Le temps d'apprendre à comprendre ce territoire de champs colorés et d'usines grises. Le temps d'apprendre à connaître l'histoire de ces femmes.

La première victime que je rencontre est Clara, agressée à son domicile à l'aube d'un jour ensoleillé d'août 1997.

Peu de temps après l'arrestation de Scala, Clara avait monté une page Facebook pour les victimes de Dino Scala intitulée « Ensemble pour la Vérité ». L'idée était de pouvoir se parler et se soutenir. De ne plus être seules avec leurs blessures intimes. De donner des conseils aussi. Comment contacter le bureau d'aide aux victimes, comment prendre un avocat… Clara est une des rares victimes, avec Monique, l'ancienne femme de ménage de Louvroil, à avoir alors accepté de parler à des journalistes. Monique maintenant le regrette. Elle voudrait qu'on la laisse tranquille. Clara, elle, a besoin de parler. Nous nous voyons une première fois dans une sorte de salon de thé fast-food dans le centre-ville de Maubeuge, le Daisy cake. Clara a des cheveux blond vénitien et des yeux fendus de chat. Elle n'est pas beaucoup plus âgée que moi. Elle vient de déposer ses jumeaux au collège où ils sont en classe de troisième, comme ma fille aînée. Elle m'explique qu'elle les récupérera juste après, Clara ne laisse jamais ses enfants seuls. Ses yeux clairs se plantent dans les miens. Devant le plateau en plastique sur lequel refroidissent nos cafés, elle me raconte dans ses moindres détails l'agression sexuelle qu'elle a subie vingt et un ans plus tôt et j'ai l'impression qu'elle me parle d'hier. La concordance des temps se brouille entre présent et passé. Puis elle me raconte la vie d'après, jusqu'à aujourd'hui, la lumière qu'elle n'éteint jamais, le couteau sous l'oreiller, les chaises coincées derrière les portes, les enfants géolocalisés… Et je comprends alors l'étrange distorsion du temps de son récit : une partie de la vie de Clara s'est arrêtée ce matin de 1997 à 5 h 30 du matin. Je découvrirai au fil de mes entretiens qu'il en est ainsi pour chacune d'entre elles. Et, petit à petit, derrière les panneaux de signalisation indiquant le nom des villages dans le Val de Sambre, se dessinent non plus des scènes de crimes mais des récits de vies, de vies atrophiées.

Je découvre des biographies sculptées par la peur. Des existences contrariées qui, comme les arbres après avoir rencontré un obstacle, m'explique Émilie, repoussent ensuite tordus pour trouver la lumière. Des détails de ces rencontres me poursuivent. Les verrous que referme derrière moi Mélanie, quand je viens la voir chez elle, loin de la Sambre, dans la ferme isolée du Massif central où elle vit désormais avec son mari et ses enfants, entourée de chiens prêts à signaler l'approche de tout intrus. Fanny rassurée par le fait que sa fille adolescente se convertisse à l'Islam car elle porte désormais un voile qui, pense-t-elle, la protégera. Blandine, et d'autres, qui coincent aussi des chaises derrière les portes. Élodie qui ne peut sortir sans foulard. Sarah qui au contraire ne supporte pas d'avoir quelque chose autour du cou. L'arrestation n'a rien changé pour la plupart d'entre elles, elle a même plutôt ravivé les douleurs. Les angoisses se réinventent. Dans les cauchemars de Laetitia, elle a été vingt ans durant la proie d'un monstre sans tête. Les cauchemars sont les mêmes, mais le monstre de ses nuits a désormais le visage de Dino Scala.

Certaines victimes refusent déjà de se porter parties civiles dans la procédure, elles veulent s'extraire de cette histoire. Parfois par peur de la médiatisation. Souvent pour ne pas devoir encore et encore raconter. Et peut-être avoir à se justifier. À prouver. Devoir affronter une mise en doute de sa parole. Encore une fois.

Clara ne le sait pas quand nous nous rencontrons au salon de thé, mais elle fait partie de celles qui auront à batailler pour être reconnues comme victimes. Celles que Dino Scala nie avoir agressées (bien que ses aveux varieront encore considérablement avec le temps), celles pour lesquelles un détail sort de l'ordinaire de son mode opératoire et dont il profitera pour dire que ce ne peut être lui. Pour Clara, il s'agit de la saison, l'été[1]. Quelques semaines après que nous nous sommes vues, elle recevra un courrier recommandé de quelques lignes signé du procureur de la République d'Avesnes-sur-Helpe. Treize autres victimes reçoivent aussi cette lettre, au même moment, dans le creux du mois d'août 2018. Les quatorze courriers sont identiques.

Madame,

J'ai l'honneur de porter à votre connaissance que les investigations et les rapprochements effectués avec d'autres procédures n'ont pas permis d'en identifier l'auteur.

J'ai donc pris la décision de classer sans suite votre plainte.

Si vous envisagiez de contester cette décision je vous conseille de prendre attache avec une association d'aide aux victimes ou un avocat qui pourront utilement vous conseiller.

Je vous prie d'agréer, Madame, l'expression de toute ma considération.

Les lettres arrivent comme des gifles. Après une période d'abattement, Clara a pris comme avocate Caty Richard, une pénaliste du barreau de Pontoise, spécialisée dans le conseil des parties civiles, elle est décidée à se battre. Caty Richard obtient la réintégration de Clara dans le dossier. Une victoire provisoire. La plupart des victimes renoncent. Et se contentent de ce bout de papier sans explication en guise de justice. Le commandant Franck Martins le dira plus tard au procès : il n'a pas compris pourquoi le parquet d'Avesnes avait décidé d'écarter certaines de ces victimes. Car, parmi elles, on retrouve le cas de femmes agressées

1. Seules deux autres victimes ont été agressées en été. L'une quelques jours seulement avant Clara.

avec le mode opératoire si reconnaissable de Dino Scala, dans des endroits où il a l'habitude d'agir, quelques jours avant ou après d'autres femmes qui elles n'ont pas eu de classement sans suite. Le nombre de victimes potentiel est tel que la justice semble parfois écumer à la hâte certaines plaintes.

Durant cette période d'entre-deux, entre l'arrestation et le procès qui viendra un jour, le quotidien des victimes est rythmé par les courriers, les convocations chez les policiers, chez la juge, chez l'expert psychologue. Il faut trouver un avocat. Comprendre l'aide juridictionnelle pour celles qui y ont droit. Trouver un financement pour celles qui n'y ont pas droit. Les assurances parfois rechignent, parce que les faits sont trop anciens, antérieurs aux contrats des assurées. Certaines, déjà, renoncent. Elles ne s'endetteront pas pour tenter d'obtenir justice.

L'annonce du changement d'avocat de Dino Scala vient poser un supplément d'amertume sur le moral des victimes. Exit le jeune avocat qui l'assistait depuis son arrestation, le cabinet d'Éric Dupond-Moretti reprend la défense du violeur de la Sambre. L'enfant de Maubeuge, fils d'une femme de ménage et d'un ouvrier métallurgiste, a quitté le Nord, il a désormais son cabinet à Paris. Il est l'avocat le plus célèbre de France, certainement le seul que toutes les victimes de Dino Scala connaissent, pour l'avoir vu maintes fois à la télévision. Elles connaissent surtout son surnom, « Acquitator ». Sa réputation est telle que certaines pensent qu'il peut faire relaxer leur violeur. Elles redoutent de devoir l'affronter à un procès. Se disent qu'il ne fera d'elles qu'une bouchée. Elles s'imaginent, elles, avec leurs fragilités et leurs larmes, sous les saillies verbales du ténor. Elles se demandent également, elles qui se débattent pour financer leurs avocats, créent des cagnottes et s'endettent parfois, comment leur modeste bourreau peut s'offrir un avocat aussi prestigieux[1].

Mais le cabinet d'Éric Dupond-Moretti ne restera pas longtemps en défense de Dino Scala. Car, avant d'être l'avocat du violeur, peut-être l'a-t-il oublié, mais il a d'abord été l'avocat d'une de ses victimes. Il avait même été le premier avocat en 1997 à entrer dans ce dossier et longtemps le seul. Or, c'est l'un des principes de base du métier d'avocat : l'on ne peut être ou avoir été conseil de la partie civile et de la défense, de la victime et de l'accusé, dans un même dossier. Cette formelle définition du conflit d'intérêt s'applique à tous les membres du cabinet de l'avocat concerné. L'ordre des avocats est saisi de ce cas d'école du conflit d'intérêt. Peu de temps après, Margaux Matthieu, une des collaboratrices du cabinet Dupond-Moretti, part avec le dossier Scala dans un autre cabinet parisien, mettant fin à la situation de conflit d'intérêt. Elle intègre un cabinet non moins prestigieux, et non moins cher[2], celui d'Hervé Temime, de Bernard Arnault, Jacques Servier, Bernard Tapie. Mais aussi de Roman Polanski, Gérard Depardieu ou Patrick Bruel.

Au moment où tombe le confinement au printemps 2020, la juge Marion Metellus a bouclé son instruction. Le monde s'arrête de tourner. Chacun se cloître chez soi. Ce qui, pour certaines des victimes, ne change pas grand-chose à leur quotidien. Je comprends que je ne retournerai plus dans le Nord avant longtemps. Je mets aussi cette enquête sur pause, en essayant de profiter de cet enfermement pour reconstruire le puzzle de ce récit. Au fur et à mesure que

1. Dino Scala confiera à l'un des experts-psychiatres qui l'examinera que c'est une ancienne cadre de Jeumont Electric avec qui il continue d'entretenir des liens depuis la prison qui s'est chargée de lui trouver de nouveaux avocats.

2. Maitre Margaux Mathieu explique travailler en « pro bono », c'est-à-dire gratuitement sur le dossier, et avoir demandé l'aide juridictionnelle pour le procès.

les pièces s'assemblent apparaît une infernale mécanique de l'échec d'un système, d'une société. Mécanique de l'échec que viennent soudain enrayer une magistrate, une élue, un policier, opposant leurs résistances à la force d'inertie du système.

Au sortir de ce premier confinement, la juge d'instruction a rédigé l'ordonnance de mise en accusation qui renvoie Dino Scala devant une cour d'assises pour 50 faits d'agressions sexuelles et de viols. Plus de 120 pages dans lesquelles la juge démonte toute tentative de prescription expliquant que tous les faits sont liés et constituent une sorte de chaîne, une série. La magistrate s'appuie sur une jurisprudence datant de 2006 de la cour de Cassation, souvent désignée comme la jurisprudence « Fourniret » qui permet de relier des actes commis par un même auteur, avec un même mode opératoire et dans un même dessein[1]. Les premières victimes répertoriées à la fin des années 80 auront donc droit à un procès.

La juge en revanche exclut certaines victimes, six en tout. Estimant que des aspérités dans le mode opératoire, l'horaire ou la description de leur agresseur ne permettent pas d'accuser Dino Scala d'en être l'auteur. Sont privilégiés les cas incontestables face à un jury d'assises. Sont écartées les procédures plus fragiles. Le doute, avant même le procès, profite à l'accusé.

Valérie fait partie de ces cas fragiles. Elle a repris son travail à la médiathèque de Louvroil lorsqu'elle apprend son non-lieu. Valérie est l'une des trois jeunes femmes agressées dans le centre d'Aulnoye en mars 1997 mais… le soir. La juge a estimé que cet horaire ne correspondait pas à Dino

1. Cet arrêt de la Cour de cassation est devenue la bête noire des avocats de prédateurs sexuels car il ouvre la possibilité de remonter le temps et de briser indirectement des périodes de prescriptions en reliant les faits les uns aux autres.

Scala. Et que la description qu'elle avait faite de son agresseur divergeait aussi. Après l'annonce du non-lieu, à la pause déjeuner, Valérie me raconte qu'elle est sortie sur le parking de la médiathèque. Qu'elle est montée dans sa voiture et s'est mise à foncer droit devant elle, avec l'idée brutale « de se foutre en l'air ». Elle a pilé juste avant le poteau, en pensant à sa fille et à son mari. Puis elle s'est calmée. S'est dit qu'elle allait plutôt se battre. Elle a appelé Clara qui avait aussi reçu un non-lieu. Valérie est passée la prendre en voiture chez elle et elles sont allées toutes les deux au tribunal de Valenciennes retirer le formulaire pour faire appel de ces décisions, comme le leur avait conseillé Caty Richard, leur avocate. Mais d'autres victimes abandonnent à ce moment-là. Cécile, agressée en 1997 quinze minutes avant Valérie, ne veut pas avoir à se défendre d'être victime. Elle est à bout. Se sent niée. L'expression « non-lieu » est une déflagration.

Un autre protagoniste fait également appel de cette ordonnance de la juge. Dino Scala conteste en effet 17 des 50 faits dont il est accusé. L'audience a lieu en juin 2020 devant la cour d'appel de la chambre d'instruction de Douai, à 80 kilomètres au nord de la Sambre. Elle se déroule à huis-clos, seuls les avocats et les magistrats peuvent y assister. Je décide de me rendre à Douai tout de même. J'ai besoin de retourner dans le Nord après ces mois de confinement. Le palais de justice de Douai est un étrange bâtiment composé de différentes architectures imbriquées, chacune d'une époque différente. La salle 12, où siège la chambre d'instruction, est située au milieu de cet ensemble, elle semble dater des années 70. La salle des pas perdus, qui fait plutôt office de salle d'attente, a été amputée d'un fauteuil sur deux pour cause de covid. Les gens ne s'échangent que des regards car ils portent le masque encore obligatoire dans les lieux publics.

Ne sont présents à l'audience que deux avocats, Emmanuel Riglaire et Caty Richard, le premier a deux victimes dans ce dossier, la seconde trois pour l'instant. Les deux avocats, pénalistes aguerris, fourbissent leurs armes. Ils seront jusqu'au bout les deux piliers de la défense des victimes dans cette procédure qui semble ne jamais vouloir finir. Caty Richard n'a pas d'autre choix : Dino Scala nie être l'auteur des agressions de deux de ses clientes, et la juge d'instruction n'est pas persuadée non plus qu'il en soit l'auteur, elle sait qu'elle va devoir ferrailler jusqu'au bout. En attendant l'audience, elle révise le dossier au-dessus d'une salade avalée à la va-vite dans sa voiture. Emmanuel Riglaire, lui, représente deux femmes qui étaient à peine sorties de l'enfance lorsqu'elles ont croisé la route de Dino Scala. Pour l'une d'elles, il n'y a plus de plainte, tout a été perdu. Et pour l'instant, Dino Scala nie aussi en être l'auteur. Il pense souvent aux adolescentes qu'elles devaient être avant tout ça. L'une, Mélanie, passionnée de handball, l'autre, Manon, de gymnastique. « Des gamines à qui tout souriait… » L'avocate de Dino Scala n'est pas venue, elle est retenue dans une autre procédure en région parisienne.

Dans la salle des pas perdus du palais de justice, je remarque, un peu en retrait, une grande femme brune à la longue chevelure bouclée qui tient un papier entre ses mains. Elle ne sait pas pourquoi elle est là au palais de justice de Douai ce jour. Elle a reçu une lettre du tribunal qu'elle n'a pas bien comprise. Son avocat n'est pas présent, elle est perdue. Je m'approche. Adeline est cette adolescente violée en septembre 1998 dans un champ de maïs alors qu'elle se rendait au lycée. La présidente sort de la salle d'audience, prend la peine de la recevoir pour lui expliquer : Dino Scala conteste avoir commis son viol et il demande à ne pas être jugé pour ce fait. Adeline se retrouve seule avec cette information, et le flot de violence qu'elle charrie en elle. Elle vacille. Tout est flou dans sa tête. Elle me demande, la voix tremblante, s'il y aura tout de même un procès pour son « affaire ».

Trois mois plus tard, la chambre d'instruction décide finalement de renvoyer Dino Scala pour l'ensemble des victimes visées par la procédure. 56 au total. Dont trois sont décédées entre-temps. L'attente pour le procès sera longue. La crise du covid a désorganisé la machine judiciaire, créant une interminable file d'attente d'affaires à juger.

Au début de l'été, un remaniement ministériel est annoncé. Deux figures du Nord entrent au gouvernement. Gérald Darmanin est nommé ministre de l'Intérieur. Et Éric Dupond-Moretti devient garde des Sceaux. Le symbole est insoutenable pour certaines victimes. Il y a quelque chose de confus et douloureux pour ces femmes qui cherchent à recouvrer confiance en la police et attendent tout de la justice, à voir ces deux hommes désormais en charge de ces deux institutions. Les deux nominations sont chargées différemment. L'un est nommé alors qu'il est accusé par deux femmes de viol et d'abus de faiblesse[1]. L'autre a été l'avocat de leur violeur (et la plupart ignorent qu'il ne l'est plus). Je partage leur désarroi, et peut-être plus encore. Au-delà de l'affaire de la Sambre, j'ai le sentiment moi aussi de recevoir un soufflet au visage. Un geste sec et humiliant, de ceux que l'on ne voit pas venir, et qui laissent la sensation d'une brûlure sur la joue.

1. Gérald Darmanin a été accusé par deux femmes. L'une l'accusant de viol et l'autre d'abus de faiblesse, dans les deux cas, ces femmes lui reprochaient des relations sexuelles en échange de services liés à ses fonctions politiques. La première plainte a fait l'objet d'un non-lieu, la seconde d'un classement sans suite.

« J'ai des émotions depuis que je suis en prison. Mais, avant, les émotions ça m'était inconnu. »

Le procès

Mélanie erre seule dsans la salle d'audience vide. Elle est en avance. Devant elle, quelques avocats en robes noires discutent entre eux à voix basse. Leurs échanges fabriquent un bruit de fond, celui d'un orchestre qui s'accorde avant l'ouverture du rideau. Mélanie s'assoit sur un des bancs des parties civiles à droite de cette grande salle de bois clair. Puis elle se relève. Et change de place. Elle observe le décor. Elle tourne la tête sur sa gauche, vers le box encore vide de l'accusé. Elle ne bouge plus. Mélanie réalise qu'il se tiendra là, à quelques mètres, dans une poignée de minutes. Elle éclate en sanglots. Des sanglots de panique. Nos regards se croisent. Je ne sais pas quoi lui renvoyer à part un sourire dérisoire.

Nous sommes le 10 juin 2022 à 14 h 30. Quatre années et quatre mois se sont écoulés depuis le jour de l'arrestation de Dino Scala un matin de février 2018 sur le rond-point de Vieux-Mesnil. Le procès du violeur de la Sambre s'ouvre devant la cour d'assises du Nord, à Douai. Il est jugé pour 56 viols et agressions sexuelles. Mais toutes les victimes ne sont pas dans cette salle. Trois sont décédées. Certaines sont malades. D'autres ne se sentent pas le courage d'être là. Quelques-unes n'ont pas été retrouvées par le service des greffes. D'autres, enfin, ont renoncé parce que c'était trop cher ou trop compliqué de venir.

Elles sont une trentaine maintenant assises, occupant la travée droite de la salle. Elles ne se connaissent pas. Elles sont avec un mari, un enfant, un parent. Ou seules. Elles ne se ressemblent pas. La plus jeune aura 20 ans dans quelques jours. Elle est la dernière victime, celle de février 2018, à Erquelinnes. Elle est venue avec son père, un homme tout en muscles avec une colère triste dans les yeux. La plus âgée a 75 ans. C'est la petite dame qui marche avec une canne. Patricia, la directrice d'école, est avec son mari. Ils sont comme des siamois, toujours l'un au côté de l'autre. Betty est avec tout son clan, ses frères et sœurs, et ses parents. Élodie s'est installée le plus loin possible du box encore vide. Valérie est la seule à avoir gardé son masque. La veille, elle était en chimio, elle est faible et redoute cette nouvelle vague de covid qui s'est abattue sur la France, la septième. Les femmes sont assises côte à côte. Mais elles ne se parlent pas, ne se regardent pas. Leurs visages sont figés. Leurs yeux accrochés au vide pour ne croiser aucun autre regard. Elles semblent toutes retenir leur respiration. Elles forment un kaléidoscope de vies brisées.

Elles sont à la fois dans l'instant et dans le passé. Sur le banc des parties civiles et sur le bord de la route. Elles sont lestées à jamais par leur agression, ce plomb toxique qui les a empoisonnées corps et âmes, devenant le centre de gravité de leurs vies. Elles ont regardé les années, parfois les décennies, passer sans que rien ne passe pour elles. Et maintenant, elles sont là.

À soixante-dix kilomètres au sud, dans le centre ville d'Aulnoye-Aymeries, des pelleteuses s'agitent. Le chantier de construction du nouveau commissariat débute enfin, après trente ans de promesse. Bientôt, les policiers quitteront les locaux indigents de la rue Jean-Jacques Rousseau. Les pages de cette histoire se tournent.

La sonnerie retentit. L'audience commence. Dino Scala entre dans le box, son crâne rasé lui a ôté la bonhomie qu'on lui connaissait sur les photos parues dans la presse. Il a le visage gris, les yeux enfoncés, la lèvre inférieure proéminente, une lippe qui lui dessine un profil presque concave. Lorsqu'il paraît, certaines obliquent aussitôt le regard. D'autres ferment les yeux. Des larmes coulent silencieusement. Élodie se décale le plus loin possible contre le mur et se tourne presque complètement. Elle n'arrive pas à affronter le visage de cet homme. Elle passera les trois semaines du procès dans cette torsion. Lui a le regard dans le vide. Son visage encadré dans le col haut amidonné de sa chemise, immobile.

Après le tirage au sort des jurés, le président, Erik Tessereau, encadré des deux magistrats assesseurs, procède à l'appel des témoins. Beaucoup ne sont pas là parmi les proches de l'accusé. Sa première femme, apprend-on à l'audience, serait décédée récemment. Sa fille cadette dit craindre pour sa sécurité. Seules son épouse actuelle, Sandrine, et une de ses sœurs ont répondu à l'appel de la cour d'assises. Ses frères et sa mère, cette famille qu'il dit haïr, et à laquelle il attribue une partie de ses problèmes, n'ont même pas été convoqués à la barre. Plusieurs des experts psychologues et psychiatres ne viendront pas non plus, l'un sans même prévenir.

La femme de Dino Scala s'avance à la barre coiffée d'une perruque noire et chaussée de grosses lunettes, à la manière des témoins sous X dans les émissions de télévision. C'est une femme perdue au récit confus dans lequel tout se mêle et s'emmêle. Elle parle beaucoup d'argent, des dettes laissées par l'ex-femme de son mari, du frère de Dino, Mario, qu'elle n'appelle qu'Adolf « parce que lui c'est Hitler, tout le monde le sait », des parents Scala, « le vieux » et « la vieille ». Tous des monstres. Sandrine est le porte-voix confus des frustrations qui rongent son mari. Les histoires d'argent sans fin, le manque de reconnaissance dans sa famille, dans son travail. La table dominicale des Scala où leur couvert n'était jamais mis pour leur signifier qu'ils n'étaient pas les bienvenus. Dino à qui l'on interdisait à la chasse la jouissance de la hutte aux canards du paternel. Dino qui s'arrache les sourcils quand ça ne va pas bien. Les problèmes de son mari se mêlent aux siens. Elle parle des médicaments qu'elle prend et qui la perdent. Des gens qui l'agressent depuis l'arrestation de son mari. Comme ce journaliste de la télé qu'elle aurait séquestré après qu'il fut entré par effraction chez son père et l'aurait violenté. Une maîtresse de Dino qu'elle a découverte sur son téléphone portable. Un huissier venu réclamer pour les dettes de la première femme. Et maintenant, les victimes qui lui en veulent et la menacent. Les temporalités et les gens se fondent. Une logorrhée malaisante se répand sur la salle d'audience. Sandrine Scala dit qu'elle voudrait se retourner vers les victimes mais qu'elle ne peut pas. Elle a honte. Elle voudrait leur dire qu'en tant que femme, elle les comprend. Elle pleure. Sa perruque a maintenant glissé en arrière dégageant la moitié de son crâne. Depuis le box Dino Scala observe impassible cette scène informe, il regarde sa femme se noyer sans ciller. Elle essaye de réajuster sa perruque, qui se retrouve de travers et s'adresse à son mari. Dans un ultime effort pour revenir vers ce réel qui lui échappe, elle le supplie : « Dino, il faut que tu brises le silence. »

Après qu'elle a quitté la salle d'audience, Dino Scala, encore prolixe en ce premier jour de procès, dit le peu qu'il pense de sa femme. « Vous l'avez vue ? Vous comprenez ? » Il se plaint car, bien que chef de famille, il n'est jamais parvenu pas à la « contrôler ». Elle aussi dépensait, comme la précédente. Alors que lui se tuait à la tâche. Il s'en veut, il a commis une vraie erreur dans sa vie : laisser ses deux épouses successives gérer les finances. Il n'aurait pas dû. « Il est passé où l'argent ? » Et maintenant, c'est pire. Elle lui a fait des tentatives de suicides tous les quatre matins. Il pense qu'il la gardera quand même à sa sortie de prison. Il a déjà tout prévu. Tout calculé. Ils s'installeront loin du Nord, loueront une maison au calme dans le Limousin, avec sa retraite de 1 054 euros (il précise qu'il aurait eu 220 euros de plus s'il n'avait pas cessé de cotiser depuis qu'il est en prison, enfin, bien sûr il va pas se plaindre, c'est normal). Une avocate de victime lui rappelle qu'il devra penser aussi à l'indemnisation des victimes. Oui, bien sûr, il y a pensé. D'ailleurs, il met un peu de côté chaque mois. « Vous inquiétez pas », dit-il. Il ne sait pas s'il sera « normal » lorsqu'il sortira dans « 10 ou 15 ans », il l'espère. Mais assure-t-il, s'il ne « se sent pas » à la fin de sa détention, il aura recours à la castration chimique. Il s'est renseigné, cela fonctionne bien. Ne vous inquiétez pas.

Puis il reparle de son frère et l'aigreur lui revient en bouche. Elle s'échappe en hoquets à chaque phrase. Encore des histoires d'argent et de reconnaissance. À l'atelier, c'est lui qui aurait dû être chef. Mais c'est le fils de son frère qui a eu la place, cet incapable qui connaît pas le métier. Au foot, c'est pareil. Il s'est fait avoir. Il s'emballe sur une anecdote que personne ne comprend. Où il est encore et toujours question d'argent et de reconnaissance. En prison, au moins, il se repose, il ne croise plus tous ces gens. Même s'il reçoit beaucoup de parloirs, famille et amis. Il regarde des documentaires animaliers, ça l'intéresse. Il écrit à des copains régulièrement. Et à sa mère chaque semaine. D'ailleurs, elle aussi lui écrit. Dans une de ses lettres, elle évoque « ces salopes » pour désigner les victimes, se demandant si elles ont « pris du plaisir ». Mais Dino Scala n'a pas envie de parler d'elle ici. Il lui écrit par devoir, pas par amour, précise-t-il. Lorsqu'elle sera morte, il ne demandera pas d'autorisation pour aller à son enterrement. Il ne l'aime pas. Dino Scala n'aime pas grand monde. Sauf ses trois derniers enfants. Marcel, son beau-père mort pendant sa détention. Et Gribouille, son chat.

Son avocate aimerait qu'il évoque ses traumatismes d'enfance. Elle avait annoncé dans la presse avant le procès des révélations à ce sujet. Mais il n'y en aura aucune. À l'exception d'un souvenir flou dont il n'est pas certain, l'image du père qui rentrait dans leur chambre. Il n'en dira pas plus car il n'est sûr de rien. Une des sœurs raconte à la barre avoir été victime de viols de la part de ce père durant toute son enfance. Enfin, elle ne prononce pas le mot de « viol » car elle ignore que les pénétrations digitales sont des viols, cette femme d'une soixantaine d'années l'apprend à l'audience. Elle dit que sa petite sœur aussi a subi l'inceste du père. Elle en avait parlé à leur médecin, mais celui-ci n'avait rien fait de son récit. Secret médical. Elle avait essayé d'en parler aussi à Dino, et aux deux autres frères, mais aucun n'avait réagi. À 18 ans, pour cette raison, la sœur a quitté le foyer vicié des Scala. Elle est restée dans la Sambre mais ne les a jamais revus. Jusqu'à ce matin de juin 2022 où elle fait face à son frère, pour la première fois depuis quarante ans, devant la cour d'assises de Douai. Et où il continue à rester de marbre face au récit des viols commis par son propre père. Les silences de Dino Scala confirment l'omerta familiale qui soude et plombe encore le clan. Même aspiré dans la tornade du scandale, Dino Scala préfère taire le sujet. Il veut bien parler des coups qui pleuvaient à la maison. Mais pas de l'autre violence, sexuelle. Solidement protégée par le tabou, l'impunité du père incestueux est entière, inébranlable.

Les témoins de moralité se succèdent. Vient l'adjoint aux sports du village, copain du foot et du VTT, qui n'a rien vu des tourments de son ami. Il n'avait rien à lui reprocher, à part peut-être d'être trop gentil. La médecin de famille raconte l'homme dévoué, celui qui l'aidait à faire les soins et la toilette du beau-père atteint de la maladie de Parkinson, cet homme prévenant qui la suivait en voiture pour la rassurer si elle repartait à pied de nuit. Puis l'ancienne collègue de travail, responsable marketing de Jeumont-Electric, qui dépeint, volubile et enjouée, un homme d'une intelligence exceptionnelle, doté d'un sens de l'humour assez rare : « Qu'est-ce qu'on riait », dit-elle. Elle ajoute qu'elle ne lui voit aucun défaut. Lui envoie encore un sourire.

Arrivent alors à la barre trois femmes. Il n'y a pas de sourire sur leurs visages fermés. Elles s'apprêtent, calmement, à pulvériser le mythe de l'homme sans histoires. Ce sont ses anciennes belles-sœurs et une de leurs amies. Elles ont la cinquantaine, elles étaient adolescentes dans les années 80. Une à une, elles racontent, la voix claire et le verbe précis, les agressions sexuelles qu'elles ont subies. La nuit de la Saint-Éloi, les yaourts qui rendaient vaseux, Dino qui les observait derrière les fenêtres, Dino qui maintenait serrée sous ses mains Claire sur le lit. Béatrice est désormais une femme de 55 ans à l'allure chic et à la silhouette sportive. Avant de commencer son accablant récit, elle fixe longuement son ancien beau-frère, les mains posées sur le pupitre de la barre, le corps et le visage tournés vers lui. Sans rien dire. Puis elle se poste face à la cour, et commence à parler. Chacune de ses phrases est un coup de canif dans le portrait de l'homme ordinaire que Dino Scala s'efforce de brosser de lui-même. Le père modèle et ami dévoué se métamorphose en quelques minutes de récit glaçant en ce beau-frère pervers qui s'en prenait aux petites sœurs de sa femme jusque dans la maison familiale.

Dino Scala, qui n'est pas poursuivi judiciairement pour ces faits, reconnaît avoir agressé Delphine et Claire. « Oui, c'est vrai. » Mais pas Béatrice, celle qui l'a fixé si longtemps à la barre, celle qui l'a traité de manipulateur, et surtout la seule qui a porté plainte contre lui. « Je n'ai pas fait ça. » Il est catégorique. Elle oui, elle oui, elle non. Il en sera ainsi tout le procès. Il décide quelles femmes sont ses victimes. Quelles femmes ne le sont pas. Comme il décide de répondre ou pas aux questions. De ne pas parler de l'origine du mal qui le ronge.

Plus tard, et à chaque fois que le fruit lui semblera mûr, qu'une faille apparaîtra, l'un des avocats des parties civiles, Emmanuel Riglaire, se lèvera pour tenter de faire bouger ce roc obstiné. L'amener à lâcher quelque chose, une bribe d'explication à offrir aux victimes. Maigre consolation mais que chacune attend de ce procès. L'avocat rappellera souvent à l'accusé qu'il leur doit ces explications. « Qu'est-ce qui fait qu'on devient un violeur en série comme ça ? C'est quoi vos secrets ? Qu'est-ce que vous trimballez tout seul ? » Scala ne répondra jamais. Parfois, l'homme en robe noire s'énervera. Il haussera le ton : « Merde ! Parlez ! Allez ! » Lorsqu'il le poussera trop près de la faille, Scala s'effondrera soudainement, jusqu'à disparaître recroquevillé sur lui-même dans son box. Pour ressurgir tel un pantin quelques dizaines de secondes plus tard. « Tout va bien », dira-t-il, ajustant sa chemise et chassant des larmes du coin de son œil.

Au soir du deuxième jour d'audience, les journalistes sont encore nombreux. Il y a des caméras dans la salle des pas perdus, devant le palais de justice. Et leur présence tétanise les victimes. Durant ce procès, la plupart d'entre elles portent autour du cou un badge rouge indiquant qu'elles ne veulent pas parler à la presse. La justice a mis ce système en place au procès des attentats du 13 novembre qui s'achève au même moment à Paris après neuf mois d'audience. Mélanie a conservé son badge du côté vert. Depuis quelques mois, elle a décidé de parler aux médias. À visage découvert. C'est une des rares choses dont elle se sent capable. Alors elle le fait, pour soulager la pression médiatique sur les autres. Ce sera sa part dans ce groupe qui n'existe pas encore.

À Lille, le commandant Franck Martins et son adjoint le capitaine Raphaël Philippot révisent. Près de cinq ans après l'arrestation, ils doivent témoigner le lendemain au procès pour raconter l'enquête de police. Il n'y aura à la barre ni leurs prédécesseurs de la police judiciaire de Lille, ni les policiers locaux d'Aulnoye, de Jeumont ou de Maubeuge, ni les douze juges d'instruction qui se sont succédé dans cette affaire, ni les procureurs, ni du côté français, ni du côté belge. Ils rendront seuls compte de ces trente années d'enquête et de non-enquête, et de ces 3 000 procès-verbaux de procédure. Ils n'ont droit ni à l'erreur ni à l'approximation. Au milieu de la nuit précédant leur audition, Raphaël Philippot passait encore des coups de fil à Franck Martins pour vérifier un énième point. Puis le matin, Franck Martins renversait l'intégralité de son café sur ses fiches. Après avoir vainement tenté de les faire sécher dans son jardin, il est finalement parti à Douai sans aucune note. Il sait ce qu'il a à dire. À la barre, Franck Martins, tout en rondeur de ton, raconte la traque impossible de ce « monsieur moyen », mais il redonne surtout du sens à l'affaire. Il insiste sur ces victimes qui n'ont pas toujours été bien reçues, ni même crues parfois par la police. À propos du dépôt de plainte de Charlène, cette adolescente de 17 ans qu'une policière de Maubeuge et son collègue avaient cuisinée des heures l'accusant de mentir, il se retourne vers les bancs des parties civiles et déclare, mesurant la solennité des mots qu'il emploie : « C'est honteux. » Il tient à présenter ses excuses, « au nom des services de police ». Pour Charlène, assise parmi les autres sur le banc des victimes, la justice se rend à cet instant précis.

À côté de Franck Martins, Raphaël Philippot, après avoir vérifié que ses fiches bristol étaient parfaitement empilées les unes sur les autres, déroule des faits et des chiffres d'un ton martial, presque robotique, au passé simple de la police. Sa précision est implacable, il a préparé des fiches chronologiques et thématiques accablantes sur l'accusé : les repérages, les mensonges, les mineures… Il insiste sur ce point. Un tiers des victimes de Dino Scala étaient des adolescentes. Sentant le vent mauvais de la démonstration conquérir la salle, l'avocate de Dino Scala tente de l'interrompre, elle rappelle au président qu'il n'a pas le droit de lire des notes dans une procédure orale comme la cour d'assises, ce que feront pourtant d'autres témoins et experts. Philippot ne se démonte pas. Et, au fur et à mesure de son exposé, il lâche naturellement ses fiches bristol. Au moment des questions, il répond sans hésiter sur tel ou tel détail, de telle ou telle année. Il est une machine. L'avocate ne peut rien faire. Sur son siège, Dino Scala baisse la tête en attendant que la rafale passe. Franck Martins donne l'estocade. « J'ai l'intime conviction que toutes les victimes qui sont dans cette salle sont des victimes de Dino Scala. Mais aussi que toutes les victimes de Dino Scala ne sont pas dans cette salle. »

Après leur déposition, je déjeune avec les deux enquêteurs au Longchamp, la brasserie qui nourrit et abreuve le palais de justice de Douai. Ils sont épuisés et soulagés par ces six heures à la barre. Durant ce repas, plusieurs victimes viendront remercier les deux policiers pour leur travail. Je vois les yeux de Franck Martins briller plus que d'habitude. Il dit que ces gens sont sa « légion d'honneur ». Dans quelques mois, il partira à la retraite.

Dans les deux semaines qui suivent, le procès de Dino Scala est entièrement consacré aux victimes. La plupart des journalistes sont repartis. Je suis souvent seule assise au premier rang de la travée gauche. Seuls les journalistes locaux de *La Voix du Nord* et de *L'Observateur de l'Avesnois* couvrent aussi l'ensemble de ce procès. Les cas sont examinés un par un, plus ou moins par ordre chronologique. Dino Scala conteste encore de nombreuses agressions et viols. Notamment parmi les plus anciens, ceux pour lesquels son avocate demande la prescription. Celle-ci ne sera pas retenue mais la défense dispose d'une arme redoutable : les procès-verbaux souvent grossiers de l'époque, voire l'absence de procès-verbal pour toutes celles dont les plaintes ont été égarées. Le premier jour des auditions de victimes, la vieille dame à la canne est à la barre. L'insoutenable scène de sa déposition traumatise les autres victimes présentes dans la salle. Elle les soude aussi. À la sortie de l'audience, devant le palais de justice, un groupe de femmes commence doucement à se parler. Une discussion s'installe. Plusieurs disent finalement ne plus vouloir venir témoigner à la barre. Elles s'interrogent sur leur capacité à supporter qu'une fois de plus leur parole soit remise en doute. « Maintenant qu'on est là, il faut qu'on reste », dit l'une. Toutes resteront.

Durant ces premiers jours de procès, Annelise Cau et Antoine Berthelot, l'efficient duo d'avocats généraux, chargés de porter l'accusation et de représenter la société, vont apaiser d'une simple phrase les tourments d'une partie des victimes, annonçant d'emblée qu'ils soutiendront la culpabilité de Dino Scala pour l'ensemble des 56 victimes. Pour Clara, Valérie, Cécile et toutes celles qu'il nie avoir agressées et violées, qui ont essuyé des non-lieux et dû se battre pour gagner le droit à être de ce procès, ces quelques mots constituent le début d'une reconnaissance dans leur statut de victime. Quand viendra leur tour de s'approcher du pupitre, ce soutien adoucira un peu la peur.

Car, depuis son box, Dino Scala admet être l'auteur de certaines agressions, mais pas d'autres, pourtant commises de la même manière, au même endroit, à la même heure. Il reconnaît des agressions qu'il avait niées devant la juge d'instruction. Et inversement. À chaque fois, il trouve un détail qui le chiffonne dans le décor. La présence d'un vélo, la couleur de cheveux de la victime… Dino Scala en rajoute. Il prétend que, parfois, il aidait des femmes sur le bord de la route en les emmenant en voiture. Une fois, il en aurait d'ailleurs ramené une chez elle qui venait d'être agressée par un homme. À l'endroit même où il reconnaît avoir agressé lui aussi une femme. Son avocate commence à avancer les pions d'une étrange théorie : un autre homme aurait pu commettre des actes similaires au même moment, aux mêmes endroits, de la même manière. L'imitateur parfait d'un criminel alors inconnu.

L'avocate s'engouffre dans les failles créées par les policiers de l'époque, ces versions expurgées du mal, décrivant des faits brefs, minimisant, émérisant les faits de nature sexuelle. Le président rebondit dessus. Faute d'actes d'enquêtes, il ne dispose que de ces feuilles à moitié lisibles. Le procès-verbal rédigé par les policiers devient devant la cour « la déclaration de la victime ». Les victimes peinent à faire comprendre que ces procès-verbaux ne reflètent pas ce qu'elles ont vécu, ni même souvent ce qu'elles ont dit aux policiers à l'époque. Elles sont là, seules et minuscules, devant leur micro, face à la cour haut perchée. Elles sont intimidées et stressées. Elles viennent de raconter devant des dizaines d'inconnus ce qu'elles ont vécu de plus infâme dans leur vie. Et doivent se défendre de mots qui ne sont manifestement pas les leurs. « Un individu qui se déplaçait pédestrement », « un homme en tenue bourgeoise », « un individu de type ignoré »… Les défaillances du système, encore une fois, se retournent contre elles.

L'épreuve

Dalila n'est pas là. Elle m'a appelée en pleurs quinze jours avant le début de l'audience pour me dire qu'elle ne viendrait pas. Dalila a appris la tenue du procès de son violeur par BFM TV. Personne ne l'avait tenue au courant. La dernière fois qu'elle avait eu des nouvelles de son avocate c'était il y a plus d'un an, lorsqu'elle avait monté son dossier d'aide juridictionnelle. Depuis qu'elle a vu le reportage sur BFM, elle a essayé de la rappeler mais elle n'y est pas parvenue. Elle ignore que son avocate est partie à la retraite, qu'une autre a repris son dossier. Dalila habite à Cannes, à plus de mille kilomètres de Douai. Elle est agent dans une maison de retraite, elle est seule avec sa fille. Elle me dit qu'elle n'aura pas les moyens de toute manière de venir passer trois semaines à Douai, ni même de payer son billet de train. Personne ne l'a informée que les parties civiles à un procès étaient remboursées de leurs frais de transport, d'hébergement et de nourriture durant la durée de l'audience. Je suis en colère après l'appel de Dalila. Je me souviens de notre première rencontre chez elle à Cannes deux ans plus tôt. Elle redoutait ce procès mais l'attendait. Elle était de celles qui voulaient affronter le regard de son violeur. À l'ouverture du procès, le président s'est ému de l'absence de Dalila. Derrière son fauteuil dans la salle d'audience, le long du mur, sont empilés des cartons jaunes dans lesquels sont rangées les 3 000 pièces du dossier d'instruction. La pièce numéro 1 est datée du 4 novembre 1996. La date du viol de Dalila à côté de la voie rapide Maubeuge-Haumont. Dalila est le point zéro de l'enquête. Et elle n'est pas là.

« On va trouver une solution pour faire venir cette dame », annonce le président, embêté. Dix jours plus tard, Dalila est à la barre de la cour d'assises. Perchée sur ses talons compensés, ses jambes tremblent. Elle n'ose pas encore regarder l'homme qui se tient à sa gauche. Son corps demeure obstinément tourné de trois quarts dos à lui. Mais derrière elle, assise au deuxième rang, sa fille se charge de le fixer. Elle ressemble à Dalila vingt ans plus tôt, une longue et belle jeune femme aux cheveux longs. Dalila a mis un millier de kilomètres entre elle et Maubeuge, mais cela n'a pas suffi à effacer les stigmates de son viol et sa fille a grandi avec cette histoire. Ses yeux noirs emplis d'une froide colère ne quittent pas le visage de Scala. À la barre, Dalila raconte ce matin de novembre 1996, le viol et la vie qui bascule. Comme les autres, elle prend sur elle, cramponnée au pupitre, pour que justice enfin passe. Elle pense en avoir fini, se retourne pour échanger un regard soulagé avec sa fille. Mais vient le tour des questions de la défense. L'avocate de Dino Scala se lève, sourit à Dalila et prend soin de se poster à sa droite pour qu'elle n'ait pas à regarder l'accusé durant ses questions. L'avocate tient un document dans une main. Il s'agit de l'expertise psychologique de Dalila. Elle s'apprête à la lire. « Non », proteste doucement Dalila. Mais l'avocate poursuit.

J'observe cette scène, impuissante. Je sais ce qui est couché dans cette expertise psychologique, je sais pourquoi Dalila ne veut pas qu'elle soit lue. Il y a là, consignés, les drames d'une vie compliquée depuis l'enfance. Des choses qu'elle n'imaginait pas un jour dévoilées, encore moins lues à haute voix dans une salle pleine de gens qu'elle ne connait pas. « Il semble que vous ayez rencontré des détraqués sexuels de manière récurrente dans votre vie... » Dalila panique. Tout le monde, y compris le président, essaie de l'arrêter. L'avocat Emmanuel Riglaire se lève de son imposante silhouette pour cette femme qui n'est pas sa cliente. Il hausse le ton : « Mais enfin, vous voulez que cette dame s'écroule ? » L'avocate continue à lire et Dalila finit par quitter la salle en pleurs. Une des psychologues en charge des victimes du procès lui emboîte le pas[1]. L'avocate poursuit sa lecture de l'expertise. Devant la fille de Dalila restée dans la salle. Le mari d'une victime choisit de sortir aussi. Par solidarité envers cette femme qu'il ne connaît pas. Et qui n'a pas envie de voir étaler des blessures personnelles qu'elle pensait couvertes par le secret médical. La plupart des victimes n'imaginent pas, lorsqu'elles sont entendues par une psychologue durant l'enquête, que leurs confidences seront rendues publiques. Dalila ne sera pas la seule à devoir vivre ce moment.

Une des psychologues mandatées par la juge d'instruction pour examiner les victimes de Dino Scala revient longuement à la barre sur l'épreuve que constitue le procès pour elles. Christelle Delcourt alerte la cour sur le peu

1. La justice a accordé une particulière attention aux victimes dans l'organisation de cette audience à la dimension exceptionnelle. Un budget a été dégagé permettant que trois psychologues se relaient pour être présentes en permanence. Elles seront précieuses pour les victimes.

d'informations dont elles disposent. Sur le coût matériel. « Elles vivent comme une injustice le fait de devoir payer un avocat pour faire valoir leur droit de victime. » Insiste sur le coût psychique. Elle parle des « paroles assassines » que ces femmes ont entendues dans les commissariats. Et qu'elles ont encore en mémoire en arrivant ici. Elle parle du déballage imposé de leur intimité. Un procès, dit-elle, n'est pas toujours libérateur. Ce peut être même une immense violence.

Certaines victimes ne sont pas venues. Quelques-unes ne se sont même pas constituées parties civiles. Elles ne s'en sentaient pas capables. Leurs plaintes et les quelques pièces de procédures, lorsqu'elles existent, sont alors lues par le président face à un pupitre vide et un micro en berne. Durant ces moments sans larmes, la tension fléchit, des doigts parcourent distraitement des écrans de téléphone, des bouches parfois s'autorisent à bâiller… Pourtant ces absentes sont parfois là sans l'être. Je pense à cette femme, violée dans un tunnel de Maubeuge alors qu'elle se rendait à son travail, toujours terrorisée, qui suit le procès sur internet via le live de *La Voix de Nord*, enfermée chez elle. Elle fait un premier pas au bout de quelques jours en demandant à se constituer partie civile. Elle était même prête, peut-être, à venir témoigner. Et puis sa mère est morte la veille et elle n'est jamais parue.

Après sa déposition, une des victimes fera une tentative de suicide en rentrant chez elle. Ce n'est pas sa première tentative. Elle est fragile, toute jeune, et l'audience l'engloutit. Elle restera quelques jours hospitalisée. Puis reviendra à la toute fin du procès.

La résiliente

À la manière dont elle pose précautionneusement son paquet de mouchoirs sur le pupitre, et sa voix dans le micro, je comprends que cette femme aux cheveux blonds aborde son audition de manière singulière. Elle a une assurance. Une détermination. Une organisation du propos qui laisse à penser qu'elle s'est longuement préparée à ce moment. Émilie était cette lycéenne de 16 ans descendue du bus parce qu'elle avait la nausée, traînée dans la neige un matin de 1993 au bord de la route D959. La greffière, comme pour chaque victime, projette sur les écrans de la salle d'audience une photo d'elle à l'époque des faits. Émilie a 16 ans mais elle a l'air d'en avoir 12. L'Émilie de 45 ans fixe longuement cette autre elle, ce visage enfantin sur l'écran. « C'est pour elle que je suis venue aujourd'hui. »

La femme devenue ingénieure, déroule un récit analytique de son agression et de la manière dont l'institution, la société s'en sont emparées. Elle évoque « les remarques qui n'avaient pas lieu d'être au commissariat de Jeumont », le fait que peut-être personne ne l'aurait crue si les traces d'agressions n'avaient pas été imprimées dans la neige épaisse de ce matin de novembre. Elle parle de sa famille, qui n'a su mesurer ses traumatismes. Elle raconte une vie bricolée de parades pour conjurer la peur. Lorsque Dino Scala a été arrêté, elle l'a tout de suite reconnu. Émilie est une des rares à avoir aperçu son visage lors de l'agression. Elle a réalisé que cet homme travaillait à l'usine avec son père. Qu'il connaissait aussi son parrain. L'arrestation a été un effondrement. Elle s'est retrouvée à terre, brutalement projetée en 1993, la tête à nouveau écrasée dans la neige. Dans ses cauchemars, elle se revoit adolescente hurler seule dans ce champ blanc et froid.

Mais Émilie, pourtant, s'en est sortie après avoir été prise en charge par un service de psychiatrie du CHU de Lille. Et c'est aussi de cela dont elle a prévu de parler en venant au procès : l'unité de l'hôpital Fontan spécialisée dans le traitement des psychotraumatismes et la résilience. Un centre de recherche national créé quelques années plus tôt pour améliorer les soins aux personnes victimes d'agressions et de violences. Les soins qu'Émilie y a reçus l'ont sauvée. Tout n'est pas gagné, évidemment, mais cette thérapie participe à faire d'elle la femme aujourd'hui à la barre : une résiliente. Elle n'a plus, explique-t-elle, ni colère ni rancune. « Je suis dans la phase d'après. »

Émilie regarde maintenant en direction du box de Dino Scala. Elle s'adresse à lui, avec une voix étrangement douce. « Je n'oublierai jamais votre regard, monsieur ce matin-là. Car c'était le regard d'une bête. » Scala baisse les yeux, les relève, lui présente ses excuses. Elle les encaisse plus qu'elle ne les reçoit. « Je suis désolée mais lorsque vous me présentez vos excuses, vous me parlez comme si vous aviez éraflé ma voiture. » Scala baisse maintenant la tête. Émilie a fait un calcul qu'elle livre à l'appréciation de la cour. Il sera condamné à 20 ans car c'est la peine maximale. Il y a

56 victimes à ce procès. Cela revient donc à quatre mois par victime. Elle laisse planer le silence qui suit. Puis elle conclut, comme pour le refermer : « C'est bien peu. »

Émilie est maintenant tournée de tout son corps vers le box de l'accusé. Elle lui parle de son père, lui aussi ouvrier à l'usine Jeumont-Electric. Dino Scala le connaissait. Un Italien, comme lui. Il prononce son prénom. Elle sourit. Ce moment étrange entre le bourreau et sa victime fige la salle d'audience dans une indéfinissable atmosphère. Et, pour la première fois, l'accusé se livre un peu. Il lui raconte comment il est, juste avant d'agresser et de violer. Ce rond-point fatidique devant l'usine de Jeumont où il décide : aller au travail, ou partir en chasse. Il parle de sa recherche de domination absolue lorsqu'il attaque. Mais il raconte aussi l'après. Quand il se gare enfin sur le parking de l'usine, coupe le contact de sa voiture et reprend aussitôt une vie normale. Il évoque sa honte. « Y en a trop, je ne pouvais pas tout avouer. » Durant ces trois semaines d'audience, malgré les assauts répétés de son avocate, ceux des parties civiles, du président ou des avocats généraux, il ne se sera jamais autant livré que ce jour, face à cette femme si calme aux cheveux blonds.

Pourtant, Émilie n'est pas venue pour ça. Pas seulement en tout cas. Ses mains restent accrochées au pupitre. Elle n'en a pas terminé. Elle veut s'adresser à la cour, dénoncer la manière dont sont traitées les victimes. Le président acquiesce, il sait, les autres ont déjà beaucoup raconté qu'elles n'avaient souvent pas été bien reçues dans les commissariats. Émilie l'interrompt. Non, pas seulement dans les commissariats. Ici aussi, devant cette cour, en 2022, cela ne va pas. « Il faut que vous traitiez bien les victimes. Que vous soyez bienveillants. » Le président plisse des yeux étonnés derrière ses lunettes cerclées. « Vous ne nous trouvez pas bienveillants ? » Émilie le regarde. Elle dessine doucement un non de la tête. Elle explique que le jour où la première victime est venue témoigner, la vieille dame à la canne sortie en pleurs, elle aussi a dû quitter la salle.

Il y a un « après » le témoignage d'Émilie. Pour tout le monde. Pour la cour. Pour les parties. Pour les victimes surtout. Elle a donné de la force à celles qui n'en avaient pas, ou plus. Émilie n'avait pas prévu de rester au procès, mais elle posera des congés et reviendra dans cette salle d'audience les autres jours. Elle accompagnera celles qui sont à bout. Petit à petit, une forme de solidarité se tisse entre les victimes, et qui ressemble à de la sororité. Elles se soutiennent. S'encouragent. Se comprennent. À elles toutes, elles viennent raconter une histoire plus grande que la leur. Celle d'une société et de ses institutions dysfonctionnelles face aux violences sexuelles. Ce sont elles qui maintenant tiennent l'audience.

Elles apprennent à se connaître. Parfois, réalisent-elles peu à peu, elles se connaissaient déjà. Sans savoir qu'elles avaient été victimes du même homme. Sans savoir même qu'elles avaient été victimes de viol ou d'agression sexuelle. Parce qu'elles n'en parlaient pas. Patricia était la directrice d'école dans laquelle travaillait Dalila à Maubeuge. Elles se souvenaient l'une de l'autre. Estelle a beaucoup fréquenté Christelle car elle est sortie des années avec son frère, elle allait souvent chez eux à Jeumont. Clara, qui s'occupe de personnes âgées à son domicile, connaît Dimitri le père de Lucie, la dernière des victimes de Scala, car elle s'est occupée de sa mère. Monique et Valérie ont été collègues à la piscine Tournesol de Louvroil. Plusieurs d'entre elles ont aussi des amies, des connaissances qui ont été agressées de la même manière qu'elles mais qui ne se sont pas manifestées au moment de l'arrestation de Scala, et dont les plaintes n'ont pas été retrouvées.

Comme Émilie, d'autres femmes restent au procès, alors qu'elles avaient prévu initialement de ne venir que le jour de leur déposition. Lorsqu'une victime est à la barre, elle sait que les autres sont derrière elle. Émilie remarque qu'il n'y a pas de hiérarchie entre elles, entre celles qui ont été violées, étranglées presque jusqu'à la mort et toutes celles qui répètent « j'ai eu de la chance », parce que, dans l'étau de leur bourreau, elles ont finalement échappé à l'ultime, au viol.

Laetitia, elle, ne peut pas raconter son viol à la barre. Car elle ne s'en souvient pas. Elle ne sait pas précisément ce que Dino Scala lui a fait ce matin de janvier 1996 sur le chemin de terre car il l'avait étranglée jusqu'à ce qu'elle perde connaissance. « Peut-être est-ce mieux comme ça », dit-elle. Elle avait 15 ans. Le viol a été attesté par les examens gynécologiques. Et Dino Scala reconnaît en être l'auteur (il y avait son ADN). Puisque la victime ne s'en souvient pas, le président lui demande de raconter à la cour le viol qu'il a commis. Le corps de Laetitia se fige d'effroi. Le président lui propose de sortir de la salle si elle préfère ne pas entendre. Silence. Elle serre dans sa main un kleenex mentholé. Elle hésite. Puis décide de rester. Laetitia s'assoit sur une chaise à côté du pupitre, elle baisse la tête et écoute, pétrifiée, cet homme à deux mètres d'elle, raconter le viol qu'il lui a fait subir et qui la hante depuis vingt-cinq années.

Plus tard, la mère d'une des plus jeunes victimes est appelée à témoigner. Cette femme a une soixantaine d'années. Elle porte une robe à fleurs et des cheveux blonds coupés courts. Elle se souvient avec précision du jour où elle a ouvert la porte et découvert sa fille en boule et en pleurs sur le paillasson. Elle raconte l'enfance qui s'arrête à cet instant. Puis les angoisses, la boulimie, la drogue. Et son rôle de mère impuissante face à la détresse de sa fille. La dame semble hésiter avant de parler encore. Plus elle dit : « J'ai 64 ans, je sais qu'on ne s'en remet jamais. Ma fille ne s'en remettra jamais. Aucune de ces femmes ici ne s'en remettra. » Elle éclate en sanglots. Elle dit qu'elle le sait, parce qu'elle a vécu la même chose lorsqu'elle était jeune. La confidence de la mère est inattendue, l'avocat de sa fille, d'habitude si prolixe, est soudain muet. La question qu'il s'apprêtait à poser s'est évaporée dans sa bouche.

J'ai beau connaître les histoires de ces femmes, les récits enchaînés de leurs calvaires passés et présents, le ru de leurs larmes qui coulent à la barre et la présence froide et immobile de leur bourreau, rendent ces jours d'audience éprouvants. Une immersion en continu dans l'horreur, le poisseux, la douleur. Et pourtant, même lorsque la déposition est difficile, que Dino Scala décide qu'il n'est pas l'auteur de leur agression ou de leur viol, que son avocate tente de les mettre en difficulté, même lorsqu'elles s'effondrent, elles semblent presque toutes sortir de cette salle d'audience avec un poids en moins. Parfois elles le verbalisent. Comme Élodie. Elle m'explique qu'elle n'a pas obtenu les réponses à ses questions mais qu'importe, le procès lui a fait réaliser qu'elle n'y était « pour rien ». Maintenant, elle va « refermer ce tiroir ». Beaucoup ne disent rien. Mais leur visage et leur attitude changent. La justice est une épreuve mais elle a sa vertu. Que je mesure au sourire de Clara, je ne l'avais jamais vue sourire en quatre ans. Son mari dit aussi qu'il ne la reconnaît pas. Lors d'un déjeuner, un petit groupe de victimes plaisante sur le physique avenant de l'avocat général. Après sa longue et difficile déposition, Patricia, l'ancienne directrice d'école, enlace tendrement son mari. Elle dit qu'ils vont rentrer chez eux, et boire un verre de champagne dans le jardin. Le lendemain de sa déposition, Laetitia passe la journée dans le camping où sa famille possède un mobil home dans la Sambre. Elle se promène seule. Elle a un drôle de sentiment, elle se sent bien. L'une après l'autre, en quittant ce pupitre, elles tournent une page de leur histoire.

Au fur et à mesure des jours qui passent, les femmes défilent à la barre et l'enjeu du procès se déplace. Il s'éloigne doucement de Dino Scala. Sans bruit, ses victimes ont renoncé à attendre de lui une explication. Et parfois même un aveu. Les dénégations, les revirements et les silences de l'accusé sont devenus dérisoires face à la force de ces femmes. À ce qu'elles sont en train de soulever ensemble.

Le verdict

Le vendredi 10 juin 2022, Dino Scala est reconnu coupable par la cour d'assises du Nord d'avoir commis 54 agressions sexuelles et viols entre 1988 et 2018.

Il est en revanche relaxé pour deux cas : le viol d'une femme à Louvroil à l'hiver 2002 et la tentative de viol sur une collégienne de 13 ans, celle que des policiers du commissariat d'Aulnoye n'avaient pas crue en 2002 et dont la procédure a été égarée. La première, trop fragile mentalement, n'avait pas assisté au procès. La seconde, Blandine, elle, est là. Assise droite parmi les autres victimes dont elle vient soudain d'être exclue. Lorsque le verdict tombe, sur les rangs des parties civiles, plusieurs femmes se lèvent et s'approchent d'elle, l'entourant de leurs bras et de leurs mots. Je crois que je la vois pleurer pour la première fois. Blandine dit qu'on l'a une nouvelle fois effacée.

Dino Scala est condamné sans aucune surprise à la peine de vingt ans de prison. Avec la peine de sûreté maximale, aux deux tiers de sa peine. Et l'interdiction de retourner ensuite dans le Nord et le Pas-de-Calais. Il a dû faire le calcul, que font et refont sans cesse ses victimes, il a déjà effectué plus de quatre années de détention provisoire, avec les remises de peines automatiques, il pourra sortir dans moins de neuf ans. Il aura 70 ans.

La peine est à la fois maximale et dérisoire pour les victimes. Vingt ans. Moins que le nombre d'années passées par Dino Scala à agresser et violer des femmes, pointe l'avocat Emmanuel Riglaire, qui a consacré une partie de ses plaidoiries à interroger l'incohérence du code pénal français face à ce type de crime. La question a infusé ces trois semaines d'audience, au fur et à mesure que sédimentaient entre eux les récits de toutes ces femmes. Une dernière fois, l'affaire de la Sambre déborde de son propre cours, elle vient cogner le système et l'éprouver.

En droit français, en matière de viol, qu'importe le nombre de victimes, la peine encourue demeure la même. Quinze ans, plus cinq ans s'il est accompagné d'au moins une circonstance aggravante : lorsqu'il est commis sur un ou une mineure de moins de 15 ans, lorsqu'il est commis avec ou sous la menace d'une arme. Le fait qu'il y ait plusieurs victimes est une circonstance aggravante comme une autre[1]. Le verdict de Douai laisse apparaître une forme de pensée abrupte qui confine parfois à un impensé autour du viol. Alors que la gravité des homicides est déclinée sous toutes les nuances – volontaire, involontaire, avec préméditation –, le viol apparaît comme un bloc juridique brut,

1. Le viol est défini par l'article 222 du code pénal. Quatorze circonstances aggravantes sont prévues, notamment le fait que l'auteur ait une autorité sur la victime, qu'il soit son conjoint, qu'il ait agi avec des complices, que la victime soit une personne vulnérable, que l'auteur ait administré une substance à la victime, que l'auteur soit lui-même en état d'ivresse ou sous l'emprise de stupéfiants…

non raffiné. Qu'importe juridiquement les violences qui peuvent précéder ou accompagner le crime, la préméditation, ou la répétition. Ni la strangulation par laquelle presque toutes ces femmes se sont vues mourir par exemple, ni l'inouï déchainement de coups que certaines ont subi ni les repérages précis de Scala n'auront d'incidence sur la peine encourue.

Alors qu'un pôle judiciaire spécialisé dans les crimes sériels vient d'être créé quelques mois plus tôt à Nanterre, que la répétition de l'acte est une des caractéristiques des criminels sexuels, cette sérialité (contrairement à la récidive) n'est pas prise en compte dans le code pénal. Pour les deux avocats généraux du procès de Douai, Annelise Cau et Antoine Berthelot, c'est une des questions majeures soulevées par l'affaire Scala. Car au-delà du poids de la sanction, cet impensé juridique fabrique de l'impunité : un homme qui viole ne risquera pas plus en continuant à violer. « L'enjeu de ce procès ne sera pas la peine, les victimes de Dino Scala le savent bien », avaient-ils posé d'emblée au début de leur réquisitoire. La loi, ont-ils expliqué, n'est pas adaptée, « ce constat doit nécessiter une réflexion collective, pour les professionnels de la justice, mais surtout pour ceux qui font les lois. » Durant l'audience, une partie des victimes avait commencé à murir cette réflexion. Émilie, la résiliente, aimerait qu'elles écrivent ensemble une lettre aux parlementaires. Elle a déjà contacté sa sénatrice. L'affaire du violeur de la Sambre déborde encore. Durant ces trois semaines de procès, elle aura charrié et déversé à nos pieds les carences de toute une société face aux crimes sexuels.

Alors que les victimes quittent une à une le palais de justice de Douai, leurs avocats enfilent une dernière fois leurs robes noires et retournent dans la salle. Après le procès pénal, se joue le civil. Une audience sans jurés, désertée par le public. La solennité du procès d'assises s'est dissoute. Les avocats circulent entre l'estrade de la cour et la greffière. Ils parlent un peu tous en même temps. L'audience civile est le moment où l'on donne un prix aux préjudices subis. Les avocats ne plaident pas vraiment. Ils énoncent des montants de dommages et intérêts réclamés pour leurs clientes. Les sommes vont de 2 500 euros à 80 000 euros, elles semblent varier plus en fonction des avocats que des victimes. La cour sera *in fine* nettement moins généreuse. Il y a aura des recours. Étrange moment de justice que celui-ci, où l'on soupèse et négocie à la criée le prix de vies bousillées. Le *pretium doloris*, le prix de la douleur.

Depuis son box, Dino Scala est toujours immobile. Personne ne semble plus prêter attention à lui. Lui qui a tant parlé d'argent durant cette audience écoute, impassible, tomber le montant de ses dus. Il n'est qu'à moitié concerné. Il n'en paiera qu'une goutte, prélevé sur sa retraite. Un fonds de garantie public assurera le reste.

Dino Scala a vieilli un peu chaque jour durant ces trois semaines. Le crâne rasé avec lequel il s'était présenté a disparu. Des cheveux blancs sont apparus à la place. Le procès semble lui avoir redonné son âge. Il est comme rattrapé par son passé, par ces trente années à semer silencieusement le chaos derrière lui.

Les victimes, elles, ont déposé un peu de leurs douleurs dans cette salle de bois clair. Elles ont été crues, entendues, reconnues. Elles ont obtenu justice. Elles quittent le palais à la fois assommées et soulagées.

Leur répit est bref. Quelques jours plus tard, l'avocate de Dino Scala annonce qu'il fait appel du verdict de Douai.

Il exerce son droit, celui de la défense. Mais pour les victimes, le geste est cruel. Elles comprennent qu'elles vont devoir tout recommencer, revivre l'épreuve d'un nouveau procès, raconter encore et encore ce matin d'horreur. Une date est fixée pour juin 2023, un an précisément après le premier. Et puis finalement repoussée à une autre, indéfinie, l'une des avocates de Scala ne pouvant y assister. Les victimes attendent des mois. Leurs vies une nouvelle fois suspendues à une justice débordée. Et puis, à l'automne 2023, enfin, tombe une date. Le procès en appel se tiendra au printemps 2024 devant la cour d'appel de Saint-Omer, à plus de deux heures de voiture de la Sambre. Elles commencent à s'organiser. À se projeter. Dalila remplit un nouveau formulaire pour l'aide juridictionnelle lorsqu'elle apprend que Dino Scala renonce à cet appel.

Pour toutes ces femmes, l'histoire judiciaire s'arrête donc là. Beaucoup sont partagées entre soulagement et amertume. Avec le sentiment que c'est encore lui qui décide, qu'il a encore une fois eu « le dernier mot ». Je ne suis pas d'accord avec elles. La culpabilité de leur bourreau est désormais définitive. Leur statut de victimes est à jamais reconnu. Elles en feront maintenant ce qu'elles voudront, et surtout ce qu'elles pourront. Mais la justice aura eu le dernier mot.

Cette même justice n'en a d'ailleurs pas terminé avec Dino Scala. Au printemps 2023, une nouvelle information judiciaire a été ouverte pour une quinzaine d'autres faits. Des agressions sexuelles et des viols commis dans la Sambre entre 1988 et 2009 avec un mode opératoire similaire au sien. Des femmes dont les plaintes avaient été égarées, des femmes que la justice avait oubliées en chemin ou sciemment écartées. L'histoire de ces ombres effacées par le temps a été racontée dans ce livre. Discrètement, après le procès, certaines d'entre elles sont allées redéposer plainte au commissariat. Avec l'espoir que les temps aient changé.

Les oiseaux

De l'arrestation de Dino Scala ressurgissent les brisures de chacune.

J'interroge Annick Mattighello une dernière fois sur cette histoire. Nous sommes assises dans son jardin, au début de l'été 2021. Dino Scala est en prison depuis deux ans et demi. L'ancienne maire de Louvroil est en meilleure forme physique que la dernière fois. La maladie semble être enfin derrière elle. Je me dis qu'elle a encore gagné un combat. Sur l'enregistrement de cette interview, il y a un piaillement continu d'oiseaux entremêlé à nos voix. Et elle, je n'y avais alors pas prêté attention sur le moment, qui, tout en répondant à mes questions, me demande plusieurs fois si tout va bien, si je n'ai pas trop froid, si je veux un autre café. Ce matin d'été, je la questionne sur ce qui, selon elle, explique qu'elle n'a à l'époque pas réagi comme les autres élus, et même simplement qu'elle ait réagi, je lui demande d'où vient sa prévention pour les victimes… La modernité de sa démarche, plus de quinze ans avant #MeToo, m'interroge. Je la fais aussi parler de son parcours personnel. Elle me raconte le travail à 14 ans, l'usine, le syndicalisme, la politique… Et puis nous revenons encore une fois aux viols sur sa commune en 2002, à la violence des réactions que sa mobilisation avait alors suscitées. En réécoutant la bande, je remarque que mes questions sont interminables. Comme si je répondais déjà à sa place. J'attends un discours politique sur l'égalité, le féminisme, la justice. J'attends que nous soyons d'accord toutes les deux. Que ses mots viennent rassurer mes convictions. Je repose ma question. « Qu'est-ce qui fait que vous ayez réagi différemment des autres élus ? »

Il y a d'abord un silence sur la bande-son. Et puis la voix chaude d'Annick Mattighello qui, tout doucement, dit : « Parce que j'ai l'ai vécu. » Encore un silence. Elle dit que c'est la première fois qu'elle en parle. Puis elle se lève. Rentre dans sa maison. Et revient quelques minutes plus tard avec un dossier qu'elle pose sur la table du jardin, devant moi. « Je vous laisse le lire. » Elle s'en va. Je reste seule avec cette chemise en papier. À l'intérieur, il y a un jugement de 1960 et des procès-verbaux. Le récit d'une petite fille qui raconte les viols qu'elle subit depuis un an de la part de son père. Jusqu'à ce qu'un soir, sa mère ouvre la porte et trouve le père avec la fille. La mère n'a pas hésité, elle a appelé la gendarmerie. « Ma mère m'a sauvée », dit Annick Mattighello. Le père a été arrêté et condamné à quinze années de prison. Elle ne l'a jamais revu. Et a tu cette histoire. Dans les portraits et interviews que la presse locale a faits d'elle durant sa carrière politique, Annick Mattighello a toujours laissé entendre que son père était mort. Avec l'angoisse que quelqu'un révèle un jour la vérité. Lorsqu'il est réellement mort, il y a quelques années, elle a eu besoin de rechercher des preuves, de déterrer le secret qu'elle avait enfoui. Elle est allée retrouver dans les archives de la justice son dossier. Une plongée dans les ténèbres de l'enfance. Elle ne sait pas pourquoi elle a décidé de me confier ce secret ce matin d'été. À aucun moment, en 2002, lorsqu'elle s'était battue pour les femmes de sa commune, elle n'avait repensé à l'inceste dont elle avait été victime enfant. Mais elle sait qu'il n'y a pas de hasard. Alors elle me retourne la question. « Et vous, pourquoi écrivez-vous ce livre ? » À mon tour, je réponds d'abord par un silence. Et, à nouveau, il n'y a plus que le piaillement des oiseaux sur l'enregistrement.

Elle me regarde. La chaise de jardin colle sous mes cuisses. Et la douce brise d'été paraît soudain glaciale. Durant les années d'enquête qui viennent de s'écouler, face à toutes ces femmes qui ont accepté de me confier leur histoire, de parler en surmontant la brûlure de leurs souvenirs, j'avais à chaque fois le même sentiment. J'avais une dette envers leur courage.

Annick me fixe de ses yeux clairs comme on tendrait une main. Les miens s'embuent, comme s'ils devançaient mes mots. Alors, je lui raconte l'homme qui m'a abordée dans la rue de Clermont-Ferrand au milieu des années 80. Je devais avoir 7 ans. J'allais au basket. C'est un mercredi après-midi et il faisait doux. J'avais des bonbons Krema dans la poche de mon imperméable, que je venais d'habilement quémander à un couple de personnes âgées qui habitaient mon immeuble et nous distribuaient toujours des bonbons. J'étais presque au bas de la rue, à me demander à quel moment je mangerais ces bonbons, lorsque le monsieur s'est approché et m'a parlé. Il m'a dit qu'il travaillait pour EDF, il fallait que je l'aide à relever un compteur. Il était très grand, les cheveux noirs, avec une moustache épaisse, noire aussi. Il était vêtu d'un costume en velours bordeaux, cette matière qui se portait à l'époque, peut-être une cravate, je ne m'en souviens pas. Il portait un baise-en-ville. J'ai pensé qu'il fallait refuser. Mais je n'ai pas osé lui dire non. Il m'a demandé de le suivre dans la cour d'un petit immeuble dont l'entrée était recouverte de glycine. Je connaissais ce petit immeuble, je passais tous les jours devant et des filles de mon cours de danse habitaient là. Le monsieur a essayé de me conduire dans un appentis qui devait servir au jardinage. Puis il a changé d'avis, il fallait que je l'accompagne ailleurs, plus haut dans la rue. Cette fois-ci, j'ai dit que je ne pouvais pas, que j'allais être en retard au basket. Il s'est fait plus pressant. La peur a commencé à ce moment-là je crois. Alors je lui ai obéi, je l'ai suivi. Nous avons remonté la rue. Jusqu'au numéro 19, quelques immeubles avant le mien (j'habitais au 9). Il m'a fait entrer dans le hall d'un immeuble, il n'y avait pas de digicode ni d'interphone à cette époque, on pénétrait dans les immeubles comme ça. Il m'a entraînée jusqu'à un recoin non visible depuis la rue, face aux boîtes aux lettres. Il m'a demandé de regarder ces boîtes aux lettres, de ne pas les quitter des yeux, de ne surtout pas me retourner. Il ne parlait plus de son histoire de compteur électrique à relever. Son ton était devenu autoritaire. Il m'a demandé de toucher quelque chose dans mon dos en m'interdisant de me retourner. C'était quelque chose de dur. Je ne savais pas ce que c'était. Et pourtant, je me souviens du sentiment de dégoût et de peur. Un pressentiment que quelque chose de malsain et de grave était en train de se dérouler. Je me souviens avoir tenté de retirer ma main en prétextant vouloir prendre un de mes bonbons dans ma poche. Je ne sais pas ce qu'il m'a dit alors, c'était à propos des bonbons, il était en colère.

J'ignore comment j'ai réussi à m'échapper. Je me revois courir jusqu'à chez moi. Sonner à la porte. Pleurer. Je me souviens renifler mes mains. Je ne sais pas ce que j'ai dit exactement à ma mère. Mais j'ai compris à cet instant-là qu'il venait de se passer quelque chose d'important. Elle a appelé mon père, qui est rentré immédiatement du travail. Je me souviens du regard de mes parents. De leur gravité silencieuse, et triste je crois. Après il y a eu le commissariat. Un policier m'a montré des albums photos avec des dizaines et des dizaines de photos d'hommes. Je devais dire si je reconnaissais le monsieur au costume bordeaux. Je me suis demandé qui étaient tous ces hommes en photos. Il y en avait des pages et des pages. C'est la seule chose dont je me souviens. Après, je n'allais plus à l'école seule. Une organisation s'était mise en place avec mes cousines qui habitaient alors juste au-dessus de chez moi. Je ne suis pas sûre d'être retournée au basket. J'ai toujours guetté dans la rue les silhouettes d'hommes qui lui ressemblaient. Les costumes bordeaux. Je les guette encore aujourd'hui.

Je n'ai compris que des années plus tard ce qu'il s'était passé ce mercredi après-midi. Par moi-même à l'adolescence. J'ai mis des mots et des images sur un acte qui n'avait aucun sens pour une enfant de 7 ans. Je n'en ai pas parlé. J'avais honte de ce qu'il s'était passé. De ne pas avoir dit non. Cette histoire est restée là. C'est tout.

Ce matin de juillet, je raconte aussi à Annick le jeune homme qui s'est introduit chez moi quand j'avais 25 ans. À nouveau la police. Qui cette fois a interpellé l'auteur de l'agression. Et le procès auquel je n'ai pas eu le courage d'assister. Par peur. Peur d'être confrontée à mon agresseur. Peur de croiser au palais de justice des avocats ou des journalistes que j'aurais pu connaître. Peur de devoir exposer une blessure intime. Peur qu'on ne me croie pas.

Peur qu'on me juge. Peur qu'on trouve que ce n'est pas si grave. Peur de pleurer. Peur de tout en fait.

Entre ces deux histoires, il y a eu les exhibitionnistes croisés dans la rue, cet homme qui se masturbait dans un train face à moi et que le contrôleur s'est contenté de faire descendre à l'arrêt suivant, cet autre homme qui m'a coursée un soir dans une rue déserte. Il y a eu ces mains dans le métro ou dans la rue. Puis il y a eu #MeToo. Il y a eu ces récits d'inconnues. Il y a eu ces confidences de copines. Cette masse statistique informelle et immense venue crier au monde que les crimes et délits sexuels ne relevaient pas des faits divers mais du fait de société. Qu'ils sont notre gangrène.

Ce matin d'été, cette évidence s'est invitée au milieu des chants d'oiseaux.

Références bibliographiques

Ce récit repose sur un travail d'enquête mené entre 2018 et 2022 dans le Val de Sambre. Il est basé sur des entretiens et sur des documents d'archives de police et de justice, mais il a aussi été nourri par des lectures qui m'ont permis d'inscrire cette histoire dans un contexte historique, politique et juridique sur la question des violences sexuelles et de leur traitement.

- Bajos Nathalie, Bozon Michel et l'équipe CSF, « Les violences sexuelles en France : quand la parole se libère », *Population & Société*, n° 445, 2008.
- Cromer Sylvie, *Les Viols dans la chaîne pénale*, rapport de recherche, Université de Lille, Droit et Société (CRDP), Université de Nantes, Droit et changement social, 2017.
- Sylvie Cromer, Christelle Hamel, Alice Debauche, Elizabeth Brown, Amandine Lebugle, Tania Lejbowicz, Magali Mazuy, Amélie Charruault, Justine Dupuis, *Viols et agressions sexuelles en France : premiers résultats de l'enquête Virage*, dans *Population & Sociétés*, 2016/10 (n° 538).
- Gaussot Ludovic et Grihom Marie-José (dir.), Chauvaud Frédéric, Bodiou Lydie, Soria Myriam, *Le Corps en lambeaux,*

Violences sexuelles et sexuées faites aux femmes, Presses universitaires de Rennes, 2016.
- Le Goaziou Véronique, *Viols. Que fait la Justice ?*, Paris, Les Presses de Sciences Po, coll. « Académique », 2019.
- Salmona Muriel, *Le Livre noir des violences sexuelles*, Dunod, 2013.
- Turchi Marine, *Faute de preuves*, éditions du Seuil, 2021.
- Vigarello Georges, *Histoire du viol, XVIe-XXe siècle*, Seuil, 2000.

Je me suis également appuyée sur des récits d'histoire locale, des documents de policiers ayant travaillé dans des services de police dont il est question dans ce livre.

- Pascal Drampe, *Flic, un métier qui tue*, éditions Nestor, 2019.
- Joël Specque, *Vrai flic, mémoires d'un flic du Nord*, éditions Télémaque, 2014.
- Colette Piérard, *La Sambre*, éditions MET, 1997.
- Christophe Colinet, *L'Autodafé des quartiers*, éditions Imago, 1999.
- Michel Defossez et Guy Damien, *Sambre-Avesnois Regards*, Samovar, 1991.
- Jean-Marie Allain, *Le Territoire du Val de Sambre, Genèse, formation, transformation*, CAUE du Nord, 2005.

Et, enfin, sur la consultation des archives de la presse locale :

Les éditions locales du quotidien *La Voix du Nord*, et les hebdomadaires *La Sambre* et *L'Observateur de l'Avesnois*.

Remerciements

Je suis infiniment reconnaissante envers toutes les victimes qui m'ont accordé leur confiance et ont accepté de me raconter leur histoire, de me recevoir chez elles, de si nombreuses fois durant ces années d'enquête.

Ce livre leur est dédié.

Merci particulier à Blandine, Clara, Betty, Mélanie, Stéphanie et Stéphanie, Dalila, Valérie et Valérie, Séverine, Rachelle. À Laetitia pour le tour en camion, à sa sœur. Et à toutes celles dont je tais le prénom. F. et L. particulièrement.

Merci aux familles, maris, parents, enfants qui ont accepté de me parler. Notamment Lydian et Valérie.

Ce livre n'existe que par la confiance et le temps qu'ont accepté de me consacrer les acteurs et observateurs de cette histoire.

Merci

À Annick Mattighello, l'ancienne maire de Louvroil, dont la force a conduit ce livre sur des chemins imprévus.

Merci
À Maître Emmanuel Riglaire et Maître Caty Richard pour leur confiance et leur disponibilité,
À l'ensemble des avocats présents au procès de Douai. À Maître Christine Wibaut. Et au regretté Maître Jean-Yves Moyart.

À la police judiciaire de Lille,
À l'ancienne « cellule cold case », et tout particulièrement au commandant Franck Martins,
À ses deux adjoints Raphaël Philippot, Laureline Marti,
À Christine Andrieux et Lysiane Ducastel, les archivistes de la police judiciaire,
Au directeur de la PJ de Lille, Romuald Muller, de m'avoir accordé cette autorisation.

À Nicolas Guerrand, commissaire, ancien de la brigade des mineurs de Maubeuge,
Guillaume Tison, ancien commissaire de Maubeuge,
Pascal Drampe, commandant de police retraité, anciennement en poste à Maubeuge.
Aux avocats généraux Annelise Cau et Antoine Berthelot,
Bertrand Duez, magistrat en charge de l'accès au droit, cour d'appel de Douai,
Céline Clément-Peytremann, en charge de la communication auprès de la cour d'appel de Douai,
Bernard Beffy et Michel Mazard, anciens procureurs de la République d'Avesnes-sur-Helpe,
Aurélie Fartek, responsable du bureau d'aide aux victimes de Valenciennes (Ajar).
David Lavaux, maire d'Erquelinnes,
Patricia Petyt, aide aux victimes de l'hôtel de police d'Erquelinnes, ainsi qu'au service d'aide aux victimes du tribunal de Charleroi,
Martine Michel, juge d'instruction à Charleroi,
Marie Trotta, ancienne chercheuse au laboratoire de géométrique de l'université de Liège,

Sambre

Jean-Paul Donnay, professeur ordinaire honoraire à l'université de Liège.

Michel Defossez, ancien avocat au barreau d'Avesnes et historien de la Sambre.

Matthias Dormigny, journaliste à l'hebdomadaire *La Sambre*.

À tous celles et ceux – nombreux – policiers, magistrats et avocats qui m'ont parlé sous couvert d'anonymat et m'ont permis, par leurs témoignages et leurs éclairages, de mieux comprendre cette histoire. Elles et ils se reconnaîtront.

Merci à Antoine Albertini d'avoir ouvert la porte à ce récit, à mon éditrice Anne-Sophie Stefanini pour l'absolue confiance qu'elle m'a accordée. Et aux équipes de JC Lattès, Charlotte Rousseau, Vincent Eudeline et Véronique Cardi d'avoir si bien entouré la sortie de ce livre.

Je remercie tout particulièrement mon amie Charlotte Rotman pour sa présence bienveillante, pour les relectures précises et les conseils précieux qui ont accompagné la longue gestation de ce récit.

Merci enfin à Fabrice, à Colette, Alphonse et Solange. Mon tout. La table du salon est désormais vide. Nous allons pouvoir y mettre des fleurs.

Cet ouvrage a été composé par Nord Compo

Imprimé en France par
CPI BUSSIÈRE (18200 Saint-Amand-Montrond)
en novembre 2023

pour le compte des Éditions J.-C. LATTÈS
17, rue Jacob – 75006 Paris

N° d'édition : 07 – N° d'impression : 2074733
Dépôt légal : janvier 2023
Imprimé en France